The Untold Story of the Panama Canal

ERASED

被抹去的历史

巴拿马运河无人诉说的故事

[哥伦比亚] 玛丽萨·拉索　著

扈喜林　译

SPM

南方出版传媒

广东人民出版社

·广州·

图书在版编目（CIP）数据

被抹去的历史：巴拿马运河无人诉说的故事 /（哥伦）玛丽萨·拉索著；扈喜林译. —广州：广东人民出版社，2021.10
书名原文：Erased：The untold story of the Panama Canal
ISBN 978-7-218-15161-8

Ⅰ.①被…　Ⅱ.①玛…　②扈…　Ⅲ.①巴拿马运河—历史　Ⅳ.①K747

中国版本图书馆CIP数据核字（2021）第147862号

BEI MOQU DE LISHI: BANAMA YUNHE WUREN SUSHUO DE GUSHI
被抹去的历史：巴拿马运河无人诉说的故事
［哥伦比亚］玛丽萨·拉索　著　扈喜林　译　　　版权所有　翻印必究

出 版 人：肖风华

项目统筹：施　勇　皮亚军
责任编辑：陈　晔
文字编辑：韩佳珂
责任校对：钱　丰
责任技编：吴彦斌　周星奎
封面设计：瓦　刺

出版发行：广东人民出版社
地　　址：广州市海珠区新港西路204号2号楼（邮政编码：510300）
电　　话：（020）85716809（总编室）
传　　真：（020）85716872
网　　址：http://www.gdpph.com
印　　刷：广州市岭美文化科技有限公司
开　　本：787毫米×1092毫米　1/32
印　　张：10.25　　字　　数：228千字
版　　次：2021年10月第1版
印　　次：2021年10月第1次印刷
著作权合同登记号：19-2021-096号
定　　价：78.00元

如发现印装质量问题影响阅读，请与出版社（020-83716848）联系调换。
售书热线：（020）85716826

承认全球都参与了 18—19 世纪缔造当今世界的巨大变革会让一些人感到不舒服，因为承认这一点会动摇全球的等级秩序，赋予所有人有关未来全球事务的公平发言权。这会让一些人失去他们自诩拥有的照管其他人的权利，无论是国与国之间的照管，还是精英或中产阶层——不管来自右翼还是左翼——对穷人的照管。很多人会感到不舒服，因为这让大家明白，某些民族和地区虽然贫穷但不落后；他们无法赶上现代化的列车，是因为他们往往已经实现了现代化。

目　录

前　言   1

第一章　港口与城市   19

巴拿马港   21

巴拿马港的失去   25

第二章　1904 年的运河区   49

戈尔戈纳和查格雷斯河   52

在热带的十字路口劳动和生活   56

从公民到"土人"：黑人共和国的政治难题   64

恩派尔和加通：铁路城镇和拉利内阿的出租屋   68

热带地区的工业化   73

热带地区的农业   78

第三章　运河区老城镇的新制度　　91

运河区的照片　　93

市政管理试验，1904—1907 年　　97

施工繁荣期的运河区管理　　106

运河区城市自治的结束　　116

行政区　　117

安装防蚊丝网之争：也许不可能在雨林里防蚊虫　　122

第四章　没有巴拿马人的运河区　　133

巴尔博亚的未来　　136

第五章　大水之后　　151

加通湖的围筑　　153

从戈尔戈纳到新戈尔戈纳　　154

新戈尔戈纳的命运　　167

运河区居民的房屋产权　　168

离家的痛苦　　177

第六章　失落的城镇　　185

新加通　　188

新利蒙的多次搬迁　　195

查格雷斯：失去一条河，丢了一个城堡　　201

第七章　运河区的新地貌　　　215

洪水之谜：作为自然灾难的人口迁移　　　217

一个新世界的出现：永久城镇巴尔博亚、拉博卡　　　221

西方文明的景象　　　239

后　记　　　243

新查格雷斯的遗迹　　　243

新恩佩德拉多的碎片空间　　　251

致　谢　　　263

注　释　　　267

前　言

巴拿马运河区

我关于巴拿马运河区最早的记忆，来自儿时从爸爸的轿车中向外张望时看到的情景。那是20世纪70年代，运河区——一片10英里长、占据运河两侧各5英里的狭长地带——当时属于美国管辖。美国通过1903年的《美巴条约》（Hay-Bunau-Varilla Treaty）占有了那片土地，并拥有了对运河区的主权，有权力修建和管理运河。运河区位于巴拿马共和国中部，毗邻巴拿马城，将整个国家一分为二。如果要到巴拿马西部的乡村，就必须穿过运河区。不管是离开巴拿马城去海边度假，还是去我奶奶长大的那个城镇小住一周，我们一家人每次都要开车穿过运河区。我记得每次要穿过运河区边界的时候，心里都满怀期待。对于我这样的孩子来说，运河区是一个充满异国风情的地方：在运河区内，公路两边是茂密的丛林，完全不同于泛美公路（Pan-American Highway）巴拿马境内其他路段旁的干旱牧牛场。透过轿车车窗，我兴致勃勃地看着悬挂在树上的硕大的拟椋鸟鸟巢。在我童年时期的运河区，那片丛林构成了军事基地和少数美国郊区风格的小镇特有的背景。拥有整齐的草坪、游泳池和空调别墅的城镇与丛林之间的强烈反差，让人感觉有些不可思议。

对于一个生活在巴拿马的孩子来说，运河区是一个高不可攀的地方。除非有运河区居民的邀请，否则那里众多的游泳池、网球场、电影院、餐馆都不对巴拿马人开放。在整个巴拿马，只有运河区的海边有铁丝网隔离，为的是保护游泳者免受鲨鱼的攻击。能被邀请前往运河区的公园、游泳池和海滩，对巴拿马人来说是一件很荣幸的事情。与此同时，铁丝网栅栏和上面"禁止擅自进入"的牌子、十二个军事基地门口的诸多检查站无时无刻不在提醒着人们有关运河区的诸多限制。我曾听说，往运河区的人行道上扔一张糖纸都会遭到处罚。不过，我印象最深刻的还是运河区那片郁郁葱葱的热带丛林。

令人难以置信的是，运河区那片独特的丛林景观（landscape）压根不是运河区的原始地貌，而是 20 世纪的产物——建立在抹杀当地长达 400 年的城市和农业历史的基础上。到了 20 世纪 70 年代，大多数巴拿马人已经忘记了，1912 年的运河区曾是巴拿马人口最稠密的地区之一，那里充斥着缩小版的巴拿马城和科隆城（Colón），城镇里还有出租屋、酒馆和集市。可是，人们却感觉运河区和那片丛林很久之前就已经存在了。关于美国总统威廉·霍华德·塔夫脱（William Howard Taft）在 1912 年颁布的运河区人口迁移令的回忆变得模糊起来，其细节已经被人们遗忘。然而，对于 20 世纪初的巴拿马来说，运河区人口外迁是最具创伤性的事件之一，其痛苦程度甚至超过了巴拿马在 1903 年脱离哥伦比亚。运河区景观的沧海桑田令人印象深刻，甚至可以与巴拿马运河的修建相提并论。

1913—1916 年间，运河区的巴拿马城镇一个接一个地被拆除，大约有 40,000 人被迫离开。运河区在当时仍是巴拿马最重要的地区之一。用直观的数据统计来看，根据 1912 年运河区的人口普查结果，运河区的人口总数为 62,810，而 1896 年、1920 年巴拿马城的人口分别为 24,159 和 66,851。[1] 相较而言，1911 年，巴拿马人口最多的奇里基省（Chiriquí）的常住人口为 63,364，而人口数量属于中等规模的科克莱省（Coclé），人口为 35,011。1911 年，巴拿马人口为 427,176，运河区人口大约为全国总人口的 14%。[2]

　　与人们的普遍看法不同的是，迁移运河区人口并不是出于运河修建的技术性需求。虽然当时世界上最大的人工湖加通湖（Lake Gatún）淹没了某些城镇的部分地区，如戈尔戈纳（Gorgona），但其他城镇，如恩佩德拉多（Emperador）、查格雷斯（Chagres），根本没有被淹。[3] 另外，因为修建运河而搬迁的城镇居民本是可以留在运河区内的。实际上，一开始确实如此。1908 年，当巴拿马运河边的加通市（Gatún）需要迁移来为修建加通水闸腾出空间时，加通市的居民并没有被赶出运河区，而是搬到了附近的地方落脚。直到 1915 年，也就是运河正式通航的一年后，美国才要求他们离开运河区。运河区的人口迁移是政治需要，而非技术需求。导致产生上述巨大变化的决策进行得很缓慢，也没被人预料到。在修建运河的大部分时间里，美国官员并没有想要拆除运河区的巴拿马城镇，而是设法对其管理、教化和征税。

　　要理解运河区的人口外迁，就必须了解 20 世纪之初巴拿马运河重要的象征意义，以及美国对拉丁美洲尤其是对拉美热带地区的设想。从 1904 年开始修建巴拿马运河的美国，当时在全球的影响力正不断上升，全世界都关注着它在巴拿马的举动。其中的原因很好理解，因为美国正在做一件法国于 19 世纪 80 年代没有在运河区做成的事情。如果成功的话，美国将向全世界证明，它可以在一个欧洲强国失败了的地方取得成功。

对于不同的人来说，巴拿马运河的象征意义有所不同。对于有的人来说，这条运河——如同 1893 年在芝加哥举行的哥伦比亚世界博览会一样——成为一个炫耀美国在现代化上取得卓越进展的舞台。[4] 这个规模庞大的项目象征着美国建筑工程的巨大成就。[5] 在巴拿马成功根除黄热病则象征着现代美国医药学的伟大胜利。在"进步时代"[①]的很多改革者看来，巴拿马运河是一场伟大的试验，用以检验这个国家为了共同利益而插手他国事务，将私人企业没有做成的事情做成的能力。"进步时代"的改革者——以及他们的反对者——纷纷到访运河，以便宣扬或批判美国政府对该项目的实施和对待劳工的方式。[6]

在拉丁美洲人看来，运河之所以重要却是出于其他原因。在他们眼中，巴拿马运河象征着美国对拉丁美洲各共和国的冒犯。为了建设这条运河，为了确保达成一项旨在维护美国利益的运河条约，美国支持巴拿马脱离哥伦比亚取得独立，肢解了一个姐妹共和国。基于上述这些原因，巴拿马运河成为一个具有高度象征意义的地方。甚至在竣工之前，运河就成为了极受欢迎的旅游地，有关巴拿马运河的宣传册、书籍和新闻报道层出不穷，巴拿马运河的修建更

---

① "进步时代"（Progressive Era）是指美国从 19 世纪 80 年代到 20 世纪 20 年代这一时期。在工业化的大背景下，这一时期的美国社会运动和政治改革层出不穷，进行了大量的制度建设。（本书脚注皆为译者注或编者注）

是成了 20 世纪初美国最热门的话题之一。[7] 不计其数的展现巨大船闸、恢宏大坝、最新式的蒸汽起重机以及当时世界上最大的人工湖的照片，向美国人淋漓尽致地展示了科技的力量，正是这一力量铸就了现代世界七大奇迹之一的巴拿马运河。

在这种背景下，运河区城镇的变化就显得意义非凡。有的运河区官员认为，如果这条运河是验证美国科技实力的范例，那么将运河区的巴拿马城镇改造成为完美的现代城市则应该是证明美国政治和公共卫生实力超群的典范。ICC① 第二任主席西奥多·P. 肖恩茨（Theodore P. Shonts）认为，美国可以在"一个长 50 英里，宽 10 英里，充斥着致命热病和瘟疫，其他地区居民无法居住的热带荒凉地区里缔造一个现代国家"[8]。

虽然美国说自己的目标是让这一荒凉地区实现现代化，然而事实则完全相反。美国的占领和后来实施的运河区人口外迁政策，抹杀了 19 世纪巴拿马地峡走廊地带在政治和经济上的现代性。[9]1904年运河开始施工之际，运河区根本不是 19 世纪那些旅游手册上所说的"丛林"（那些旅游手册将运河区原住民描绘成没见过世面的"土著"，动辄对西方文明和技术带来的奇迹惊诧不已）。自 16 世纪起，全球贸易和国际劳工就一直是巴拿马经济的核心。西班牙的轮船和大帆船给那里的港口运来了欧洲货物和安第斯山脉地区的银

---

　　① 即地峡运河委员会（Isthmian Canal Commission），由美国创立于 1904年 2 月 26 日，下属有卫生部、建设与工程部、行政与法律部等若干个部门，其创立的目的就是对巴拿马运河区的所有事务进行管控，以实现美国在巴拿马运河区通过运河条约获得的主权。整个组织直接隶属于时任美国战争部长的威廉·霍华德·塔夫脱（后担任美国总统），是运河区的最高权力机关。

器，而非洲奴隶则跨过巴拿马地峡把这些货物运走。19世纪50年代，美国资本与来自西印度群岛和中国的劳工合力修建了第一条横贯美洲大陆的铁路。进一步改善巴拿马港口交通条件的是蒸汽船、铁路和电报——后者是19世纪出现的最先进的通信技术。尽管19世纪80年代的法国人没有完成运河的修建工作，但他们提升了巴拿马城镇的国际化程度，为后来人接受和利用现代科技提供了极大的便利。到1904年为止，巴拿马地峡地区的人口主要由那些自16世纪起便随着多次移民潮涌入巴拿马运输行业的那些人的后裔构成。

运河区的巴拿马城镇也远没有脱离19世纪最新的政治发展潮流。它们在全球最早的宪政代议制度（constitutional representative politics）试验中扮演了积极的角色。1821年以来，当时还是哥伦比亚共和国公民的巴拿马人就已经开始参与共和制下的政治选举，而当时，世界上大多数国家仍然是君主政体。巴拿马公民还享受着不同肤色的公民在法律上的平等。实际上，19世纪去过巴拿马的人经常提及和叹服那里的"黑人共和主义"。简而言之，当美国在1904年开始修建运河时，运河周围地区的人口已经非常稠密，并深入实施了共和政体。铁路线、铁路城镇、河流城镇、耕地、法国人用于挖掘运河的机器也随处可见。

巴拿马运河区城镇消失的过程是一段被遗忘的、失败了的社会试验史。试验的初衷是要在"中美洲丛林"的中间地带建立完美的村镇和城市。美国想要告诉全世界，它征服了全世界最"棘手"的自然环境——热带的自然环境。这个征服者要带来的不是基督教，而是健康、柏油路、污水处理系统。它要让洁净的人行道、自来水——而不是大教堂——来表现它的辉煌成就。然而，管理来自多个国家、有着众多政治信仰的超过 60,000 名居民，解决他们的住房问题，同时还要维持秩序并保证劳动力价格的低廉，这并不是一件容易的事情。[10] 让问题更加复杂的是，有人认为：住房条件的改善将体现美国"进步"理念在消除贫民窟、廉租公寓方面的成就，展示现代城市的理想愿景，让每个劳动者都能享受到干净的住房、公立学校、柏油街道人行道、公园。[11] 运河区主管官员们逐渐觉得，"土人"城镇已经不适合运河区了。

　　这本书讲述的不是一部美国科技的成就史，而是一段以运河区人口外迁为结束、充满了疑虑和失败的历史。这段历史起源于一个复杂的问题：怎样处理运河区的本地城镇和居民？美国人会选择管理和"教化"这些城镇，还是拆除城镇，然后将居民迁到附近巴拿马区和科隆区①的其他城镇？当时，答案并不清楚。后来，运河区的美国官员经过细致的讨论才得出了结论。因此，这段历史也是尝试将美国"进步时代"的政策输出到热带地区这一失败试验的历史。它的失败无法用这个项目参与者个人的失败来解释，而应将其视为因为种族主义理念、妄图给其他国家输入进步和发展这一行为的固有矛盾而注定要失败的项目。[12] 虽然运河区城镇最终拥有了干净的人行道和自来水，但是这些改造的实现既没有

―――――――――

　　①　巴拿马的行政区划可大体分为三个层级：省（provincia）、区（districto）和市镇（municipio），一个省之下分为数个区。而三个层级可能存在同名的情况，如巴拿马（Panamá）和科隆（Colón），可以指代省、区或者城市等不同的层次，本书原文并未作相应的区分。译文会根据具体含义将三个层级分别译为：巴拿马省、巴拿马区和巴拿马城；科隆省、科隆区和科隆城。

达到那些美国官员最初设想的规模，也没有让运河区的所有居民从中受益。直到 1913—1916 年间，在经历了人口外迁和私人商户、私人房屋、私人农场的搬迁之后，运河区变成了一个人口稀少、没有政治生活和私人房产的地区，那些人们印象里运河区的标志——如精心修剪的草坪、完美房舍等崭新的城市地标——才成为现实。

要了解这场社会试验的经过，就必须回到修建运河的最初几年，探究做出人口外迁决策的几个过程。只有这样，我们才能真实还原那些城镇的历史，重新了解那些已经消失的景观，探讨人口外迁是否真的不可避免。在经典作品《连接大海的通途》（*Path between the Seas*）一书中，作者大卫·麦卡洛（David McCullough）讲述了修建运河的最初几年是多么混乱和低效。后来，在乔治·W. 戈瑟尔斯（George W. Goethals）1907 年担任 ICC 主席，大刀阔斧地调整了运河区政府和运河修建工作之后，才让混乱和低效的修建工作得以改观，最终让运河修建工程顺利竣工。[13] 大部分关于运河修建的记载都与麦卡洛的叙述相一致，对于最初三年的修建工作鲜有着墨。然而，这最初的三年对于深入了解巴拿马向美国移交运河城镇管辖权这一历史进程至关重要。虽然关于美国向巴拿马交还运河区的记述非常多，但对巴拿马向美国政府移交运河区的复杂过程却鲜有记载。这一交接时刻对于运河区的未来可谓举足轻重，因为在美国控制运河区的最初几年里，巴拿马人和美国人曾就运河区巴拿马城镇的未来进行了一些重要磋商。一开始，巴拿马人和美国人都设想了一个和后来实际情况大相径庭的运河区：继续保持先前稠密的人口，保留先前的巴拿马城市和市长，以及先前的私人商户和私人住房。

1912 年的人口迁移令从运河区的版图上抹掉了这里丰富的政治和城市历史。巴拿马城镇消失的同时，它们的市政传统、共和制政治选举、参与 19 世纪全球经济的历史也一并消失了。在 19 世纪，运河区本应因政治、经济和技术变革的影响而成为一方异彩纷呈的天地，在美国接手后却变成了一个整齐划一的、只重视建筑工程和卫生的地方。在这个过程中，美国的政策和叙事方式重塑了巴拿马公民（主要是黑人公民）和当地的商业景观：公民们被塑造为"土人"，运河区丰富多彩的商业环境则被说成了是需要外来干预的荒凉地带。管理运河的官员将运河区描述和想象成热带荒凉地区，将其居民描绘成"土人"的原因是，一旦巴拿马的城市被说成"土著城镇"，其公民成为落后的"土人"，巴拿马成为"丛林"，那么在政治和意识形态方面就找到了将人口外迁出去的理由。如果运河建在丛林里，就没有抹掉先前的城市景观一说。人们也就不会失去什么或怀念什么。[14]

热带和热带居民的现代观念如何影响了美国官员有关巴拿马的决策，巴拿马的建设应该采取什么样的方式，美国官员们的看法往往不尽相同，本书将详细讲述他们的分歧。并不是所有的美国官员都支持人口外迁。最知名、最有影响力的官员之一威廉·戈加斯（William Gorgas）上校就反对人口外迁。他认为，治理运河区，人口外迁既非不可避免，也不是唯一的方案。虽然美国官员之间存在分歧，但他们在某些方面也存在共识，即美国是进步的标杆，而巴拿马是一个落后的热带地区。这种意识形态左右了他们在巴拿马采取的措施，最终影响了运河区居民的生活。否则，运河区的人口外迁不会实现。这种意识形态虽然不是导致运河区人口外迁的根源，但肯定起到了很大的推动作用。

从热带地区到欠发达地区：忘记19世纪西属美洲的现代性

在这个狭小且有高度象征意义的运河区所发生的一切，预示了整个西属美洲的后续转变。在19世纪的大多数时间里，西属美洲一直是现代政治的先锋，是当时世界上少数几个以共和主义为主要政府形式的地区之一。[15]用1868年一位墨西哥演讲者的话说，"美洲的民主之鹰穿越大西洋，要将现代的政治结社理念输出到旧世界，进而解放那里的人们"[16]。在这位墨西哥人看来，民主是墨西哥人以及其他美洲人输出到欧洲的，而不是欧洲输出给美洲的。然而，到了20世纪初，"西属美洲可以在缔造现代共和体制和民主政治中发挥积极作用"这一观点迅速在当地的政治讨论中销声匿迹。[17]一个世纪之后的2008年，一位研究拉丁美洲历史的学者已经可以自信地说："美洲新出台的这些共和制宪法，有点像是移植到哥伦比亚或智利的异国植物——和当地人的历史体验差距很大。"[18]西属美洲在共和政治史上扮演的先驱角色已经被人遗忘，被从西属美洲人的"历史体验"中抹去。学者和观察家们把拉丁美洲描绘成在现代政治方面一直落后于欧洲和美国，正在尽力追赶的地区，这已经是司空见惯的了。用梅尔泰姆·阿希斯卡（Meltem Ahiska）的话说，现在的西属美洲"在抵达历史目的地时……总是迟到一步"[19]。

　　我们仍然需要弄明白的是，一个缔造民主之地如何被改换成抄袭其他民族政治创新的地方。拉丁美洲的历史学家刚开始追问这个问题。[20] 虽然我们不太清楚这种改换是怎样出现的。但显而易见的是，认为拉美地区是精英模仿者和传统农民的聚集地，这是一种扭曲的认知，完全忽视了拉美地区历史的复杂性。我们需要知道的是，我们是怎样被灌输了这些观念，以至于把巴拿马这样的地区当成一个落后、传统的地方。还有，我们必须了解这种意识形态标签的长期影响。

　　这种抹掉拉丁美洲现代性的做法是大规模文化改换（cultural transformation）的一部分。这种文化改换是根据历史时代、自然和技术条件来划分世界的。这种改换的关键，是在 18 世纪和 19 世纪将很多地区笼统地转化、归入热带地区。[21] 就像相距遥远的印度与拉美地区，虽然其历史、语言、文化迥然不同，但都被划为同一个地理区域——热带地区。这种转化至关重要，因为对于 19 世纪的人们来说，热带不仅仅是位于巨蟹宫回归线和摩羯宫回归线之间的生活区或生长着某些动植物的地区，而是一个与欧洲和美国截然相反的地方。如果欧美是技术进步、文明开化的地方，那么热带地区就是技术落后、不文明不开化的地方。19 世纪到热带地区旅游过的人们往往将那里说成是野蛮之地，是现代文明的对立面。他们对热带地区的描述只强调茂盛的植被和众多的野兽。这些描述往往将那里的居民视为热带的一部分，认为他们是原始人，是聚居在荒凉丛林里的 "土人"。当地人不去改变和 "开化" 他们的生活环境，这个任务落到了欧洲和美国的殖民者肩上。[22] 这些游客们的描述嘲笑拉美地区的现代性。他们通过现代技术与丛林景观和 "土人" 之间的强烈对比来取悦读者，嘲笑热带地区奇怪的"新技术"。热带地区的现代政治也遭到了欧美人的嘲讽。非白人的共和主义政治家经常被嘲讽为蹩脚的模仿者。当欧·亨利（O. Henry）在其作品《白菜与皇帝》（*Cabbages and Kings*）一书中杜撰了"香蕉共和国"一词之际，欧美人对热带地区共和体制的嘲讽达到了高潮。这个词语一直流传了下来，产生了很大的影响。在影响我们对热带共和国的长期看法方面，这个词所起的作用远超其他任何词汇。[23]

　　"热带地区根本没有现代性"这一看法对于理解热带地区的技术和历史阶段具有深远影响。19 世纪末，铁路、蒸汽发电、蒸汽船在很多热带地区都非常普遍。这些新生事物在很多热带地区出现的时间往往与它们出现在欧美的时间相同，或者并没有晚多少。和世界其他地区一样，这些技术的到来深远地改变了巴拿马和拉美民众的生活方式。然而在历史叙事中，当现代技术来到热带地区时，它与当地景观的改变毫无关系，也没有与当地居民生活的改变、人们工作方式的改变产生联系。好像即使这些技术到了热带地区，它们也不属于那里，这些技术好像只与它们的发明者和引入者有关。热带地区的居民和景观仿佛仍然静止在一个天然、"原始""蒙昧"的时代里。[24] 就因为身在热带地区，他们就无法先进起来。

　　例如，曼彻斯特纺织厂和中美洲香蕉种植园的劳工们艰苦的工作条件是工业化的产物。两个地方的劳工都要忍受大规模生产所带来的全新的劳动节奏，都要承受新技术（在英国是纺织机，在中美洲是危险的农药）的影响。然而，在很多人看来，只有曼彻斯特的工人才是崭新工业时代的参与者。而身在热带，作为现代工业"受害者"的中美洲劳工，在某种程度上是不具有现代性的。[25] 这就是为什么即使是今天，看到欠发达地区首都的高速公路和摩天大楼，欧美人依然会感到很惊讶的原因。

　　就在游客和小说家将热带地区渲染成文明对立面的时候，历史学家中间出现了一种新的历史观，进一步抹去了西属美洲对19世纪现代政治的贡献。这种新观点就是"西方文明论"（Western Civilization）。巴拿马运河的修建正好与这一观点的盛行处在同一时期，这也并非巧合。在运河区的劳工们忙着修建巴拿马运河之时，美国和欧洲的历史学家则忙着炮制一种新的文化概念，即什么是"西方"，并撰写和传播有关"西方"的历史。虽然西方文明论的提出基于这一观点：西方的起源可以追溯到古希腊时代，但值得一提的是，这是奥斯瓦尔德·斯宾格勒（Oswald Spengler）、阿诺德·汤因比（Arnold Toynbee）等20世纪初的历史学家发明和传播的新观点。西方指的是哪里？哪些人属于西方人？西方不是欧洲，因为西班牙或东欧就被排除在西方体系外。西方也不是美洲，因为美洲里只有美国的那一部分算是西方。西方指的是某个时代的政治和经济强国——美国和西欧，而西方文明则是人类文明进步的高潮。这种进步开始于古代近东地区的农业发展，然后向西迁移，依托后来古希腊文明、意大利文艺复兴、法国启蒙运动而持续发展。根据这个版本的历史，人类的创造力的火炬从一个地方向另一个地方传递，现在传递到了"西方"的手里。其他文明可能促进了人类的早期发展，但是现在，这些文明只是西方进步的被动接受者。英格兰和美国是伯里克利、亚里士多德那些非凡创造的"正当"继承者，而不是现代的希腊。根据发表于1907年的一篇有关所谓"西方文明"发展的学术文章，"'现代文明'是条顿人剽窃他人的结果……是以色列人、希腊人和罗马人社会生活的产物"[26]。在这篇文章和那个时期的其他历史作品中，现代的运动和进步只发生在西方。现在，推动人类继续进步的责任也落在了西方。[27]

就像热带地区在各方面都完全不同于欧洲，西方在各个方面也不同于热带地区。如果西方充满活力，那么热带地区就懒散不堪。如果西方是文明和进步的代名词，那么热带地区就是落后与野蛮的同义词。如果西方代表着人类的未来，那么热带就代表着人类的起源。西方文明论的历史与 20 世纪早期所谓的"科学种族主义"（scientific racism）沆瀣一气。科学种族主义宣称白人具有生物学上的优越性，因此可以证明白人统治其他种族的合理性。而西方文明论则声称美国和西欧具有文化上的优越性，因此可以解释为什么它们比其他地区更为强大。正如科学种族主义并不是科学，西方文明论讲的也不是真正的历史。前者依据荒谬的颅相学来认定白种人的大脑体积大于其他人种的大脑，进而认为白种人的智力优于其他人种。后者依据错误的历史来证明白种人的优越性。西方文明论的目的是抹杀人类的共同传统，以及其他文明对历史变革的共同贡献。例如，虽然信仰伊斯兰教的地中海地区和西欧、美国一样，也是古希腊文明的继承者，但是西方文明论主导的历史并不认可这一点。同样，它也不认可海地的自由黑人和黑人奴隶对人类自由、平等理念的贡献，不认可西属美洲的律师对宪政历史和对现代国际法理念的贡献。[28] 它认为现代的活力和创新只发生在西方。

巴拿马运河的早期历史反映和强化了西方文明的传奇。运河的修建就是所谓"西方文明"的进步、创新、活力的一个鲜明的例证。就像西方是古希腊文明、意大利文艺复兴的正当继承人一样，那些最初设想沿巴拿马地峡开挖运河的西班牙人的后继者，则正是美国工程师。那些才华横溢的征服者梦想过什么，天才的美国医生和工程师就实现了什么！[29] 然而，关于巴拿马运河的早期历史，西方文明论主导的历史也存在一些选择性沉默。在他们书写的运河史里，没有 16 世纪到 20 世纪初巴拿马对地峡走廊的管理，而那些生活和忙碌于地峡走廊长达 400 年之久的巴拿马的骡夫、船夫、律师、工程师、农民更是直接被这些历史忽视了。要知道，在运河修建过程中，他们可是与美国人地位平等的合作伙伴，而且在运河修建之前，他们才是这里的主人。

本书讲的是这些被掩盖的历史和它们被抹杀的过程。开篇的几章分别讲述了被忽视的 19 世纪巴拿马现代性的不同方面，同时也讲述了很多巴拿马人尝试挑战这些选择性遗忘的故事。最后几章阐述了对这些历史的忽视对运河区居民有怎样的巨大影响，包括对他们生活的影响，以及怎样最终推动了运河区的人口外迁。

巴拿马运河区人口外迁的过程可以视作忽视 19 世纪西属美洲现代性的结果。我们发现，掩盖 19 世纪西属美洲的现代性，以及将该地区想象成为一个落后的地区，这为后续的外部援助和干预提供了可能性。也就是说，这为美国人将西属美洲视为欠发达地区奠定了基础。怎样才能将一个地方变成欠发达地区？我们一般认为欠发达地区普遍是生活贫困、医疗条件落后、民主制度不完善、科技水平很低的地方。然而，研究"发展"（development）这一概念的历史学家证明，将世界分为发达地区和欠发达地区这一理念是被强大的文化和政治力量建构起来的。"发达"与"欠发达"概念出现于"二战"之后。当时，欧洲不得不调整其与纷纷独立的亚非殖民地的关系。"发达""欠发达"这组概念有助于维系前殖民地与前宗主国之间的等级关系——用现在的话说，叫做"互惠互利"关系。前殖民地成为接受欧美技术援助、提升民众生活水平的对象。[30]

虽然我们已经了解了很多有关"发展"的历史，但怎样才能用一个统一的"欠发达"的特征，将历史、文化、语言、社会结构迥然不同的地区囊括在一起，我们仍需深入分析一下。要给他们贴上共同的标签，只需要根据某些健康指标和经济指标来划分各个地区，显示出他们的不足，让人觉得它们需要外来援助和干预。最重要的，也是相关学者不愿意承认的一点是，一个地区被判定为欠发达地区，就必须掩盖它在 19 世纪的现代性，以及它曾经对当代世界的贡献。顾名思义，欠发达地区，就是不管是过去还是现在从来没有真正现代化过的地区。现代性往往被描述成为一种愿望，而不是现实。即使现代性也经常被重新定义。人们往往认为，欠发达地区从来没有"现代"过。

被视为欠发达地区的地方首先很"传统"。这种改换出现在"二战"之前的西属美洲，以及欧洲国家爆发危机之前的非洲和亚洲殖民地。在西属美洲，按照 19 世纪的政治和技术标准曾经具备现代性的国家又被贴上"传统"的标签。也是在西属美洲，"欠发达"话语体系的一个特点开始发挥作用——发达国家与欠发达国家之间的关系被认为是国际法上地位平等的独立国家之间的关系。这种国家关系的再构建就发生在类似于 20 世纪初的巴拿马这样的热带共和国。不同于同一时期欧洲与其亚非殖民地的关系，美国和巴拿马之间的关系是相同的国际法约束下的姐妹共和国关系。[31] 因为美国在 20 世纪初的国际关系理论的转变之际对巴拿马进行了干预，所以巴拿马对于我们理解从 19 世纪的"热带落后论"（tropicalization）到"二战"后盛行的"欠发达"理论之间的过渡至关重要。一个处于技术、政治变革中心的国家是怎样被改换成"落后的热带地区"？处于 19 世纪政治、技术创新前沿的巴拿马提供了一个理想的案例。

当然，这不是说，那些 20 世纪初塑造了美巴关系的观念，与后来的"发达""欠发达"观念完全相同。我只说是，这种认知世界，将世界划分为发达、欠发达两种地区的方法，其某些根源出现于 20 世纪初期。[32]

很早以前历史学家就发现，我们对历史的认知会塑造我们看待自己、看待和对待他人的方式，[33] 同时也会塑造我们自己生活的空间，因为每种世界观都会催生某种城市面貌（urban geography）。[34] 20 世纪初前二十年里巴拿马运河区的"改换"，就是美国用热带落后论、西方文明论、社会改良的"进步时代"等理论来看待世界的那个特定历史阶段的生动范例。这种认知世界的方式的遗产到现在仍然存在，本书也会为大家一一讲述。那些巴拿马运河城镇的消失，就是曾经共同参与建设这个世界的国家、民族、文明被遗忘而产生的结果。这是一个关于所谓"第三世界"、欠发达地区、南半球的人们如何生活在一个政治开明、技术进步的世界中的故事，这个世界本是他们日常生活的一部分，但却一直被认为是起源于其他地方，属于其他民族。

第一章

港口与城市

巴拿马港

　　巴拿马港是欧洲人在美洲建造的年代最悠久的太平洋港口。这个港口从来就跟古旧或传统扯不上关系。从 16 世纪的大帆船船队、骡马运输队到 19 世纪的蒸汽船、铁路、电报，这个港口一直站在国际运输和通信技术的前沿。从一开始，它就是一个重要的国际港口和全球商品集散地。16、17 世纪，在那里进出的是白银、奴隶和纺织品，而今天，进出港口的商品变成了石油、汽车和其他工业产品。

　　1904 年运河开始修建之际，巴拿马和科隆两个区的港口就已经成为来自欧洲、中国、美国等地商品的活跃交易地点。[1] 太平洋电报线路连接了巴拿马港，西印度电报线路连接了科隆港。人们可以通过这两个港口的电报公司给北美、南美、欧洲发送电报。[2] 巴拿马港也接纳一些往来于城市与乡村之间的小型蒸汽船和帆船。频繁的国际贸易、与外国人的长期接触、移民的不断涌入塑造了巴拿马城居民的生活习惯。1823 年，法国探险家加斯帕德·莫利安（Gaspard Mollien）发现，巴拿马人与哥伦比亚安第斯山脉地区（Colombian Andes）的居民很不一样，巴拿马人的生活习惯与马尼拉（Manila）、利马（Lima）的居民更为接近。和马尼拉人、利马人一样，他们出售的商品价格都很高；相较于巧克力，他们更喜欢咖啡。他还提到巴拿马城的商店里井井有条地摆放着大量商品，其中有大量从美国进口的商品，还有各种葡萄酒和白酒。[3]1904 年，拉蒙·M. 瓦尔德斯（Ramón M. Valdés）在他的一部地理学著作——这是有关巴拿马地理的第一部作品——中骄傲地说，巴拿马人因为具有"学习外语的出色天赋"而闻名，很多人能够"说一口流利的英语和法语"。[4]

虽然巴拿马港的大致布局、位置以及与周围环境的关系一直随着时间的推移而发生改变，但是有些东西从未改变：海边的沼泽地，全球贸易，距离港口 2.5 英里的三个岛屿——瑙斯（Naos）、佩里科（Perico）、弗拉门科（Flamenco）。16 世纪到 19 世纪后期，巴拿马港附近的沼泽迫使长途运输船不得不停靠在瑙斯、佩里科、弗拉门科附近的深水区，然后，接驳船在涨潮时再从那里将乘客和货物运到巴拿马港。这种接驳方式甚至一直持续到蒸汽船的应用和 1855 年巴拿马铁路的竣工。和之前的帆船一样，抵达巴拿马的蒸汽船还继续停靠瑙斯和佩里科，巴拿马铁路公司（Panama Railroad Company）和太平洋轮船航运公司（Pacific Steam Navigation Company）的接驳船负责将船上的乘客和货物运到巴拿马城的码头。[5]

巴拿马港随后的每一任主导者——西班牙殖民者、19 世纪的共和党人、美国人——都对港口、城市、权力之间的关系有着不同的理解。这一点尤其可以从巴拿马运河修建期间发生的变化中看出来。在那段时间里，巴拿马城和巴拿马港之间的关系经历了巨大的变化：巴拿马城第一次与它的国际港脱离开来。

　　一直到 19 世纪末，巴拿马港和巴拿马城的关系再次密切了起来。站在城墙上，人们可以看到抵达瑙斯、佩里科的船只。政府官员、商人、水手、码头工人都生活在巴拿马城里，行走在城市的街道上。组织和管理港口贸易的政府部门设在巴拿马城，这种城市规划反映了市政权力（civic power）和贸易的密切关系。在殖民时期，海关距离巴拿马城的海之门（*Puerta de Mar*①）不远。城市的政治和宗教中心——大教堂、主广场和市议会——位于两个街区之外的地方。新的经济体也都沿用了西班牙帝国控制巴拿马时期的城市管理模式。法国运河公司和英国电报公司的办公处都设在巴拿马城的市政大楼和总督府邸附近。

　　19 世纪后期，本土贸易和国际贸易的空间联系依然密切。巴拿马铁路公司的码头和太平洋轮船航运公司的码头都建在更靠东的地方，距离老的海之门不太远。国际贸易和本土贸易共用巴拿马港。运输国际乘客和国际货物的接驳船与运送本土产品的当地船停靠在一起。将巴拿马城和外面世界连接在一起的四个大型码头（美国码头、英格兰码头、煤炭码头、集市码头）距离彼此都很近，离巴拿马城的公共集市也不远。⁶ 港口的空间运用反映了占主导地位的自由贸易思想，来自众多国家的公司彼此相处融洽。在巴拿马湾（Bay of Panama），类似"卡尤科"（*cayuco*）这样的独木舟和敞舱平底驳船、单桅帆船、斯库纳纵帆船（schooner）混杂在一起运输乘客和货物。四轮马车频繁地往来于市中心、集市和码头之间。附近的塔博加岛（Taboga Island）新建了一个煤炭转运站，蒸汽船也于退

---

　　①　本书中此种字体的专有名词为西班牙语。

潮时在岛上的沙滩上接受维修。[7] "古旧" "原始" 等词汇根本不适合描述这个喧嚣的城市，因为 "铁路和四轮马车的声音……让这个地方具有了所有繁忙港口所特有的活力和恢宏氛围"[8]。

法国人在 19 世纪 80 年代尝试修建运河的举动，第一次给巴拿马城和巴拿马港之间密切的空间联系带来了严重破坏。当时，法国运河公司在大约 3 英里外的格兰德河（Río Grande）入海口处的拉博卡（La Boca）新建了一个码头，这个变化将相当一部分重要的国际贸易从巴拿马城公共集市附近的码头迁到了格兰德河河口。而且巴拿马铁路的一部分也将格兰德河河口与巴拿马城相连。后来，当格兰德河成为巴拿马运河的太平洋终点站之际，那个位置成了建设美国安孔（Ancón）港口的地点，港口后改名为 "巴尔博亚"（Balboa）。铁路和港口修建技术的进步让法国人得以克服潮汐沼泽这一老大难问题。要知道，因为潮汐的影响，那些沼泽的水面高度在不同时间差别很大，涨落潮的水面高度可能相差 20 多英尺。因为不断地疏浚河道，蒸汽船可以不必再停靠瑙斯，不再考虑潮汐影响而直接驶往拉博卡。20 世纪初，船只停靠的码头 "完全用钢铁建成，屋顶和侧面是瓦楞铁板"。拉博卡有一个大型码头， "能够同时停靠 3 艘大船"。这个码头上还有 16 台蒸汽起重机和 4 台电动起重机。在码头尽头，矗立着一台 "20 吨的大型起重机"。那些在巴拿马运河上象征美国现代性和创新性的大型蒸汽起重机，其实在法国修建运河的时候就已经出现了。

虽然经历了这些变化，巴拿马城依然是地峡走廊的权力中心。法国运河公司的总部选在传统的政治和经济中心——巴拿马城的主广场。新建的拉博卡港一直掌控在坐落在巴拿马城内的哥伦比亚政府手中。拉博卡只是过去的巴拿马国际港范围内的一个新建港口，而巴拿马国际港的范围则从巴拿马城延伸到瑙斯、佩里科和弗拉门科。随着巴拿马共和国的建立和 1903 年《美巴条约》的签订，巴拿马城和巴拿马港之间的关系发生了深刻的变化，虽然这一变化不是立刻显现的。在该条约生效后的那一年，巴拿马港的未来成为美巴两国政府谈判最重要的议题之一。

巴拿马港的失去

美巴两国的第一个重大分歧是运河的港口应该由哪个国家控制。在《美巴条约》里，巴拿马永久性地将运河两岸各宽 5 英里的长条地带出让给美国，"巴拿马和科隆两个区的城市和这些城市附近的港口不在这一范围之内……"然而，巴拿马正式将运河区交给美国政府不到两个月，两国对"城市附近的港口"的含义和定义就出现了巨大分歧。美国的理解是狭义的。巴拿马港口包括邻近巴拿马城的码头、奇利基角（Punta de Chiriquí）和帕提拉角（Punta Paitilla）之间巴拿马湾的一小部分。巴拿马外交部长托玛斯·阿里亚斯（Tomás Arias）认为这种理解很荒唐。他恼火地说，那个区域"根本算不上是一个港口，充其量是一个水湾"[10]。在巴拿马政府看来，"巴拿马和科隆的港口，因为位置特点，应是运河的出口"[11]。

阿里亚斯说的是那个时代人所共知的事情。就在十几年前的 1890 年，一位哥伦比亚政治家兼游客写道："佩里科和弗拉门科的岛屿……是这个城市真正的港口。"[12] 运河区总督乔治·W. 戴维斯（George W. Davis）将军对运河条约的解读则与此大不相同。他认为条约中运河河口的那个港口并非指巴拿马港，他给那个港口另取了一个名字：安孔港。1904 年 6 月 25 日，美国战争部长威廉·霍华德·塔夫脱命令将拉博卡港改名为安孔港，让这里成为运河区的另一个港口，允许它开展国际贸易。美国在那里设置了海关机构，和其他美国港口一样对入港商品征收关税。[13] 有关巴拿马港口的分歧和美巴两国的外交函电揭示了双方对于巴拿马历史和身份截然不同的看法。巴拿马是一个能像过去 4 个世纪那样继续控制其国际港的现代城市？还是它很落后，无力管理作为 20 世纪规模最为宏大的建筑项目的这几个港口？在 1904 年，这个问题的答案并不明朗。

要想了解巴拿马对于这些港口的态度，我们必须深入认识 20 世纪初的巴拿马人如何看待他们自己，看待他们的历史，以及他们和美国人关于热带地区、热带居民的不同看法之间的巨大差异。巴拿马用来捍卫其运河区港口权利的法律意见，来自优秀的律师和政治家尤西比奥·A. 莫拉莱斯（Eusebio A. Morales）。要想了解他和那个时代其他的巴拿马人，了解他们怎样看待当时巴拿马的世界地位，就必须了解 1903 年双方签订条约之前的几年里，当巴拿马人突然发现他们要单独与世界上最强大的国家谈判时所发生的事情。

1864 年，莫拉莱斯出生于辛塞莱霍（Sincelejo），那里当时属于哥伦比亚玻利瓦尔省。他那一代的政治家成年时，哥伦比亚和巴拿马还属于同一个共和国。他成长于哥伦比亚的一段关键历史时期。当时，他所在的自由党领导哥伦比亚进行了一系列政治改革，让哥伦比亚成为全球民主政治的先锋。[14] 1851 年，哥伦比亚国会宣

图 1.1 尤西比奥·A. 莫拉莱斯

照片由卡洛斯·恩达拉（Carlos Endara）拍摄。由
Ricardo López Arias / Ana Sánchez collection 提供。

布废除奴隶制。这一行动比美国早了十多年。两年后，哥伦比亚
颁布法律，实施新闻自由、政教分离和成年男性普选制（universal
manhood suffrage）。在巴拿马这种大多数人口是黑人并且处于热

带地区的国家，这些改革具有特别的意义。要知道，自从 18 世纪以来，这两个特点（大多数人口是黑人、生活在热带地区）被文化界——包括 18 世纪波哥大（Bogota）最有影响的科学家弗朗西斯科·何塞·德卡尔达斯（Francisco José de Caldas）在内——认为是与文明"不兼容"的。[15]

巴拿马人发现，在那个国际社会逐渐认为巴拿马人没办法让自己文明起来、巴拿马很难成为世界政治创新中心的氛围下，何塞·多明戈·埃斯皮纳尔（Jose Domingo Espinar）、卡洛斯·A. 门多萨（Carlos A. Mendoza）等受过教育的巴拿马黑人用言语和行动挑战了这种观点。他们坚决支持民主改革和成年男性普选制。1851 年，埃斯皮纳尔写道，19 世纪是"多数者的世纪"，要求"不遵守国家政策的人永远离开这个国家"。他充分意识到像巴拿马这种大多数人不是白人的国家实施这些政策的意义。他还质疑肤色影响人性这种说法，认为每个人的肤色"都略有不同"，这是"大自然和偶然因素在人们出生时给予的馈赠"。[16] 自由党成员门多萨也用文字和行动强调巴拿马有权利、有能力实现与 19 世纪的民主理想相符的进步性和现代化。[17]

而另一个巴拿马人，知名政治家和外交官胡斯托·阿罗塞梅纳（Justo Arosemena）也反对那个时代的这种地理和人种决定论。不同于门多萨和埃斯皮纳尔，阿罗塞梅纳是巴拿马传统白人精英阶层的一员。不过，和他们一样，他也坚定地支持民主制度。虽然他早年对土著、黑人和西班牙后裔有一些偏见（这些偏见在那个时代的白人科学家和政治家圈子中颇为盛行），但是他后来改变了看法。1856 年，他呼吁民主是"拉丁种族"的救赎，而拉丁种族则"刚

图 1.2　卡洛斯·A. 门多萨

照片由卡洛斯·恩达拉（Carlos Endara）拍摄。由 Ricardo López
Arias / Ana Sánchez collection 提供。

刚开始用民主来开化自己"。民主绝非与拉丁文化脱节或者格格不
入，相反，民主将为拉丁文化提供"力量、进步和荣耀的源泉"。
和同时代的其他哥伦比亚人一样，他认为，在那个君主制主导的，

包括美国在内的大多数美洲共和制强国继续允许奴隶制存在的年代，他的国家是共和、民主等价值观的捍卫者。

1878 年，阿罗塞梅纳小心翼翼地回应哥伦比亚同胞们的地理决定论。从 18 世纪开始，一些哥伦比亚科学家和知识分子从地理上将哥伦比亚分为安第斯高地（Andean heights）和热带低地（tropical lowlands）两个部分。他们认为，前者有着欧洲式的温和气候，适宜文明发展；后者气候炎热，不适合文明的进步。阿罗塞梅纳的看法与此相反。他认为，一个地方是否适合文明的发展或进步，关键不在于气候，而在于历史。文明取决于人口的流动、贸易和文化交流，而这些元素存在于炎热的海岸低地地区，而不是安第斯高地。他认为，这些交流促使种族融合，是一件好事情，"构成这一新世界炎热地区大多数人口的'桑博人'（zambo）和'穆拉托斯人'（mulatos）是智力优秀的混血。"[18]

19 世纪中期，哥伦比亚自由党也是让巴拿马等地区实现自治的联邦宪政改革背后的推动力量。一些巴拿马商人和政治精英认识到全球贸易对巴拿马的重要性，但觉得首都波哥大因为地理位置过于遥远、情况差异太大，无法了解巴拿马作为沿海地区的独特需求，而这一自治权对他们尤为重要。[19] 作为哥伦比亚公民，巴拿马知识分子受当时的自由贸易、联邦制度的启发，加上地缘政治和地缘社会的影响，逐渐形成了一种地方主义的思想意识。他们非常清楚巴拿马在战略上的重要性，认为巴拿马的历史和地理位置可以让它成为一个天然的商业贸易中心。只要巴拿马不受波哥大的政治干涉，拥有足够的自治权，就可以实现这一经济目标。巴拿马人坚决主张实施联邦制，他们利用地理位置上的独特重要性与哥伦比亚中央政府展开博弈，谋求政治上的让步和高度的自治权。巴拿马的一些商业精英甚至将巴拿马想象成为一个中世纪小型商业城邦的现代版本。19世纪，巴拿马一位权威知识分子认为中世纪商业城市建立的汉萨同盟（Hanseatic League）就是巴拿马共和国应效仿的理想模式。[20]

　　尤西比奥·A.莫拉莱斯等自由党人也见证了上述改革浪潮怎样随着1886年哥伦比亚宪法的颁布戛然而止。这部宪法开启了哥伦比亚历史上所谓的"复兴时期"，让哥伦比亚成为一个中央集权国家，让巴拿马等地失去了自治权。新宪法还取消了新闻自由，结束了男性普选制，规定只有识字的人才能参加全国性投票。[21]为了摆脱保守政权的控制，尤西比奥·A.莫拉莱斯等很多自由党人选择了流亡巴拿马。[22]在流亡岁月里，莫拉莱斯继续呼吁自由政治。他奋笔疾书，在哥伦比亚和巴拿马的许多报纸以及美国杂志《北美评论》（North American Review）上发表了很多文章。1902年，他发表了一篇尖锐的批评文章，严厉质问哥伦比亚政府：在一个大多数人支持自由党的国家里，怎么可能有这么多年的保守统治。[23]1899年，哥伦比亚的自由党和保守党之间终于爆发了血腥的内战——"千日战争"。这场内战在1902年以保守党的胜利告终。巴拿马作为战区经历了激烈的战斗，是自由党在哥伦比亚唯一取胜的地区。1902年11月21日，巴拿马自由党在美国"威斯康星号"炮艇上与对方签订停战协议。莫拉莱斯是协定签署人之一。

　　在这一背景下，在一个被战火蹂躏的国家，与美国签订运河条约的问题出现了。为期三年的战争结束之后，一些巴拿马人从

这条新建的运河中看到了经济复苏的唯一希望。1903 年 1 月 22
日，美国和哥伦比亚签订《海约翰 – 埃尔兰条约》（Herran-Hay
Treaty），美国获得了修建巴拿马运河的权利。不过，1903 年 8 月
12 日，哥伦比亚国会否决了这一条约，原因之一是国会认为，条
约将一条 6 英里宽的狭长地带的 100 年控制权交给美国，这损害了
哥伦比亚的主权。一些巴拿马人和哥伦比亚国会也持相同看法。然
而，其他巴拿马人将波哥大对条约的否决视为对巴拿马福祉的又一
次漠视。

　　一些巴拿马人开始组织一次独立运动。在得到美国政府的支
持之后，他们于 1903 年 11 月 3 日宣布巴拿马脱离哥伦比亚。[24] 尤
西比奥·A. 莫拉莱斯在这场运动中发挥了重要作用。他和他的好
友——巴拿马黑人政治家卡洛斯·A. 门多萨，撰写了一部分当时
最为重要的独立文件。门多萨撰写了独立宣言，莫拉莱斯则写了
巴拿马脱离哥伦比亚的声明，并为 1904 年巴拿马制宪会议撰写了
临时政府公告。[25] 门多萨赢得了当时巴拿马有名的圣安娜（Santa
Ana）地区的关键性支持。在一张当时拍摄的照片里，门多萨坐在
木制扶手椅上，莫拉莱斯站在他身边，两人身穿 20 世纪早期律师
常穿的黑色正装，留着当时流行的浓重的小胡子。他们热切地凝视
着镜头，似乎知晓黑人政治家和白人政治家合影的重要象征意义。
在一个又一个的城市响应巴拿马独立之际，9 艘美国战舰抵达巴拿
马的几处港口（"纳什维尔号""迪克西号""亚特兰大号""康
科德号""怀俄明号"停靠在巴拿马城的港口）。虽然哥伦比亚在
1914 年前并不承认巴拿马的脱离，但也无力将其收回。[26] 巴拿马实
际上已经是一个独立的国家。

有美国的战舰，还有巴拿马各城市的独立声明，也许没什么比这二者的结合更能体现巴拿马独立中暗藏的矛盾。对于巴拿马的政治身份与政治未来，两种政治观点产生了冲突。一方面，巴拿马的独立声明代表的是一种始于18世纪末和19世纪初的旧有政治传统，那时英国和西班牙先前的殖民地都已宣布独立。20世纪初的巴拿马人认为自己是共和传统的正当继承人。另一方面，美国战舰代表了美国总统西奥多·罗斯福的新帝国主义政策。罗斯福认为加勒比海地区的黑人是落后的劣等民族，需要美国的指引。哪一种观点将会塑造未来的美巴关系呢？

巴拿马政府将自己定位成实力略逊但与其他强国地位平等的小国。在建设一项让整个人类受益的重大工程的过程中，巴拿马和美国是平等的合作伙伴。像尤西比奥·A. 莫拉莱斯这样的巴拿马外交家，属于来自欧美地区之外、坚决要求根据国际法规则谋求与各国列强的平等地位的一代律师。20世纪初的国际法规则将世界划分为两种地区：达到所谓文明标准的地区和没有达到文明标准的地区。前者可以得到其他文明国家根据国际法规则规定享有的平等对待，而后者则不行。需要指出的是，在巴拿马和美国争论由谁来控制巴拿马运河的那一年，英国知名学者约翰·韦斯特莱克（John Westlake）一部有关国际法的新作品问世。和先前的版本一样，该作品按照文明层次对世界各国进行了区分。不过，在这本书里，韦斯特莱克认为日本是"东方国家进入欧洲国家行列的一个罕见而有趣的例子"，而暹罗、波斯、中国和土耳其只能部分被国际社会承认，仍然服从领事裁判权。[27]巴拿马属于哪一种国家呢？

　　当时并不是捍卫巴拿马文明国家地位的一个好时机。愈来愈盛
行的 "科学种族主义" 和 "文明是白人专属" 的看法，让一个黑
人占大多数的热带国家很难跻身于可以享有平等权利的文明国家行
列。人们是否认为巴拿马人有能力继续控制本国的国际港？他们
会不会被视为需要指引和管控的落后热带国家？像本杰明·基德
（Benjamin Kidd）的《对热带的控制》（ *The Control of the Tropics* ）
这样的书，大讲当时西欧和美国的白人相对于 "有色人种" 的 "绝
对优势"。[28]基德的这本书出版于 1898 年，当时，美国从西班牙
手中接收了波多黎各、古巴、菲律宾等西属殖民地。该书认为，美
国对其南部热带地区的控制，是白人作为落后地区文明推动者这一
历史角色的自然结果。用基德的话说，美国有责任管理这些地区，
这是一种 "推动文明的责任"[29]。还有一些书籍也附和这种观点。
例如，在 1908 年出版的《美国扩张政策概论》（ *An Introduction to
American Expansion Policy* ）一书中，作者詹姆斯·莫顿·卡拉汉
（James Morton Callahan）不相信热带地区居民有在民主制度下生活
的能力。另外，他还说："对于欠文明地区的居民来说，现代历史
的趋势似乎是接受白人殖民、投身于强国的保护之下。对于那些白
人无法殖民的欠文明地区，必须由一个温带地区的基地所统治，必
须由美国和其他肩负文明发展责任的国家作为文明的代理人，为了
人类共同利益来治理。如果一流文明国家束手不管的话，那些地区
的发展就不会有什么效果。"[30]拉美共和国和美国都曾为共和主义
而反对欧洲专制，并可以成为姐妹共和国的想法，已经变得越来越
苍白。[31]
　　呼吁美国控制热带邻国的书籍是改变文明理念的大规模文化改

换（cultural shift）的一部分。20世纪初，历史学家提出的一个新理念深入改变了人们对世界历史的认知。这一理念就是西方文明论。需要指出的是，巴拿马运河的修建正好与这一理念的形成、传播同时发生。西方文明论影响了美国对美巴关系的认知。与人们的普遍看法不同的是，"西方"这一地理文化概念的炮制相对来说是比较晚近的，它可以追溯到19世纪后期和20世纪初期。根据这一认知，从古希腊哲学到启蒙运动的自由理念，从埃及几何学到工业革命带来的技术变革，西方历史就是人类发展的巅峰，英格兰和美国是这一传统及其正统继承人的一部分。

根据这种历史观，只有西方文化才有持久的活力。其他文化，比如古埃及文化、古苏美尔文化，可能对人类历史的发展产生过推动作用。不过，发挥过某种推动作用之后，这些文化就在人类发展与进步的历史中销声匿迹了。在西方文明论的叙事中，其他地区（如西属美洲）对19世纪科学、技术、政治等方面变革的贡献通通被抹掉了。对于西属美洲国家——这些国家曾和美国一起，推动共和主义在19世纪落地生根——来说，西方文明论让它们越来越难以跻身于那个世纪的政治创新者之列。另外，西方文明论炮制出一个新的文化地理学，让美国与其南部邻国和先前的殖民地拉开了差距。虽然"文明"这个概念最初不分种族和地区，适用于描述所有达到某些社会组织标准、复杂性标准的社会，但是坚持西方文明论的历史学家认为，真正的文明只存在于美国和西欧。正因如此，他们调整了欧洲和美国的文化地理定位：一方面，他们将东欧排除在西方之外；另一方面，他们将欧洲先前在美洲的殖民地分为美国（美国在当时已经成为西方的一部分）和拉丁美洲两部分。[32] 这

<del>
</del>

种分类方法，让哥伦比亚、巴拿马等地区越来越难以将自己看作是美国的姐妹共和国，难以将自己看作是和美国同在一个美洲的平等成员。

在这种背景下，保住国家的"文明"地位是一件很重要的事情。如果巴拿马是一个文明国家，它就理应获得国际法的全面保护。如果美国不遵守国际法，它的行为就违反了国际规则。然而，如果巴拿马不是"文明"国家，美国对巴拿马的控制和不平等对待就有了名正言顺的理由。和日本、阿根廷、俄国、中国等国家的法律专家一样，巴拿马的法律专家也积极设法证明自己的国家符合文明国家的标准，理应受到国际社会的平等对待。[33] 对于巴拿马来说，成败的关键在于让国际社会承认它属于为数不多的、应享受平等国际权利的宪政国家。巴拿马政府认为，1903 年签订的《美巴条约》是"将全球瞩目的两个国家结成永久亲密关系的契约"。因此，巴拿马共和国是"一个有权受到全球最强大国家尊重的独立主权实体"[34]。巴拿马"理所当然地"有权获得来自美国的"相互尊重，还有权获得美国的特殊待遇"。[35] 巴拿马不但要求继续控制自己的港口，还要求和美国共同控制运河区。

在很多方面，关于巴拿马港口的争议是一场关于西方文明论的辩论。不难看出，巴拿马的历史进程不完全符合西方文明论的叙事。巴拿马派出的谈判人员不承认这一观点：他们的国家无法成为全球贸易重要参与者，无法控制那样具有全球意义的基础设施。在巴拿马人看来，要坚持他们的历史观和身份、实现他们的经济愿景，就必须控制巴拿马港。提到巴拿马港，巴拿马政府指的是位于巴拿马运河出海口的那个港口。对于巴拿马人来说，运河港口不过是巴拿马长达四百年国际港的历史里最晚近的发展成果。巴拿马外交官认为，"毗邻这座城市的那个港口是……自从巴拿马奠基以来唯一的对外贸易港，虽然它位于运河区内，但不在出让的范围之内"[36]。失去太平洋和大西洋的港口意味着巴拿马城和科隆城将失去外贸业和"他们一贯从中受益的作为货物运输中转地的重要意义"[37]。巴拿马港可以从一个地方迁往另一个地方（正如过去四百年里的情形）而不会改变这一事实：定义这个港口的是它在巴拿马运河太平洋一侧的位置和国际船只停靠港的位置。在巴拿马政府看来，"巴拿马港只有一个"，包括了"巴拿马城周围的所有海岸、岛屿、水域"。因此巴拿马港包括"被称作拉博卡的那个地方。作为巴拿马港的一部分，拉博卡理应被排除在运河区之外"[38]（见图 1.3）。

图 1.3 巴拿马运河在拉博卡的出入口

图片来源：I. L. Maduro。复制自作者收藏。

　　这一定义的背后是一种特定的有关运河、运河区的空间观，它与 1914 年之后占据主导地位的空间观大不相同，更符合 19 世纪的先例，也就是将政治管辖权和司法权交给哥伦比亚政府。20 世纪早期，巴拿马人以为，《美巴条约》的执行会以 1904 年运河修建之前的历史先例为准。在巴拿马的历史中，没有什么先例能让巴拿马人接受美国对运河条约的解读以及美国全权控制运河区的做法。回顾历史，美国修建的巴拿马运河是 19 世纪 50 年代以来由外国势力在巴拿马兴建的第三大基础设施项目。19 世纪 50 年代，美国资本修建了巴拿马铁路。19 世纪 80 年代，法国资本开始修建巴拿马运河。上述两个项目都需要大量的劳动力，会彻底改变巴拿马的地峡面貌，但两个项目都没有剥夺巴拿马对运河附近城镇和土地的政治控制。美国私人公司修建巴拿马铁路时，哥伦比亚一直都拥有铁路沿线城镇以及该铁路太平洋和大西洋港口的政治管辖权。与此类似，法国人开始修建巴拿马运河时，哥伦比亚同样拥有港口和相应领土的管辖权。为什么美国人就要搞特殊？对照之前的历史，难怪美国对 1903 年条约的解读让巴拿马人感到很意外。抢走巴拿马的港口意味着把巴拿马踢出全球化，让它不再具有先前的全球战略地位。让巴拿马放弃运河区和对新运河的控制是一码事，让它放弃港口则是另一码事。当然，巴拿马政府提出，即使在巴拿马管辖下，美国也可以在必要的时候使用上述港口。

　　巴拿马政府的立场催生了一个问题：修建运河是否真的能让巴拿马得到发展与进步？托玛斯·阿里亚斯认为，这条运河有可能促进巴拿马经济的发展，但前提是国际港和海关控制在巴拿马手中。

巴拿马已经给美国提供了建设一个"能够让全世界受益"的项目"所能够提供的一切",但没有给他们提供"建立一个可能毁掉共和国两个主要城市的独立商业中心"的权利。否则,事实就会证明"关于运河会促进巴拿马进步和繁荣的预测"是错误的。[39]

值得注意的是,美国并没有明确提出想要占有或控制巴拿马港。美国声称,拉博卡的码头不是巴拿马港的一部分,而是运河区的一个独立港口。他们已经给那个港口起名为"安孔港"。通过这种命名权,他们炮制出了一个在巴拿马管辖之外的港口。巴拿马外交官认为,美国无权"仅通过编造一个像安孔港这样的新地名"来占有巴拿马港的土地。[40] 不过,命名的确能产生影响,而当时,命名权和管辖权都在美国手中。就这样,一个新的地理概念出现了,它让巴拿马失去了对其国际港的所有控制权。安孔港不仅成为巴拿马国际港的新名称,还成为一个新城镇的落脚地。虽然距离巴拿马城仅有 1.5 英里,但它仍然在运河区之内。安孔港还成了一个政治空间,管理巴拿马国际港的办公机构就设在那里。当年,法国人的运河管理机构的办公机构还设在巴拿马城的主广场,而现在,美国的港口管理机构则设在了安孔港。巴拿马运河的太平洋港口一直就不叫巴拿马港——最初叫安孔,后来改称巴尔博亚,这一事实反映了双方最初的紧张关系,同时也可以看出,对于谁拥有这个港口,双方并没有达成明确一致。如果港口名叫巴拿马港,那么很显然,港口归巴拿马所有。但"安孔港"这个名字直接就抹去了巴拿马的一部分现代性,也掩盖了其本就拥有的全球性。这个名字至少暂时地让巴拿马丢掉了对具有全球意义的那些港口的政治控制。巴拿马港成了一个当地渔民和本土贸易的港口。在语言表述中,美国将巴拿马"原始化"了。换句话说，在美国人的口中，巴拿马成了一个连自己的国际港都无法掌控的地方。

围绕着港口的这些争议是由对《美巴条约》的不同解读而产生的众多争议的一部分。1904 年是重要的一年。哪个国家拥有运河区主权成为巴拿马外交官和美国政府激烈谈判的主题。双方争论的焦点是条约的第三条。该条款将运河区控制权交给美国，"视同在运河区拥有主权"。运河区总督乔治·W. 戴维斯将军的解读是，美国在运河区拥有主权政府的权力，其中包括印制邮票、在巴拿马和运河区之间设立海关。这些措施将运河区市场与巴拿马市场分隔开来。如果巴拿马人想要从运河区繁荣的经济中获利，就必须缴纳进口税。巴拿马政府对此的解读则完全不同，认为戴维斯总督理解的运河管理权远远超越了条约的规定。

针对巴拿马在运河区的权利，尤西比奥·A. 莫拉莱斯提出了一套严密的说法。其要旨是：巴拿马并没有在条约中出让运河区的主权。条约只是向美国提供了修建、维护和保卫运河所必要的一切。与运河运营无关的政府职责——比如征收关税、管理贸易等等——仍然由巴拿马享有。他通过反驳美国对《美巴条约》第三条的解读来捍卫巴拿马的立场。莫拉莱斯认为，不了解作为先例的《海约翰－埃尔兰条约》，就无法正确解读《美巴条约》，而前者根本没有提及主权问题。莫拉莱斯认为，两个条约的目的都是"推动运河的建设"。巴拿马从来没有考虑签订什么"领土割让"或"放弃绝对主权"的条约。[41]《海约翰－埃尔兰条约》明确承认哥伦比亚主权，反对"任何破坏哥伦比亚主权或以牺牲哥伦比亚或中美洲、南美洲其他姐妹共和国利益为代价扩大其〔美国〕①领土的主张"。
莫拉莱斯认为，这一条款的目的在于缓和中美洲和南美洲各共和国
的担忧，"它对我国政府决定毫无保留地批准或修改《海约翰－埃
尔兰条约》〔原文如此〕有决定性的影响"[42]。

莫拉莱斯认为，《海约翰－埃尔兰条约》和《美巴条约》都
给美国提供了有关运河区土地和水域的权利，但前提是只用于"修
建、维护、运营、维持卫生和保护运河"的目的，绝对没有出让"有
关领土的绝对管辖权，更不用说主权的转移"。莫拉莱斯认为，这
种特许权也适用于私人公司，其中除了土地租赁之外不涉及任何其
他事项。缔约双方是出租人与承租人之间的关系，这一案例中唯一
的特别之处是承租人是一个共和国。他说，正是因为这一点，才导
致了协议解读上的分歧。[43]

莫拉莱斯还进一步提出，如果巴拿马在《美巴条约》中向美
国出让了运河区的主权，那么该条约中很多限制美国对运河区
权利的条款就无法解释，而且会显得画蛇添足。例如第六条规
定，巴拿马和美国应共同组建一个联合土地委员会（Joint Land
Commission），负责裁定为修建运河而征用的土地的补偿金金额。
同样重要的还有第 10 条、第 12 条、第 13 条。根据这些条款，巴
拿马同意不向修建运河所需的货物和收入征税，允许修建运河所需
要的劳工移居到运河区，还为美国提供了免税进口运河施工所需
机器设备的权利。莫拉莱斯说，如果美国拥有运河区主权，巴拿马
不具有针对运河区的任何权利，那么这些条款就没有任何意义。他

---

① 本书六角括号的夹注是作者为引用文字所加的注释。

的结论是，条约中"不会存在多余或相互矛盾的条款，那些看起来多余的条款，其目的是为了产生某种效果，那些看上去自相矛盾的条款，应该考虑其中最终那个条款的总体特性，因为我们应该假定……这些看似多余的条款讲述的是双方最终的想法或看法"。据此，我们可以得出这样的结论，美国并没有控制海关或在运河区建立邮政系统的权利。[44]

另外，因为巴拿马的经济活动集中在中转区及其港口，因此巴拿马不可能出让港口和财政主权，要知道，任何一个国家都不可能出让自己赖以生存的东西，"任何人都不会签订一个明显会给自己带来巨大损失的协议"，出让那些权利只意味着带来"商业和经济上的毁灭"。"签订那个一度被巴拿马人寄予进步和发展厚望的条约"将导致巴拿马情况恶化，更不要说进步了。如果美国继续拥有对港口的管辖权，并在运河区实施贸易保护主义关税，那么"过去一直繁荣的经济活动将彻底消失"或大幅削减。如果巴拿马失去了管理运河区和港口经济的控制权，那巴拿马还能从运河修建中获得什么利益呢？巴拿马城将把国际贸易中心的地位拱手交给美国，自己将成为一个只为"穷困的乡村城镇"服务的省级城市。[45]

莫拉莱斯的据理力争，是巴拿马精英们一段已被人遗忘的抗争：他们曾试图保住本国资源，想要继续参与现代全球经济，不让巴拿马成为美国的附庸。这是一段被忽视的"反叙事"，它不但否认"运河会给巴拿马带来进步"的观点，也否定"本土精英完全是懦弱的帝国主义走狗"的历史叙事。在 1904 年坚决捍卫巴拿马国际港主权、限制美国对运河区权利的抗议中，我们看到了一种无法实现的运河经济愿景：巴拿马继续拥有其港口和运河区的经济控制权，美国负责建设和运营运河，保护巴拿马免受哥伦比亚侵扰，而巴拿马则继续控制本国的外贸业（没有港口控制权就做不到这点）。巴拿马若想做"现代、先进的贸易中心"，没港口是不行的。我们经常忘记的是，1904年，关于港口和运河区未来的问题远没有解决。莫拉莱斯对条约的解读反映了当时的一些争议，也反映出在一个政治、市政和农业问题复杂的地区获得建设和卫生管辖权的合理性问题。在修建运河最初的几年里，这个问题一直困扰着运河区当局。最后，运河区的人口外迁解决了这个问题。

然而，运河区总督的看法截然不同。美国联邦政府获得运河区的控制权之前，将巴拿马这种历史复杂的地方说成是热带蛮荒地区由来已久。19世纪的游记让美国公众以为拉丁美洲就是一个军政府独裁下混乱、动荡的地方。赫克托·佩雷兹–布里尼奥利（Hector Perez-Brignoli）将人们对拉美的这种认知称为"合法的香蕉共和国滤镜"[46]。另外，在1898年美西战争期间，美国设计了一套精妙的法律和政治说辞，将先前西班牙美洲帝国的子民说成是需要拯救的原始人。正如保罗·A. 克雷默（Paul A. Kramer）所言，美国人将被西班牙殖民后的菲律宾人和菲律宾共和国说成是"不可救药的'84个部落'，将阿吉纳尔多（Aguinaldo）领导的政府说成是塔加拉族人'单一部落'组成的强权领导集体"[47]。在美国人看来，菲律宾人分为两部分，一部分是"腐败的、巧取豪夺的"精英地主老财，另一部分是"奴性、落后、迷信"的下层民众。剥夺了菲律宾的现代性之后，美国人就可以杜撰一套菲律宾想要实现自我治理、进入文明国家行列必须达到的标准。[48]美国在占领古巴的过程中也做了类似的事情。美国反对古巴实施男性普选制，理由是大多数古巴人因为种族和气候的原因没有政治自治的能力。报纸曾举出其他西属美洲共和国的例子来证明这一点。他们夸张地说，在那些地区，"热带环境""印第安混血"和"强烈的黑人元素"经常催生混乱和战争。[49]

不过，巴拿马、古巴、波多黎各和菲律宾之间的差异很大。因为巴拿马已经是一个共和国，已经无需达到什么指标才能获得完全独立。美国没有占领整个巴拿马，只是永久性占据了其中的一小部分领土。但美国不承认巴拿马是一个与其地位平等的共和国。巴拿马是一个"年轻的共和国"，需要美国在运河区树立起榜样以供其学习。后来，"年轻的共和国"这个说法逐渐被越来越多的人使用。即使在当今，我们也能看到《纽约时报》（*New York Times*）以此来指代那些19世纪头十年才成立的共和国。西属美洲共和国永远是"年轻的共和国"。巴拿马是套用这个词汇的理想对象，因为在事实上，它确实是一个年轻的共和国，因此，可以很容易地抹掉这一事实：自从1821年，也就是从巴拿马成为全球历史最悠久的共和国哥伦比亚的一个省时起，它就一直保持着共和制。

运河区总督乔治·W.戴维斯将军的态度，可以从他对于巴拿马的历史及其世界地位的观点中看出来。他不同意巴拿马的视角，其理由有三。第一，他"惊讶地"发现，巴拿马关于《美巴条约》的解读"荒诞地不同于"美国的解读方式。他认为，美国在港口区拥有自己的港口是"绝对必要的"。"荒诞"一词透露出他的文化观。他认为拉美为缔造全球现代性作出贡献的说法不仅站不住脚，而且荒诞无稽。他认为，说巴拿马这样的国家能够控制具有全球战略意义的国际港口极为荒唐。这种观点在20世纪存在了相当长一段时间。现代性不是拉美国家曾经有过的东西，而是他们一直向往或始终抵触的一种舶来品。

戴维斯的第二个理由是，美国要解决那些港口的医疗卫生隐患，就必须控制港口。不错，巴拿马是一个繁忙的贸易和船运中心，不过，这更加剧了传染病从港口进入巴拿马的风险。因此，美国应该采取高效的措施来管理港口，做好疫病隔离工作，根据《美巴条约》，该地区的医疗卫生工作是由美国负责的。[50] 有意思的是，这个控制巴拿马港口的理由不是建立在军事或政治需要、运河防卫上的。他们用医疗卫生方面的需求作为美国控制巴拿马港口的理由，说明医疗卫生非常重要，已经成为政治控制的理由。这时候，除了政治或文化方面的现代性指标，医疗和城市化技术也开始成为用于划分世界的标准。针对巴拿马提出的如果失去港口就会错失经济发展良机这一观点，总督戴维斯的回应是，医疗卫生条件的改善将弥补巴拿马的损失。美国的医疗卫生方案不但能消除人们心目中巴拿马疾病肆虐的印象，还会"把共和国首都的富有和繁荣提升到一个当下无法估量的程度，让商人、企业职员、专业人士和工薪阶层等所有人都享受到这一变化所带来的好处"[51]。

最后，总督戴维斯反驳了历史连续性的重要性。他不觉得巴拿马共和国历史上的财富和繁荣取决于它与海洋的联系。他认为，虽然很多人认为海洋贸易对于一个国家的财富至关重要，但也有很多例外情况。"瑞士就是一个例子。虽然这个国家没有一个海港"，但一样富裕、繁荣。[52] 我们可以想象，当总督戴维斯要巴拿马效仿瑞士经验之时，巴拿马人该是多么抓狂。戴维斯的这个观点透露出一个动向：19 世纪的巴拿马不是西班牙帝国贸易的继承者，美国才是。巴拿马城的国际港被夺走了，成了一个像瑞士一样的封闭国家，但不是被山脉封闭，而是被运河区封闭。在巴拿马运河的历史中，19 世纪仿佛成了一段"失败"的历史：法国人修建运河失败，哥伦比亚给巴拿马提供和平和繁荣的努力也以失败告终。只有美国的技术实力能够实现老朽的西班牙帝国的梦想，修建一条穿越巴拿马地峡的运河。然而，这段历史并不只有一种声音。

1904 年围绕巴拿马港口的外交纠纷催生了《塔夫脱协议》。该协议在保住美国的运河港口管辖权的同时，向巴拿马做了一些让步。这场围绕运河条约的解释并催生了《塔夫脱协议》的谈判，是彰显美巴关系不确定性的一个鲜明例证：两个实力上相差甚远的国家保持着名义上的平等。1904 年 10 月，美国国务卿海约翰（John Hay）正式表达了美国对巴拿马的不满。他不承认巴拿马的观点，重申了美国对运河区的绝对控制权。然而，不久之后，罗斯福总统便派战争部长塔夫脱前往巴拿马进行谈判。在写给塔夫脱的信中，罗斯福重申了明晰美国未来意图、消除相关疑虑的重要性，指示他要明确表示美国没有在地峡中部建立殖民地的打算。塔夫脱这次来访使得美国废止了在 1904 年 6 月下发的一道行政命令。从此，运河区官员只能进口与修建运河有关的货物。另外，美国取消了巴拿马和运河区之间的关税。美国向经过运河区的船只出售的免税商品只限于煤炭和石油。这些措施解除了巴拿马商人的忧虑。他们并没有失去人口迅速增长的运河区市场，也没有失去使用运河船只和港口的权利。在欢迎塔夫脱的宴会上，巴拿马政治家、未来的总统贝利萨里奥·波拉斯（Belisario Porras）大声说："我们的共和国不会消亡。"[53]

　　安孔港仍然是美国管辖的一个单独的港口，不过，实际上，它不断将巴拿马湾周围地带纳入在内，成为一个大型港口。在医疗卫生、海关、邮政方面，巴拿马港和安孔港是一个整体。美国获得了"巴拿马、科隆两个港口周围水域医疗卫生、疾病隔离方面的完全管辖权"。不过，同时，美国政府同意将运河区的海关、邮政系统与巴拿马的相关机构合并在一起，只向运河区进口修建和维护巴拿马运河所需要的货物和商品。最后，考虑到"安孔港、巴拿马港、克里斯托瓦尔港（Cristobal）、科隆港靠得很近"，因此，进入巴拿马港或在该港口办理通关手续的船只可以停靠安孔港，反之亦可。[54] 巴拿马港之前的很多功能没变，变的是对这个港口政治和军事上的控制。巴拿马港破天荒地由两个共和国共同行使管辖权。这种分割反映出国家间话语权关系（international power relations）的出现。这种话语权关系一方面强调了共和体制的民族国家之间名义上的平等，另一方面强调了两国在现代性方面的差距。一个国家拥有技术和民主传统方面的优势，另一个仍在追赶的过程中。

　　在这场争议中，我们看到的不是外来帝国主义势力和竭力保持传统生活方式的本土精英群体之间的角力。我们看到的是，面对外来帝国精英试图抹杀本国历史、将本土精英塑造成需要照看和拯救的"土人"之时，一群本土精英是如何竭力捍卫本国的现代性及其对现代资源的经济控制的。虽然被西方世界排除在外，但拉美国家在形式上仍然是需要平等对待的独立的共和国。在这种背景下，享有威斯特伐利亚式主权（Westphalian sovereignty）的名义上平等的国家之间出现了一种新的表述方式（new formulation）。[55] 在一方面，各国接受了拉丁美洲共和国名义上的平等。在另一方面，拉美地区扮演的 19 世纪政治、科学和技术积极参与者的角色被抹掉了。拉丁美洲被看作是一个没有发达国家帮助和指导就无法主宰其命运的地区。

巴拿马处于这些文化和意识形态变革的中心。在美巴关系中，那些实施威斯特伐利亚式主权而名义上平等的国家之间的话语权关系正在重新调整。[56] 虽然这种话语权关系在"二战"后大多数获得独立的欧洲殖民地很普遍，但其最初出现的地方却是美洲。要调整国家间的博弈关系，就要确立国家间新的层级关系。国家间的差距最初用文明国家和非文明国家来表述，"二战"后，表述方式变成了发达国家和欠发达国家。这些二分法在"二战"后的成功运用需要抹掉"欠发达"国家的现代性。在 20 世纪初，巴拿马——和其他拉美地区一样——不承认自己不是现代国家，因此竭力强调在自己经济和政治方面的现代性。

第二章

1904 年的运河区

1904年美国开始控制运河区时，运河区的巴拿马城镇是个什么样子？这很难讲。虽然有关运河修建和运河区美国一方的照片成千上万，但关于运河区巴拿马一方私人住房和商铺的照片却少得可怜。游客的记述往往误人不浅。它们充斥着丛林传说和对棚屋（hut）及城镇的刻板印象，对于增进对大多数运河区城镇的悠久商业历史的理解毫无用处。历史学家也不可能前往那些城镇，通过研究遗迹来了解它们的历史，因为那些城镇有的已被完全拆除，如查格雷斯；有的被改造成废弃的炸弹试验场，如恩佩德拉多；有的被加通湖淹没了一部分，如戈尔戈纳。不过，仔细阅读很多游客的记述、地方志、官员描述和档案记录后，我们有可能在脑海中再造这些城市之前的面貌。档案里的有些内容让人感到很意外，比如1905—1906年间戈尔戈纳的征税记录和当地早期酒吧的分布图，它们可以帮助我们重构戈尔戈纳在运河修建初期几年里的面貌。如果想要重现巴拿马与地峡走廊的历史联系，或质疑巴拿马运河建在人烟稀少的丛林地带这一看法，就需要仔细重构那些城镇居民当时的生活图景。

戈尔戈纳和查格雷斯河

在 1904 年美国开始修建巴拿马运河之前，戈尔戈纳已经有了悠久的国际贸易的历史。这个城镇位于查格雷斯河南岸，距离巴拿马城 19 英里，距离查格雷斯河港口 33 英里，是近大西洋的查格雷斯港、科隆港与近太平洋的巴拿马港之间最重要的城市。[1]该城镇位于查格雷斯河地势较高的堤岸地带。一位 19 世纪中期的游客对它的描述是"有生机""富有"。[2]第一部有关巴拿马地理的著作将戈尔戈纳描述成一个高于海平面 76 米、宜人的、有益健康的城镇。干燥的夏季来临时，巴拿马人经常举家前往那里度假。[3]戈尔戈纳的城镇格局、建筑、人口明显地反映出巴拿马作为全球商业节点的悠久历史，以及 18 世纪以来塑造了那个城镇的土地使用方式和运输业的历史变革。

1904 年，这个两三千人口的小城镇有一座天主教教堂，有一到两座新教教堂，以及一座中式寺庙。征税记录显示，其居民有西班牙、法国、英国和中国姓氏。镇子里有好几个旅店，甚至还有一个中式包点铺。戈尔戈纳居民走下主街时，需要使用不同的交通工具。如果要去北面的查格雷斯河及其港口，需要乘坐名为"邦戈"（bongo）或"卡尤科"的运送乘客或货物的独木舟。这一切提醒人们，在巴拿马过去的大多数时间里，穿越地峡最有效的方式是赶着骡子或骡、船并用，而戈尔戈纳过去曾是人们结束查格雷斯之行后踏上戈尔戈纳骡马小道的中转站。北面还有当地的宗教和政治中心，天主教教堂、主广场、公立学校就设在那里。和 19 世纪拉丁美洲的很多城市一样，戈尔戈纳的主广场也有一个露天演奏台。

这个城镇的市场也在北部，距离查格雷斯河不远。步行到镇子的南部，就可以看到铁轨和火车站。随着 1885 年运河铁路的修建，铁轨和火车站将戈尔戈纳从河流城镇变成了铁路城镇。在镇子的东南部靠近火车站和运河建筑的地方，属于"新普韦布洛"（Pueblo Nuevo）（意为"新城"）。ICC 在这里建造了基督教青年会（YMCA）旅店和 ICC 宾馆。[4] 在西南部，距离镇子稍远一点的地方是公墓。镇子东部有一些 19 世纪 80 年代法国人修建运河期间遗留下来的建筑。这些建筑让人们想到，那段岁月里的戈尔戈纳曾是一个重要的机器设备维修中心。1886 年，这个城镇毁于一场大火。考虑到它的重要性，当时的巴拿马省省长颁布了鼓励重建戈尔戈纳的特别政策。[5]

戈尔戈纳的街道名称也反映出这个城镇不同的技术、政治和文化特点。要想深入了解戈尔戈纳的城市格局和街道名称，可以查阅 1908 年 ICC 绘制的地图和 1906 年的房地产税登记文件。这些地图显示，1908 年，西班牙语的马路名称被用英文字母或数字标示的编号所取代。只有两条街道有像样的名字，而且都是英文名字：落基路（Rocky Lane）、绿荫道（Shady Avenue）。两条路都位于城镇新开辟的美国区。然而，从 1906 年的征税记录中，我们看到一种截然不同的、更为复杂的街道命名方式。房主们会同时提及字母数字组合的新街名和旧街名，根据一位房主的说法，"A 大街"原本是"努涅斯大街"（*Calle de Núñez*），是以先前的哥伦比亚总统拉斐尔·努涅斯（Rafael Núñez）的名字命名的。"努涅斯大街"让人想到戈尔戈纳不久前隶属于哥伦比亚共和国的历史。另一个房主提到了连接查格雷斯河与铁路的"E 大街"，它以前叫"铁路大街"（Calle de los Rieles），也许是寓意戈尔戈纳最初是一个河流城镇，铁路是这一历史悠久的河流城镇后来所新增的东西。"第二街"之前的名字是"新城大街"（Calle de Pueblo Nuevo），寓意美国人的存在是最近才开始的事情。很多居民住宅位于 1908 年地图中没有标注的"主街"（Calle Principal）两侧。这条街与查格雷斯河的走向平行。在巴拿马铁路建设和投入使用之前，这条街可能是该城镇最重要的街道。现在，这条街的重要地位被与铁路平行的"第一街"所取代。居民们还提到了"查格雷斯区"（Barrio de Chagres）、"公墓区"（Barrio del Cementerio）。[6]那些只存在于当地人记忆中的旧地名被抹去，象征着一个政治系统取代了另一个政治系统。

从住房的结构和材料可以看出这个城镇的历史。很多房子使用的是木质框架和镀锌铁皮屋顶。从 1904—1906 年的不动产档案中可以看出，59 幢房子使用了这两种材料。这里的盖房材料类似于科隆城房屋的材料。从戈尔戈纳保存下来的照片里，我们可以看到类似科隆城和 19 世纪其他很多铁路城镇的街道和框架式房屋。然而，据 1903 年 H.C. 黑尔（H.C. Hale）船长说，戈尔戈纳的 390 幢房屋中的大多数是"棚屋"。其他房子属于"尖顶屋"。[7]被黑尔和之前很多人描述为"棚屋"的是采用查格雷斯河沿岸传统盖房方法、用当地材料建成的茅草屋顶房子。"棚屋"的大小和建造材料各异。有的用竹子密密地围砌而成，有的采用了新式的木质结构，还有的用土坯垒砌而成。有的房子甚至采用了茅草和金属屋顶相结合的方式。

生活在地峡走廊的是些什么人？他们与巴拿马的国际贸易之间有什么影响？ 19 世纪的大多数游客将走廊沿线的城镇——查格

雷斯、戈尔戈纳、克鲁塞斯（Cruces）——说成是黑人城镇。据法国外交官和探险家加斯帕德·西奥多·莫利昂（Gaspard Théodore Mollien）记载，"戈尔戈纳是一个只有黑人居住的城镇"，而克鲁塞斯的居民都是"有色人种男性"。[8] 可惜的是，我们没有那些居民自己的叙述，只能依靠一些讲述在旅途中所遇到的各种危险、插曲和当地船夫、骡夫生活习惯的游记。不过，阅读这些游记时需要仔细甄别，因为他们中大多数人都有一些那个时代典型的种族和地域偏见，视热带居民和环境为原始而怪异的存在。例如，莫利昂嘲笑查格雷斯河沿岸的居民，说他们不配生活在这样一个重要的地理走廊上。他们的"棚屋"很"脏"，他们"厌恶不能赚大钱的活计"。[9] 25 年后，埃梅琳·斯图尔特·沃特利夫人（Lady Emmeline Stuart Wortley）也会重复之前那些来到热带的欧美游客常说的话，说"那里的气候让土人懒惰，他们的生活几乎完全依靠热带地区富饶的物产"[10]。另外，他们身上有一种"典型的慵懒和冷淡"[11]。她还用夸张的语言来比较"热情、活跃、麻利、急切的美国北方佬"和"少言、居心叵测、死气沉沉的土人"[12]。她的描述同样重复了 19 世纪有关对热带地区和热带居民的刻板印象，她描述并嘲讽"半裸的"黑皮肤巴拿马"土人"，认为热带环境导致了他们的这种"原始"。[13] 这类言辞强调了黑皮肤的巴拿马人与亘古不变的热带环境之间的联系，有助于抹杀那些居民在经济和技术上的现代性，虽然他们生活和工作的地方自 16 世纪以来就一直处于运输和通信技术的最前沿。

　　不过，仔细阅读 19 世纪的游记，我们就会发现事情的另一面：地峡走廊上的城镇和居民很擅长与来自全球的来客打交道。他们在提供劳动服务和使用先进技术方面有着悠久的历史。生活在戈尔戈纳的黑人男女并不是头脑简单、隔离于外界政治、文化和经济进步的"土人"。他们非常熟悉地峡走廊及其商业机会，充分利用可用的技术和当地自然条件来应对逐渐繁忙的生意。几代戈尔戈纳的居民提供了娴熟的服务，让过境客穿越地峡成为可能。他们的祖先是当年被西班牙人卖到地峡做赶骡人、船夫、修路工的奴隶，从事地峡贸易所需的无数工作。在 1851 年废除奴隶制之前，奴隶和自由黑人为查格雷斯河航运和巴拿马走廊的骡队运输做出了重大贡献。就在 1846 年，巴拿马的奴隶制已经极度衰落之时，戈尔戈纳教区仍有 47 个奴隶，与圣费利佩（San Felipe）教区（该教区位于巴拿马城城墙内精英集中的中心区）的奴隶数量相同。这一情况揭示了奴隶劳动的重要性，以及 19 世纪 40 年代戈尔戈纳的重要地位。[14]

在热带的十字路口劳动和生活

我们很难全面、具体地了解那些船工、艺术家、当地农民和小商人是怎样参与这种贸易经济的。不过，借助一些资料，我们能够一瞥他们如何从变化莫测的国际商业贸易中获利。早在 1748 年，西班牙科学家豪尔赫·胡安（Jorge Juan）、安东尼奥·德乌略亚（Antonio de Ulloa）就描述了黑人怎样利用波托贝洛（Portobelo）每年一度的国际展销会赚钱。波托贝洛作为西班牙帝国为数不多的官方合法贸易站而闻名于世。在那里，有人用享有盛名的秘鲁银器来交换旨在销往南美市场的欧洲商品。胡安和德乌略亚记述了加勒比海港口城市波托贝洛城郊一个名叫"几内亚"（Guinea）的"住着自由黑奴"的社区的商业活动。在波托贝洛展销会期间，这个黑人社区的人口迅速增加，因为很多巴拿马艺术家来这里出售作品。波托贝洛的"穷人和黑白混血群体"也搬到了那里，为的是将他们在城里的屋子租给在城里找住处的外国商人。[15]

在 19 世纪的上半叶，巴拿马继续扮演着"繁忙高速公路"的角色。[16] 从大西洋前往太平洋的人们搭乘帆船或蒸汽船抵达查格雷斯港。他们与当地船工谈好价格后，搭船逆流而上，前往戈尔戈纳（或克鲁塞斯）。在戈尔戈纳或克鲁塞斯找地方过夜后，他们在第二天搭骡队前往巴拿马城。他们要沿河走上 2—4 天的时间，经常需要在河边村落过夜。前往相反方向的人先要搭骡队，之后再乘船。[17]19 世纪 20 年代，莫利昂描述了查格雷斯河和大西洋查格雷斯港的经济活动。英格兰商人带来布匹，带回哥伦比亚的黄金、墨西哥和秘鲁的白银。美国人购买腌制的牛肉和鳕鱼、洋葱。南美商人购买各种杂货。[18] 莫利昂看到"〔查格雷斯港〕流通的钱比哥伦比亚共和国其他任何地方流通的钱都多"。查格雷斯的那些小棚屋里"储藏着巨大的财富"，那些小棚屋被当作库房以"每月 400 法郎"的价格租给生意人。[19] 和在他之前之后的很多游客一样，莫利昂经常抱怨那里高昂的物价和人工费用。他说，黑人的薪水很少低于每周 60 比索，这意味着在那些年自由黑人有很强的议价能力。1843 年，在给一家蒸汽船公司所写的文章里，威廉·惠尔赖特（William Wheelwright）记述了查格雷斯河沿岸城镇居民怎样利用这条运输路线向游客兜售家禽、鸡蛋、水果的事情。[20] 他还提到赶骡人如何试图让他绕道克鲁塞斯，在那里他们有"自己的亲戚和朋友"，尽管当时戈尔戈纳才是查格雷斯河与巴拿马城之间最近的陆上走廊。[21]

关于热带居民的刻板印象还掩盖了戈尔戈纳居民与 19 世纪一些最为显著的社会、政治和技术变革相碰撞而产生的重要、有趣的故事。世界范围内的人口迁徙显著增加。技术进步迅速实现了从肌肉动力（人力和畜力）到煤炭动力的过渡。身处在世界上最重要的一条路线中心的戈尔戈纳人，处在世界人口大流动、技术变革的核心。1855 年巴拿马铁路投入运营之前的四年是一段很有意思的过渡期。随着加利福尼亚淘金热的开始和 1849 年涌往加州淘金的人迅速增加，巴拿马走廊迅速繁忙起来。当时，这是连接美国东西海岸最为省力、最受欢迎的交通路线之一。每艘蒸汽船都会载来数百名乘客。有乘客说，几乎任何时候都有多艘蒸汽船和帆船抵达。一位乘客说，他看到停靠查格雷斯河的好几艘船一共带来"大约一千人"。[22] 除了来自加州的蒸汽船，还有从秘鲁以及其他南美地区驶来的蒸汽船。在巴拿马铁路投入运营前夕，骡队和传统船只都接近满负荷运转。游客们回忆说，他们在查格雷斯港和查格雷斯河面上看到了数百艘满载乘客和货物、等待蒸汽船到来的帆船，戈尔戈纳的大路上到处是骡子。[23] 那些年的历史，就是查格雷斯河居民如何应对地峡走廊不断增长的人流量，为数以千计的过路人提供交通工具、住处和饮食的历史。[24]

19 世纪中期，在戈尔戈纳城外地势较低的河边有一大片美国人搭起的临时帐篷，许多来自加州的淘金者临时住在那里，等待前往巴拿马城的行程安排。其中的一位游客说，等待前往旧金山的船只的这段时间里，他们中的很多人宁愿在戈尔戈纳，也不愿意在巴拿马城等候，因为巴拿马城的住宿太贵了，什么都贵。[25] 水果贩子向经过城镇的数千过路人兜售水果。卖肉的想到了一个把肉迅速高效地卖给忙着赶路的过境客的好办法。他们将肉切成三英寸宽、长短不等的肉条后挂在架子上，这样顾客就可以按照肉条的长度按价选购。[26] 不少外国人在戈尔戈纳经营旅店、商店和饭馆。1850年，一个英国女人说，如果要过夜的话，他们一行人可以在查格雷斯河沿岸的任何一家村庄找到食物和睡觉的地方。类似"Dos Hermanas"（西班牙语，意为"两姐妹"）这样的小旅店提供由竹子围砌而成、地上铺着草席或牲畜皮的房间。[27] 在戈尔戈纳，招待外地人的地方有很多。其中包括一家美国人开的"米勒先生宾馆"，至少两家当地人经营的旅店。还有人经营赌场。脚夫、掮客、懒汉、小偷、赌棍、舞女都想从在戈尔戈纳停留、等待船只的过路客身上赚钱。[28] 在 19 世纪中叶，戈尔戈纳是一个充斥着商人、船工、骡夫的喧闹忙碌的河港。因为地理位置上的重要性，这里逐渐取代了克鲁塞斯，成为查格雷斯河与通往巴拿马城的骡道之间的中转站。[29] 1855 年 9 月，戈尔戈纳从一个教区发展成自治城镇，这个地位上的变化对它的权力和影响力大有裨益。[30]

　　航行途中，船客们不停地催着赶路，这让船工们的营生越来越不好做。船客们并不知道在河面上驾驭这种船体较长的"邦戈"船有多么困难和辛苦，而且他们不想为了吃东西或休息而停船，甚至夜里睡觉时也不希望船停下来。若是雨下个不停，就需要经常翻动船篷上的茅草才能确保船上的乘客和货物不淋到雨，但当船工不得不停下来修葺或重新覆盖船篷茅草时，美国乘客便会尤其不满。那些乘客会不停地做手势，哀求或威胁他们，要他们停下手里的活，马上继续行船。陆地上的赶骡人、饭馆、旅店也同样不堪其扰。有时候，在从戈尔戈纳到巴拿马城的路上或船上，巴拿马人也会还以颜色，模仿美国人的口气嘲笑道："Vamos, go-ahead!—ho! poco tiempo, poco tiempo."意思是：快点走吧！——嘿！时间不多了，时间不多了。[31]

游客关于丛林的记述还遮蔽了一点：这条在过去三百年全球贸易中发展起来的道路，孕育了高超的技术。为了让骡子或骡队小路适应地峡走廊泥泞、树林密布的山地，人们下了不少功夫。那些驮载人和货物的骡子在殖民时代就经历了复杂的交易、选种和饲养，它们大量进口自尼加拉瓜、萨尔瓦多和洪都拉斯。[32]骡队小路需要经常修整。为此，西班牙王室和后来的哥伦比亚政府投入了大量资源。[33]因为这个城镇位于水路和骡道的中转站，因此，骡子曾在当地人的生活中扮演了重要角色。许多戈尔戈纳男子都是赶骡子的行家，城里的体面人物都拥有骡子运输队。19世纪40年代后期，骡子在戈尔戈纳随处可见。随着成千上万加州淘金者的涌入，这里骡子的数量大增，以至于在戈尔戈纳和巴拿马之间的路上，有时可以看到在驮载乘客和淘金器具、行李途中倒毙的骡子。[34]

淘金热时期，在查格雷斯河上航行的乘客并不是独享这份美丽的热带风光，这条河流上满是往返于查格雷斯港和戈尔戈纳港之间的"邦戈"和"卡尤科"。斯图尔特·沃特利夫人记述说，她乘坐的那艘船接近戈尔戈纳时，身边有"越来越多的船只经过，最后整个河流仿佛有了生气"。偶尔，船上的乘客爆发出一阵兴奋的叫喊声："嚯！加利福尼亚，我来了！"[35]划着邦戈在查格雷斯河和戈尔戈纳之间载运乘客的船工技术娴熟，对这条河上的转弯和激流了如指掌。他们清楚，只要利用好每天河水的涨落就能一帆风顺，否则他们的邦戈就会搁浅在沙洲上。[36] 需要注意的是，查格雷斯河并非一条未经人类干预的原始河流。哥伦比亚政府会定期派人进行维护，清理泥沙，这使得船工的活计能略微轻松一些。[37] 船工们还熟知查格雷斯河上各种船只的优势和劣势。卡尤科是这条河上最小、最快的船只，是一种轻便的"看上去很漂亮的小船"，只能运载一名乘客外加一匹骡子能驮动的行李——"两个大衣箱和一张床"[38]。单人出行的乘客会为了速度和便利而出钱租用卡尤科，毕竟只需 18 个钟头就可以从查格雷斯港抵达戈尔戈纳或克鲁塞斯。[39]

有的船工操作的是体积大一些的邦戈。这种船的载重量是400—500 公担①。在查格雷斯和戈尔戈纳之间走一趟需要 48 个小时。[40] 很显然，这种船直到 18 世纪才得到广泛应用。[41] 豪尔赫·胡安和安东尼奥·德乌略亚称它们是"值得敬佩的东西"（things of admiration）。[42] 邦戈船体狭长，最宽的地方不过 11 英尺宽。[43] 乘客坐在后面，头顶有茅草篷，携带的行李可以用船上的牛皮遮盖起来。邦戈由 12 个船工和一个深谙河道情况的船长来操控。船工的活儿需要技巧，也很累人。在顺流而下水流较急的河段，他们使用一种宽桨来控制方向。逆流而上行进费力时，他们就用竹篙（palanca）奋力撑船。要驾驭邦戈，划船的人必须密切配合，彼此协

---

① 公担（quintal）是一种旧式质量单位，在法国、葡萄牙和西班牙的殖民地曾被广泛使用，1 公担等于 100 磅或 100 公斤。

调。有时候，他们要猛地一齐站起身；随着一声号子响起，再齐刷刷地坐到座位上，重新操起船桨。一个来自加利福尼亚的乘客惊叹于他们的"整齐划一，仿佛是一台机器"。[44] 查格雷斯河上的船工还形成了自己独特的文化和传统，他们会大声嘲笑划得慢的船工，后者则心有不甘地回敬他们。船工们还有自己的船歌，根据水流的缓急换用行船工具时，他们也会变换口中的船歌。每逢遇到更猛烈、难以应对的水流，船歌的语速和音量就会从急速、高亢转向"忧郁，发着颤音的长腔"。[45] 和那些城镇一样，这些船歌也湮没在历史的尘埃中。

男人靠行船、赶骡子赚钱，女人们则给当地旅店或饭馆当厨子做早饭和午饭。在一家餐馆里，吃饭的乘客围坐在一张盖着绿油布的硕大餐桌旁，两三个厨子在厨房里给他们张罗饭菜，这可能是当时很典型的情形。上桌的饭菜包括煎面包夹猪肉，还有用牛肉和菜根做的汤，另外还有大份的米饭、大罐的糖蜜、调味的糖浆，以及咖啡、茶水。鸡肉和鸡蛋很少见，价格也很高。这两样东西是只有少数乘客才消费得起的奢侈品，并不是每家旅店都会提供。那些有鸡肉和鸡蛋可卖的餐馆会在门口悬挂一个画着鸡的招牌。[46]

查格雷斯河河畔的居民还亲眼见识了那些船上的乘客。他们看到从加州回来的女人穿着与男人无异。看到那些女人像男人一样骑着骡子，穿着长裤、法兰绒衬衫、靴子。本地人很可能很吃惊，但可能也没多久他们就习惯了，就像他们也习惯了这些人常常手忙脚乱地离开戈尔戈纳继续赶路一样。[47] 经常有一位外国名人或地位尊贵的哥伦比亚将军在戈尔戈纳停留。每逢这时，人们就会倾城而出，争相一睹大人物的尊容。经常接触跨国贸易也影响了这里的房子装修风格。19 世纪中期，查格雷斯河河畔的大多数民房都采用密实的竹子或芦苇做墙壁，用茅草覆盖高高的屋顶。有的人家还用蓝色和红色棉布来装饰室内墙壁。在当时，这是一种时髦的装饰风格，材料也很容易弄到。房子分为上下两层，中间用梯子相连，上层是卧室。有的家庭给卧室添置了昂贵的小件奢侈品，如带有花边的平纹细布枕头。下层一般摆放着一张餐桌、两张吊床，还有一个存放贵重财物的大箱子。洋葱和其他食材也被存放在下层。[48] 有的人家将下层的吊床租给过路客，用以补贴家用。

19 世纪 50 年代初，巴拿马铁路竣工了，戈尔戈纳随之成为一个铁路城镇和铁路站。在哥伦比亚政府向巴拿马铁路公司授予特许权时，很可能没有征求戈尔戈纳人的意见。不过，允许铁路建设占用城市土地需要当地城镇议会的同意。此外，巴拿马铁路公司还需要与私人土地的所有人签订用地协议。从双方签订的协议内容来看，戈尔戈纳居民很了解那些处于地峡中心地带的土地的价值，以及这给他们提供了多大的赚钱机会。一份镇政府与铁路公司之间的合同表明，城镇政府与中央政府的看法一致，都认为铁路是"公共事业"。上述合同说，"鼓励造福当地的公共事业项目"是城镇议会的责任。[49] 该合同反映了这样的看法：铁路将提升附近土地的价值，进而提升城镇议会的收入。戈尔戈纳免费向巴拿马铁路公司提供了铺设铁路（120 英尺宽）和建设铁路设施所需的全部土地。值得一提的是，在合同中，城镇议会尽力保障了当地人的经济利益。合同明确规定，禁止铁路公司及其继任者在相关土地上建盖经营任何"商店、营业场所、旅店或用于购销农产品的场所，或其他私人生意场所"[50] 这一条款认可了一些私人土地所有者之前提出的要求。那些私人土地所有者与铁路公司签订协议，在无偿出让土地（但保留土地的所有权）的同时，向对方收取土地开发和改良费用（房屋、土壤改良投入）。和镇议会一样，他们不允许巴拿马铁路公司建盖和运营旅店，以及"任何商业场所，即旅店、商店、库房，以及其他商业或农业机构，如确有需要，必须首先从当地合法所有者手中以公允价格购买所需的土地"。上述协议明确规定，出让的土地仅用于铁路建设。[51]

当一项"公共事业"需要授予一个外来的国际企业以土地征用权时，本地的议会会以怎样的形式来处理"公共事业"这个概念呢？戈尔戈纳铁路协议就恰好提供了一个增进对此问题理解的窗口。戈尔戈纳虽然将相应的土地交给铁路公司免费使用，但同时竭力捍卫城镇在某些领域的商业活力：他们要求对方不得在出让的土地上兴建商店、旅馆等商业经营场所。从协议中我们可以看出，在 1851 年开始修建铁路的最初几年里，戈尔戈纳居民是如何设想未来生活的。他们希望戈尔戈纳继续在历史上扮演重要的商业角色，就像是巴拿马地峡走廊上的其他重要城镇一样。

从公民到"土人"：黑人共和国的政治难题

除了经历了重要的经济和技术进步，戈尔戈纳居民还参与了 19 世纪的一些最重要的政治变革。1821 年，他们见证了巴拿马从西班牙统治下独立出来，加入哥伦比亚共和国。在奴隶制仍旧盛行

于南北美洲，欧洲大多数国家仍在实施君主制时，哥伦比亚 1821
年宪法却缔造了一种崭新的共和制：不论肤色，众生平等。[52]30
年后，戈尔戈纳民众看到，在 19 世纪自由派和保守派之间的内
战进入高潮后，整个国家在 1851 年废除了奴隶制，并在 1853
年宣布实施男性普选制（在 19 世纪最后的几十年里，哥伦比亚
有关普选权的法律有所退步，中央权力越来越大，要求识字的
民众才能行使投票权）。在这一时期，他们还见证了黑人成为当
地民主党重要组成部分的全过程，有的黑人还在政府里担任重要
职位。[53]

　　淘金热和数千名美国人穿越地峡之时，正值哥伦比亚最为激进
的政治时代之一：废除奴隶劳动、实施男性普选制。在戈尔戈纳
这样的地方，权力最大的政治人物是市长（alcalde）。在 19 世纪中
期，这一职位经常由黑人来担任，对当地人和成千上万的过路客行
使行政管理权和治安管理权。市长办公处的建筑风格和当地的其他
建筑类似，都是竹子芦苇结构的。黑人市长的肤色和办公处经常被
人嘲笑，因为许多旅游、历史、科普书让欧美人自动将某些地方及
其居民与现代联系在一起，将另外一些地方及其居民与野蛮落后联
系在一起。[54]巴拿马的黑人公民不适应这种非黑即白的看法。美国
白人经常与戈尔戈纳的黑人市长发生矛盾，他们对于黑人市长的自
尊和政治权力心存不满。一位来自牙买加、受过良好教育的黑人
女士——玛丽·西戈尔（Mary Seacole）在克鲁塞斯和戈尔戈纳待
了一年时间。她详细记述了巴拿马居民和过境的美国人之间的紧
张关系。她说："美国佬对黑人有着强烈的偏见，而地峡的黑人很
多，市政机构的办公人员几乎都是黑人，他们在各个岗位都是一把

手。"[55] 当地市长不得不经常敲打警示那些美国过路客，让他们知晓当地市长的权威。例如有一次，巴拿马士兵逮捕了一个抢劫智利游客的美国人。当一帮美国人聚集起来大喊大叫，抗议关押他们的同胞、辱骂判决那位同胞的黑人官员时，黑人市长命令士兵平息骚乱。他满腔怒火，慷慨激昂地进行了一番演讲，要求所有外国人必须遵守共和国的法律，坚决要将所有犯罪分子绳之以法。他还告诉人们，大批美国淘金客的涌入增加了地峡的抢劫案和骚乱。[56]

西戈尔还讲述了发生在戈尔戈纳居民与美国过境客之间的另一次冲突。冲突的开端是这样的：一天凌晨，镇子里的人们被一声声尖叫声吵醒，原来是一个美国人在毒打他的女奴。戈尔戈纳市长出面干涉，根据哥伦比亚法律解决了这个问题——哥伦比亚已经废除奴隶制，市长有权宣布那个女奴为自由人（虽然哥伦比亚法律允许大多数奴隶主带着奴隶过境，但很显然，当地巴拿马人肯定会悄悄告诉那些奴隶"他们逃离主人后就可以获得自由"[57]）。巴拿马黑人居民与美国过境客之间的紧张关系反映出 19 世纪的政治冲突。当美国国内因为奴隶制和自由黑人的法律地位问题发生严重分歧时，巴拿马的"黑人共和制"显示出的则是对美国人种歧视的一种挑战，同时也对这一观念提出了质疑：美国比哥伦比亚、拉丁美洲更自由，政治更先进。

美国过境客并不欣赏哥伦比亚这种颇具先驱性的共和制，相反，他们嘲笑这种制度。他们的嘲笑为用"热带落后论"和"原始论"（nativization）来诠释哥伦比亚共和制、抹掉 19 世纪巴拿马政治上的现代性奠定了最初的基础。那些过境客说"实施共和制"

的黑人都好吃懒做，苟且偷安。[58] 即使支持哥伦比亚的黑人作家如玛丽·西戈尔也不由得揶揄说"市政府办公的地方是一座低矮的竹棚"，市长"是一个黑人，斜躺在一个很脏的吊床里漫不经心地一边抽烟，一边听人陈述证据，宣布判决结果"。[59] 玛丽·西戈尔在写那本书时，众多有关热带地区的游记让人们将茅草顶棚屋、热带森林与原始落后联系在一起。西戈尔知道，她的读者会觉得这种对比很逗乐、很有意思。美国人会觉得奇怪甚至荒谬的是，19世纪中美洲的那些黑人居然认为自己是共和国公民。这类言语掩盖了哥伦比亚共和国重要的政治创新（这一创新在黑人担任市长一事上体现得很明显），同时还掩盖了这一事实：哥伦比亚废除奴隶制要比美国早十多年，而且哥伦比亚的黑人公民不同意美国游客携带奴隶入境。美国游客用嘲笑的方式，将创新者说成了模仿者。这是美国人将巴拿马"原始化"的第一步。

最后，那些国外过境客和观察人士用有关热带的比喻，将哥伦比亚的政治冲突和内战歪曲成是那里落后的表现。威利斯·J. 阿博特（Willis J. Abbot）说："描述，甚至列举自从地峡地区最初加入哥伦比亚共同反对西班牙统治以来爆发的那些革命没有什么意义。那些革命多得就像是丛林里的昆虫。"[60] 阿博特的比喻是用热带落后论诠释巴拿马的政治，认为巴拿马的政治与热带丛林密切相关。在他看来，导致内战的原因是气候和种族，而不是因为19世纪包括美国在内的美洲大多数国家在有关中央集权、联邦制度、奴隶制、教会、国家关系等问题上的普遍政治分歧。就因为种族和气候的这套话语，拉丁美洲被扭曲成了一个"说它有现代性就像是说笑话一样"的地方。

恩派尔和加通：铁路城镇和拉利内阿的出租屋

　　和戈尔戈纳不同，恩派尔不是一个历史悠久的河流城镇，而是一个 19 世纪才出现的铁路城镇。他是巴拿马铁路沿线最大的城镇之一［当时，人们称巴拿马铁路沿线地带为"拉利内阿"（la Línea），意为"大铁路"］。在法国施工时期，拉利内阿地区成为 40 英里长的铁路线上一个拥有多个城镇、人口稠密的地区，到了美国施工时期，情况更是如此。1912 年，运河区的一个警察说拉利内阿有"很多黑人村庄和各种混血、各种肤色的运河工人……每个村庄距离城镇不超过 1 英里"[61]。拉利内阿沿线的41 个城镇的人口加在一起是 62,018 人，比巴拿马城的人口还要多。[62] 这些城镇人口稠密，到处是跟科隆城、巴拿马城那些热门街区差不多的出租屋。

　　恩派尔是拉利内阿地区所有城镇中的第二大城镇。它距离巴拿马城有 21 公里，海拔 60 米。与科隆城和拉利内阿的其他铁路城镇一样，恩派尔的土地也属于巴拿马铁路公司所有。铁路公司规划了各种建筑用的地皮和街道。不动产所有者只拥有地皮上的建筑，他们必须向铁路公司租用地皮。[63] 在法国人修建运河期间，城镇规模有所增加。大量外来人口的涌入让那里的商业活动生机勃勃，规模进一步扩大。因为经济成就，恩派尔成为哥伦比亚共和国的一个自治城镇。根据瓦尔德斯的《巴拿马地峡的地理》，1904 年的恩派尔已经拥有 5,740 名居民。[64]1903 年，一个美国地理测绘员认为，恩派尔是建立一个大型永久性住宿地的理想地方，因为那里地势很高，有着天然的排水条件，可以方便地从卡马乔河（Camacho

Creek）取得清洁的饮用水。在美国人开始修建运河的时候，法国人已经在恩派尔建盖了可以住得下 4,000 名工人和很多主管的房子。其中的很多"好房子"配有淋浴设施。恩派尔还有一个配备混凝土游泳池的大型浴室。[65]

在美国修建运河期间，恩派尔的规模继续扩大，成为运河区的第二大城镇。1912 年运河区人口普查时，恩派尔的人口达到 7,152 人。从运河修建时期有关恩派尔的描述中，我们可以看出当时的恩派尔是一个喧嚣的工业城镇。来自世界各地的移民都住在私人出租屋和 ICC 提供的劳工住宅区里。恩派尔是运河区"最国际化，人口最稠密的地方"[66]。它是"运河区最重要的地方"[67]。

和其他运河区城镇一样，恩派尔也分为两部分，即美国区和"土人区"（或称"私有房产城镇"）。前者经常出现在有关运河叙事和运河照片中。那里是白皮肤的美国工人住的地方，吸引了很多想知道山姆大叔如何对待在赤道地区的美国公民的游客前往参观。不过，运河区的大多数居民并不住在那里，而是住在"土人区"的运河区城镇的私人住房里。很难说清楚"土人区"具体在什么位置。据《运河区 88 号警官》（*Zone Policeman 88*），恩派尔的"土人区"位于警察局那座山的背后。[68]恩派尔有 31 个街区，被分成 547 个地片。大多数地片位于历史比较长的本地人居住区：那里有 444 个地片，分属 29 个街区。新恩派尔仅有两个街区，总共 103 个地片，[69]每个地片至少有一幢建筑。关于那个时代的描述为人们展现出一个充满活力的、拥挤的国际化空间。

修建运河以及那些需要饮食、衣服、娱乐和住所的数千新移民带来了无尽的繁荣商机，很多私人房主积极参与其中。在整个运河修建期间，这些个体经济不仅和 ICC 的物资供应站、食堂、宾馆并存，而且还是运河区经济最重要的部分，因此，它们得向 ICC 纳税。走在恩派尔街头，人们可以看到各家店铺争相向生活在拉利内阿沿线的运河工人兜售服务的热闹景象。在恩派尔街头，劳工们可以买保险、衣服或聘用律师。恩派尔越来越重要，国际银行公司（International Banking Corporation）旗下的现代银行（Banca Moderna）将三大分行中的一个设在这里（另外两个分行设在科隆城和巴拿马城）。[70] 有的企业通过体育比赛和官方庆典给自己做广告。从 1913 年的一张棒球场照片里，人们可以看到亨利·塞莫尔（Henry Seymor）保险公司的保险广告和比利·埃文斯（Billy Evans）的服装广告。在恩派尔，人们可以从女性经营的小型烘焙房买到面包和其他烘焙食品。[71] 人们可以在专门以运河工人为服务对象的众多小餐馆用餐。这些小餐馆是当代巴拿马无处不在的廉价饭馆（fondas）的前身。它们给办公室职员和体力劳工提供米饭、肉食、汤。在恩派尔出售商品或提供服务的人来自各个国家，其中包括穿着时髦西服的中国商人，还有孟加拉小贩。当地农民也去 ICC 新建的集贸市场卖农产品。在很多方面，恩派尔相当于一个缩小版的科隆城。

虽然运河区不允许进行选举，但恩派尔的人们有办法来表达自己的政治倾向。拥护共和制的中国商人在上衣的翻领上别着新当选总统的像章，信仰无政府主义的西班牙人则忙里偷闲地在加通和米拉弗洛雷斯（Miraflores）两地分别撰写、印刷、发行了一份报纸。也许是受 1910 年第一位黑人拳击手杰克·约翰逊（Jack Johnson）赢得世界重量级冠军的激励，来自西印度群岛的工人将知名的黑人拳击运动员照片贴在墙上。[72] 那些年，全球各地的政治变革风起云涌。1911 年，中国爆发革命，推翻了封建王朝，共和政府宣布成立。1905 年，杜波伊斯（W.E.B. Du Bois）组织了尼亚加拉会议，呼吁结束所有种族歧视。1911 年，墨西哥革命爆发。同一年，马库斯·加维（Marcus Garvey）抵达科隆城，在那里办了一份报纸。我们可以想象，来自世界各地的劳工和商人来到恩派尔，彼此之间会谈些什么。

恩派尔的本地人区有很多出租房。据运河区的一位警察说，"出租房和那些摇摇晃晃的简陋棚屋密布在一起……成了那里最常见的景象；奇怪的是，每个屋子至少有一对成年人和三四个孩子"。根据当地新出台的卫生法规，有的出租房和私人住房必须建在高出地面 3 英尺高的地基上。其他的房子盖得比较早，建于法国人修建运河时期或者是铁路修建时期。大多数工人住在 8 英尺长、6 英尺宽的没有窗户的房子里。一块布帘将一个屋子分成两部分，前面是客厅，后面大一点的是卧室。能找到或买得起的东西都可以用来做家具。人们把杂志彩页贴在墙上，让屋里生色不少，还在门廊的铁皮壁炉上做饭。[73]

ICC 认为恩派尔很可能成为一个永久性城镇，所以在那里兴建了很多公共建筑，认真规划了街道，安装了下水系统，开设了公立学校，建设了公共市场。这些改良措施体现了美国"开化"热带地区的努力。当时还出现了很多娱乐和公共活动：一些乐队在市政广场上举行演出；ICC 组织了员工棒球联赛，针对当地员工的宗教需求成立了不同教派。根据自己的政治志趣和倾向，运河员工可以加入共济会或无政府主义团体。

　　如果说恩派尔是运河区太平洋一侧最大的城镇，那么加通就是大西洋一侧最大的城镇。加通位于查格雷斯河和加通河的交汇处，曾经是西班牙的一个城堡。最初，它位于查格雷斯河西岸，是加州淘金热时期淘金者的一个重要中转站。后来，巴拿马铁路公司在河流对岸建了加通火车站。[74] 在法国人建设运河期间，那里的经济逐渐发展了起来。[75]1908 年，运河当局将城镇搬到了查格雷斯河东岸，因为先前的那片地方要建设运河水闸。

　　新加通成为美国修建运河期间运河区最大的城镇。那里起初规模很小，只是一大片帐篷，住着大约 500 个金银匠。1906 年，那里的帐篷大小不尽相同，共 150 顶，其中大部分帐篷——即 134 顶——大小为 10 英尺长，8 英尺宽。金匠们还可以去一个帐篷里冲澡。那里还有一个关养骡子的牲畜栏、两个水塔、一个铁匠铺子。不久，随着运河建设工程的发展，这个帐篷小镇有些不够用了。ICC 官员们认为，作为运河大西洋一侧船闸所在地，加通将成为运河最重要的施工地之一。当时的首席工程师约翰·F.史蒂文斯（John F. Stevens）认为有必要"动用最强大的施工力量，让加通的施工工作尽早开始"[76]。ICC 官员也知道，那些活儿辛苦又危险，招工本来就很难，如果不提供像样的住房，就更难招到人了。官员们担心"每两周就要新招募一批工人"，因为"要是住在帐篷里，工人们领了一次薪水后就不会继续干下去了"。[77] 由于"西印度人不喜欢住帐篷。加通的雨水非常多，再加上其他的不便之处，加通成了一个没有人愿意去的地方，尤其是对于那些要一连待好几个月的普通劳工"[78]，留住工人面临巨大的挑战，官员们认为 ICC 应该优先在加通建一些像样的单身住房。[79]

大量外来劳工进入运河区干活，给他们提供住处、饮食、衣服和娱乐成为一件很赚钱的事情。个人投资者开始针对生活在加通的数千外来劳工建造出租房或廉租公寓。[80] 据 ICC 首席卫生官员估算，一幢 28 个房间的出租房每月可以带来 100—200 美元的收入。一年的房租收入就可以让房主收回 50% 的初始投资。[81] 运河区城镇里出现了一幢又一幢的廉租公寓。这些出租公寓大都建在加通和恩派尔。巴拿马的精英阶层积极投身于这一生意，但他们并不是从事这一生意的唯一群体。1914 年的一个加通房产所有者名单显示，家底殷实的巴拿马人以及后来的移民投资了很多出租房和相关的生意。[82] 很显然，这些房东中最引人关注的是那些拥有大量房间的人。里卡多·阿里亚斯（Ricardo Arias）拥有 7 栋楼，总共有 109 间屋子出租，平均每栋楼有 15.5 间屋子。托莱达诺（Toledano）一家拥有 5 栋楼，一共 111 个房间。弗兰克·乌尔里克（Frank Ulrich）只有 2 栋楼，不过其中一栋有 55 个房间，另一处可能用于自住，只有 4 个房间。斯蒂尔松（Stilson）一家拥有 8 栋楼，总共 65 个房间。很多来自其他国家的小房东也拥有一两栋楼，每处房产有 1—12 个不等的房间。[83]

热带地区的工业化

自从法国人修建运河开始，恩派尔和戈尔戈纳就已经成为运河区的工业中心。它们位于太平洋和大西洋两个施工现场的中心位置，为修理蒸汽挖掘机和其他运河施工机械提供了理想的场所。

1912年，一位美国人口普查员说戈尔戈纳是"运河区的匹兹堡，拥有占地规模很大的机械修理厂"[84]。在恩派尔，ICC大大拓展了过去法国人管理的修理厂的规模，并更新了技术设备。正是机械修理中心这一角色，让这个城镇实现了大发展。由13座新建筑组成、占地大约16万平方英尺的机械修理厂，成了恩派尔的地标。运河区所使用的101台蒸汽挖掘机是由两家制造商生产的，有三种型号，都可以在恩派尔的修理厂修理；运河区所用的铁质火车车厢也可以在这里修。这些修理厂的噪音和气味肯定是恩派尔居民和工人日常生活的一大特色。这个城镇的独特之声，可能是修理厂机械设备的噪声与工人所操的各地语言、口音的结合。[85]

图 2.1 恩派尔机械修理厂全视图

资料来源：美国国家档案馆图片库271C区。

运河区的媒体，例如《巴拿马运河纪事》（*Panama Canal Record*，以下简称《运河纪事》），自豪地说恩派尔的修理厂可以和"类似的美国修理厂相媲美"，说恩派尔修理厂的 361 名机械师水平是"一流的"。然而，尽管《运河纪事》高度赞扬了这些修理厂的技术水平，但仍然没有跳出 19 世纪西方思维的窠臼，还是认为热带地区与现代技术并不相容。美国机械师在巴拿马的工作效率略低于身在美国的同行的工作效率，原因是住在热带地区导致的效率降低。在那些修理厂工作的西班牙籍和西印度籍机械师甚至都没有获得机械师头衔，只是"助手"。《运河纪事》还说，这些助手身上也有它们美国同事的毛病，"他们的工作效率同样低于美国的助手"[86]。和之前的船工一样，巴拿马运河黑人员工们的工作水平也没有得到充分的认识和认可。因为身在热带，他们被认为不擅长操作工业机械，经常被机械弄伤。

类似地，通过拦河筑坝、挖掘河道彻底改变巴拿马的现代技术也与热带景观显得不搭。众多关于运河的照片让大众觉得修建运河的现代机械与热带地区格格不入。有关运河机器设备的照片传递了两大信息。第一，通过巨大的挖掘机、壮观的大坝、巨型船闸以及挖掘出的数吨土方，显示了这一项目恢宏的规模。这些照片展示了美国这一基建强国在工程建设方面强大的技术力量，凸显运河是现代世界七大奇迹之一。[87]第二，突出了现代机器设备和周围热带丛林环境之间的强烈对比。这一点是通过两方面来实现的：首先，用热带丛林掩映下的大型机器的照片来表现热带自然条件与现代技术之间的强烈反差。其次，用巴拿马本地人站在茅草顶棚屋旁边的照片来显示美国先进机器设备与巴拿马城镇之间的差别。这些照片往往只单独拍摄一个身处丛林中间的本地人。[88] 通过这种方式，照片给人们造成一种错觉：虽然巴拿马人生活在运河旁边，并且参与了运河的建设和相关商业活动，但他们是与运河的技术环境隔绝的。那些棚屋的命运也与运河密切相关，它们是服务地峡过境客的城镇房屋（那些城镇逐渐由河流城镇变成铁路城镇）。另外，这些城镇房屋的建筑风格也随着时间与新材料的成本和应用而有所变化。当运河修建工作在紧锣密鼓地进行时，很多棚屋被有护墙板、波纹屋顶的房子所取代。

热带丛林与运河修建技术之间的反差让人们觉得修建工作非常了不起。修建运河的荣耀在很大程度上建立在所谓征服热带自然条件及相关各种危险因素的基础之上。这种荣耀观对于认识热带空间和长期生活在那里的居民具有很强的暗示作用，意味着巴拿马和巴拿马人没有成为技术先进性的一部分，运河区只是美国热带技术的前哨。"土著"员工和"土著"景观依然是丛林的一部分。即使运河区居民参与了运河建设，死于机器事故，他们也不会成为他们参与缔造的钢铁时代的成员。

有人认为，19、20世纪的新技术在北美国家显得很自然，但与南大西洋国家很不协调。这种观点存在明显的不合理之处，它否认了技术与当地民众的历史联系，而热带地区及其民众运用技术改变了他们当地的景观，他们的生活也深刻地被这些技术改变了。电报、蒸汽机、铁路、农药、肥料是中美洲居民日常生活的一部分，然而这些却一直被认为是其他民族的技术。这种认知世界的方式将热带居民排除在当代历史之外，将他们置于某个几乎亘古不变的原始时代。对于他们，掌握现代技术似乎永远是将来的事情。从历史的层面考虑，这种认知就显得更加不可思议，自西班牙人征服美洲以来，巴拿马和其他拉美国家的历史早已和欧洲技术密切地联系在一起。然而，热带论的一个作用就是它能够抹掉热带居民的历史。如果缔造巴拿马"现代民主"的目标抹掉了该地区将近一百年的共和政治，那么将先进技术带到丛林这一目标则抹掉了那些在 19 世纪 50 年代建设巴拿马铁路、在 19 世纪 80 年代帮助法国人建设运河的巴拿马人的现代性。（见图 2.2）

图 2.2　法国修建巴拿马运河时期在工地上干活的巴拿马人

资料来源：巴拿马运河管理局（Panama Canal Authority）布罗查德图片 –25（Image Brochard–25），罗伯托·基亚里图书馆（Biblioteca Roberto F. Chiari）。

热带地区的农业

就像 19 世纪的巴拿马过境客无法将巴拿马黑人共和国公民看作是 19 世纪政治文化的成员一样，他们也无法将热带农业看作是与温带农业对等的农业。有时候，他们甚至不把它看做是农业。即使是特雷西·鲁滨逊（Tracy Robinson）这样在巴拿马生活了很长一段时间的外国人也将当地农民描述成为"游牧的有色人种，到处建立他们的人民主权①"[89]。在他看来，巴拿马没有"北美和欧洲……意义上的农业，不管是在农业生产的方式，还是他们那些活儿和'农业'这个词的匹配度"[90]。巴拿马在农业上任何的潜力都是将来的事情。

为什么鲁滨逊如此不看好巴拿马农业？在他看来——其他很多观察人士也是如此——农业分为两大类：或者是他们熟悉的欧洲农业，或者是大规模的热带种植园农业。而这两者巴拿马都没有。巴拿马农民既不同于欧洲的小农场主，也不同于美洲的大种植园主，他们经营的是热带的中小型农场。虽然有人可能会赞扬他们在践行杰斐逊的小农经济理想，但严格说来，并不能这样描述巴拿马的农民。[91] 巴拿马农民种植的是出口作物，鲁滨逊批评他们的种植规模太小。巴拿马没有"大规模种植甘蔗、咖啡豆、可可树或其他众多热带水果，甚至香蕉"。种植这些作物的"基本都是土地不多的农

---

① 人民主权（squatter sovereignty）是美国南北战争前的一种政治学说，主张加入联邦的各州可以废奴，也可以蓄奴，由各州人民自己决定。使用时多含贬义。

民，拥有的耕地很少超过 10 英亩"[92]。巴拿马农民还种植专门供本地消费的粮食作物，但鲁滨逊他们认为那些粮食作物的种植不是农业，因为那些粮食作物不同于欧洲的农作物，而且其种植方式也"不正确"。本地人食用的粮食作物被轻蔑地称为黑人"菜单"[93]。那些西方人一旦认为巴拿马农民的耕作方式不正确，就会自然地得出一个结论：巴拿马没有农业。

那么，地峡走廊农业的哪个方面让鲁滨逊如此不屑一顾？作为那个国家人口最稠密、靠近主要城市中心的地区，运河区城镇悠久的农耕历史可以追溯到西班牙人征服美洲之前。地峡走廊的传统农业区位于查格雷斯河与格兰德河的边上。这里的许多土地属于庄园所有。有的庄园可以上溯到西班牙殖民时代，其农民大多数是大庄园主的佃户。19 世纪中期，在巴拿马铁路沿线，尤其是新的铁路城镇恩派尔附近，出现了一个新的农业区。那里是中小型农场集中的地方，没有大庄园。在上述两个历史悠久的农业区，农民们经营小型牧牛场，种植和出口香蕉、咖啡等出口的农产品，以及水果、根茎作物、谷类作物、蔬菜等本地市场消费的农产品，还种植甘蔗并用其加工烈性酒（aguardiente）。[94] 例如，1894 年，查格雷斯河河畔的一个叫布埃纳维斯塔（Buena Vista）的地区出口了 22,000 串香蕉，这里的六家酿酒厂酿出了"优质"烈酒，一部分产品在本地消化，另一部分销往科隆城。[95]

和巴拿马的其他农村地区不同，运河区没有大型的牧牛场，[96]大型种植园也不普遍。大多数香蕉种植由小农户完成。他们将种植的香蕉卖给美国公司，如弗兰克兄弟公司（Frank Brothers）、阿斯平沃尔水果公司（Aspinwall Fruit）。这些美国公司控制了当地香蕉

图 2.3　查格雷斯河河畔的农民

　　资料来源：美国新闻公司（American News Company）发表。复制自作者的收藏。

的出口。运河区的种植园不多。其中的一个种植园叫"瀑布城种植园公司"（Las Cascadas Plantation Company）。该公司的 1,500 公顷土地上种植了 61,485 棵橡胶树、40,000 棵咖啡树、69,794 棵可可树。[97]

　　查格雷斯河河畔住在丛林小屋里的农民并没有隔绝于外部世界。很多年来，他们一直为穿行于地峡中的过路客提供饮食。那些过路客的文字记载中也经常提及这一事实——虽然他们只是抱怨对方的东西价格太高。1823 年穿越巴拿马时，莫利昂很怀念安第斯山区居民的好客，谴责地峡走廊居民的"贪婪"。鸡肉、饮用水、木料都贵得厉害。[98]1843 年给英国蒸汽船公司（British Steamship Company）写通讯稿期间，威廉·惠尔赖特（William Wheelwright）也描述了查格雷斯河沿岸城镇的居民怎样利用地峡走廊向过路客兜售家禽、鸡蛋、水果赚钱。[99]地峡的农民还向从南美驶往加利福尼亚的蒸汽船出售农产品。蒸汽船"俄勒冈号"（*Oregon*）船长皮尔逊（Pierson）在回忆录中说，19世纪40年代后期，他"可以〔在巴拿马〕买到腌牛肉、干牛肉条、硬面包、豆子和大米"[100]。巴拿马铁路建成之后，当地农民开始在火车停车的短暂间隙里向车上的乘客兜售水果。先前的三百年中，他们向那些得花费好几天才能穿越地峡的过路客兜售各种饮食，现在他们只有几分钟把水果卖给他们。随着这一市场的流失，另一个新的消费市场出现在新的铁路港科隆。19世纪晚期，查格雷斯河沿岸及其支流 [加通河、加通西洛河（Gatuncillo）、特立尼达河（Trinidad）]沿岸的农民开始更多地种植和销售科隆城所需的农产品。因为铁路运费昂贵，他们便用船只将产品运过去。[101]

地峡走廊的农民来自不同的国家。19世纪80年代，很多外来人口来到这里在法国人手下修建运河，项目失败后就一直留在那里务农。这些外来农民大都来自西印度群岛，也有部分来自中国和哥伦比亚的其他地区。从恩派尔地区一份典型的销售协议可以看出这些农民先前国籍的多样性。1888年，来自卡塔赫纳（Cartagena）定居恩派尔的安东尼奥·梅斯特（Antonio Maestre）向同样来自卡塔赫纳的另一个农民转手出售一片300米×800米的耕地，以及8头牛、3匹马、好几种家禽，价格是2,000比索。他的一个邻居是从中国过来的农民。[102]

特雷西·鲁滨逊认为，外来移民已经"改变了那个有铁路穿过的国家的面貌"[103]，此言不虚。那里的农民既没有隔离于外部世界，也不落后，他们在不断地创新。恩派尔周围地区农民农场的财产清单可以看到他们不同的农场经营方式。有个农民种植进口草——主要是巴拉草（Para grass）和几内亚草（Guinea grass）——做牛饲料。19 世纪后期，这些草的种植面积大大增加。根据 1895 年的一份文字材料，一个"人工草场"（huerta de hierba artificial）有一辆用来拉草的畜力车、用来拉车的四匹马和两头骡子、三把用来割草的镰刀（espadine）、两把直锄（coa）。[104] 用以隔离的带刺铁丝网是那些中小型农场普遍使用的另一项发明。这种铁丝网在中小农场中间的普及速度简直令人称奇。带刺铁丝网在 19 世纪 70 年代才申请了专利，但到了 19 世纪 80 年代已经频繁出现在恩派尔一带农场的销售记录里了。也许，在一个与国际贸易、交通、技术联系如此密切的地区，加上同时期美国农场已广泛使用了铁丝网，这也不值得奇怪。[105] 最后，烈性酒作为该地区的另一种重要产品也实现了现代化。用甘蔗加工烈性酒的农民经常使用各种蒸馏器（alambique）——有的蒸馏器来自国外，有的是本地生产。实际上，一份关于科隆城与巴拿马城之间地区的政府报告表明，那里的农民已经在使用多种蒸馏器："美国设备""法国设备""现代法国设备""蒸汽式""康明式（Comin）""简单式"，最后出现了"本国制造"的设备。[106]

　　农场财产清单的另一个重要方面是，它能让我们认识到世纪之交巴拿马人饮食结构的一些特点。运河区的高级管理人员认为巴拿马人的饮食结构不符合"高层次美国人"的习惯。[107]1913 年阿纳萨里奥·马丁内斯（Anasario Martínez）的农场财产清单就可以很好地说明这一点。马丁内斯的农场位于戈尔戈纳地区拜拉莫诺斯河（Bailamonos River）河畔，有四幢茅草顶房子（两大两小）、三头奶牛、三匹马。马丁内斯将地里种出来的东西拿到戈尔戈纳、马塔奇（Matachin）附近的市场上卖掉。关于这个农场，尤其值得一提的是种植了各种各样的水果、粮食作物和蔬菜，其中一些作物到现在仍是巴拿马人日常生活的典型食材。当时，这个中等规模的农场有 12 种果树。这说明水果在巴拿马人日常饮食中的重要地位。此外，这个农场还有 200 棵香蕉树、10 棵菠萝树、117 棵橘子树、15 棵芒果树、10 棵鳄梨树、9 棵番石榴树、8 棵腰果树、1 棵曼密苹果（mamey）树、4 棵黄晶果（caimito）树、7 棵酸橙树、2 棵柠檬树、3 棵红毛榴莲（soursop）树。马提尼兹的农场还有很多种根茎作物、谷类作物、蔬菜。他还种了 2 棵名叫"桃椰子"（巴拿马方言：pixbae）的巴拿马热带果树、15,000 棵丝兰、9 棵葫芦树，若干玉米、水稻以及其他蔬菜。马丁内斯还种了 150 棵咖啡树。[108]

　　和该地区的很多农民一样，马丁内斯并非只经营一两种作物，而是种植了很多种作物。这种习惯可以让农民分散风险。如果某种作物价格大幅下跌，他们可以用其他作物的收益来弥补这一损失。对于作物的病害也是如此。相较于大面积种植单一作物，分散种植多种植物可以减少作物病害带来的损失。[109] 虽然在运河修建期间，阿纳萨里奥·马丁内斯等农民的农场为解决运河区劳工和居民的粮食问题做出了重大贡献，但是运河区官员从来没有充分认识到当地农民的重要性。他们经常挂在嘴边的是："那些土人从来都看不到眼前之外的需求，根本不为将来储存粮食。"[110]

　　运河的高级主管从不将当地水果和蔬菜看作是与温带地区的水果、蔬菜相对等的东西，他们想方设法给运河区的白皮肤美国人提供他们习惯吃的水果和蔬菜。因为出现了新的制冷技术，他们可以做到先前修建运河铁路的那些法国人或美国人无法做到的事情：把他们想要吃的东西从 2,000 英里之外的地方运过来。到了 1905 年，运河区政府打造了规模庞大的运输链，其中包括装备有冷藏设备的蒸汽船、巴拿马港口的火车冷藏车厢、运河区的冷藏间，在美国市场与运河区政府商店之间实现无缝连接。[111] 到了 1909 年，运河区的物资供应站已经拥有了"存放禽肉和那些需要低温保存的其他东西的冷冻室，存放肉类的冷冻室，还有一个存放蔬菜的冷藏室"[112]。

当然，一般来说，外来群体都会想办法沿袭先前的饮食习惯。给运河区庞大的劳工群体提供足够的食材不是一件简单的事情。一个有约 30 万人口的国家的农业，无法轻而易举地为短时间内大量涌入的数万外来人口提供足够的粮食和蔬菜，尤其是在针对腺鼠疫的隔离措施关闭了邻省通向该地区的物资输送通道之时。[113] 另外，运河区的高级主管抱怨说，在运河区劳工高薪的吸引下，很多农民放弃了农场。[114] 这还不算，在美国的观察人士、高级主管和农业专家们的描述中，最突出的是他们看不到运河区农民与当地商业历史、技术历史之间的联系。他们没有去深入思考和解释当地农民如何根据该地区作为国际运输和商业中心的特点进行生产活动，而是武断地将运河农业说成是"最原始、最不可持续"的农业。[115]

为什么美国人，甚至美国专家都认为运河区农业是原始农业？针对热带黑人的种族歧视观点起到了关键作用。从美国农业部（US Department of Agriculture）的两位专家休·H. 贝内特（Hugh H. Bennett）、威廉·A. 泰勒（William A. Taylor）撰写的一个小册子中，我们可以明显地看到这种偏见。两位专家在巴拿马待了一个多月，研究运河区的农业特点和可能性。[116] 在他们看来，运河区的土地"没有得到充分利用"。这个对巴拿马人口最为稠密、外来人口最多的地区所下的论断，让人们感到很意外。这并不是他们没有认真观察当地农民的结果，相反，这恰恰是他们详细描述当地生产习惯后做出的结论。在他们看来，那里的田地是"最原始的农业用地"，因此他们觉得那些土地没有被充分利用。他们认为，只要农业中存在任何"原始"的成分，就不可能是像样的农业。

对于原始农业和现代农业的区别，美国人贝内特和泰勒所处的时代有着明确的界定方法。他们对那些先辈流传下来的界定方法深信不疑。他们认为，区别原始农业与非原始农业的一个重要因素是犁铧（plow）的使用。这一看法如此普遍，以至于 1870 年缅因农业委员会（Maine Board of Agriculture）提交的一份不具名的报告中不容置疑地说："犁铧是一切财富和文明的基础。"犁铧象征着进步，社会进步和犁铧的机械结构密切相关，在"看不到文明进步痕迹的野蛮落后地区"没有犁沟和犁铧的痕迹。[117] 因此，在贝内特、泰勒等农业专家看来，如果一个地方没有犁铧，人们"从来没有尝试使用犁铧"，就说明那个地方很落后，就可以做出"当地人耕种方法极为原始"的结论。很少使用肥料，是认定当地农业很原始的另一个依据。不过，来自中国的移民除外，因为他们使用粪尿做肥料。[118]

是否有条理性——或是否缺少条理性——是现代农业和原始农业的另一个重要区别。[119] 世纪之交的农业专家认为文明社会的农业都有很强的条理性，而巴拿马农民在农地安排上"毫无规律"。在这些农业专家看来，缺少条理性说明从事农业生产不费力气，不需要劳作。不需要劳作是原始农业区别于现代农业的另一个特点。[120] 19 世纪后期，"热带森林土壤肥沃，不需要投入劳动力，自然使得热带居民懒散"的这种说法甚嚣尘上，以至于这种认知进入了

知名小说家埃米利奥·萨尔加里（Emilio Salgari）、儒勒·凡尔纳
（Jules Verne）的作品中。在贝内特、泰勒笔下，热带居民将庄稼"种
下去之后就不管了"，更是强化了这种当时极为盛行的观点。[121]
他们这样描述巴拿马乡村景象："住处往往是棕榈叶覆盖的棚屋……
隐匿在果实累累、葱郁茂密的热带果树、蔬菜和观赏性植物中，如
番木瓜、佛手瓜（chayotes）、香蕉、番薯、甘蔗、洛神葵（roselle）、
珊瑚藤（antigonon）。"这时，他们只是在和读者分享当时盛行
的认知——棕榈叶掩映下的农舍，凌乱肥沃不需要费大力气改造的
热带土地。[122] 他们眼中的热带农民过着轻松惬意的生活，相较于
北方农民，他们的生活更接近于丛林中的那些动物。在一个用人类
的劳动付出和聪明才智来定义文明的时期，贝内特和泰勒将对热带
农民的认知局限在一个永恒的丛林时代，进而将他们与其历史割
裂开。

不过，从贝内特和泰勒的文字中，我们仍然可以看到问题的另
一面，毕竟他们是注重细节的农业专家。根据他们记述的那些细
节，我们可以看到热带农业根据周围环境所做出的精妙的调整。
在描述葱郁茂密、硕果累累的热带果树的字里行间，我们可以看
到那些农民的耕种模式和艰苦劳作。他们解释了如何"根据作物
的特点"，"完全用手工工具"来整饬土地。播种或植入的深度
从 18 英寸到 3 英尺不等，每个植株占地面积"从几平方英尺到一
两平方码① 不等"。他们还提到了农民对于作物混种的理解——玉
米、木薯、山药可以混种在一起；紫芋（taniers）、青芋（eddo）

---

① 1 平方码约等于 0.836 平方米。

可以混种在一起；甘蔗、木豆（pigeon pea）不可以混种。他们还提到了根据作物需要的劳动强度来确定地块的位置，将很少需要除草的重要粮食作物种在一个地方，将需要投入较多精力的蔬菜种在"靠近棚屋的地方"，以便"用心侍弄"，"除去野生大蕉和其他顽固生长的植物，种下辣椒、豆角、佛手瓜（chayotes）、西番莲（granadilla）、洛神葵等蔬果。相较于作为主要粮食作物的块茎作物，这些蔬菜更不能和其他作物密植在一起"。[123] 将运河区描述为原始丛林之后，两位专家记述了在狭窄、陡峭、泥泞的当地小路上行走是多么困难，然而又提到"土人在那些难行的小径上走起来速度惊人，不管是赤脚，还是骑马"。最后，贝内特和泰勒注意到，"那些土人流动式的耕作方式……将农业对土地肥力的破坏降到最低"[124]。

贝内特和泰勒的研究经常批评热带农民"原始"的耕种方式，后来他们却也在否定热带农民聪明才智的基础之上，发现了当地农民耕种方式的一些好处。通过"除了""偶尔"这些字眼，我们可以看出，他们观察到当地农民一些很先进的耕作习惯，并把它们说成是偶然事件。例如，在描述农民有时候"不用心"侍弄他们种植的粗放生长的作物时，他们会加上"除了偶尔除除草之外"。但凡种过地的人都知道，除草不是一件容易的事情，除草是放任不管、让作物自生自灭的对立面。不过，"除了"这个词说明他们看到了那些农民的劳动，但并不重视。与此类似，他们写道，"他们没有想到通过庄稼轮作"来保持土壤状况，但又说当地农民有自己的耕种计划，"同时种植成熟时间或收获时间不同的作物，无意识地实施了某种轮作"[125]。"无意识地"一词忽视了历史悠久的热带农业耕种之道，让人们觉得热带农业和热带森林一样原始、没有条理性。在贬低热带地区不使用犁铧之后，他们同时也承认"相当多的可耕地过于陡峭，用不上犁铧"，不过，"对于很多块茎作物和果树，比如木薯、薯蓣、芒果等完全用手工工具整饬之后就可以长得很好的作物，似乎不太需要犁"[126]。在一个有铁路穿过、有铁丝网和蒸汽动力的地方，如果农民不用犁铧，那就不是因为他们不懂得用犁铧，而是因为环境原因，他们不愿意用。

运河区农民每年的收成有多少？贝内特和泰勒更多是在抱怨那些"土人"的性格——"一个独立的农民并不总是愿意干活，即使给很高的薪水也不行"——而很少解释独立农民种出了些什么。他们哀叹，当地农民只要"在大量的果树和菜地中间有一小片空地，能满足全家人的粮食需要，再多少有一点盈余来解决少量的其他需求，他们就心满意足了"[127]。关于那些更愿意在自己的土地上干活的北美农民，贝内特和泰勒是不是也说过同样的话？也许没有，因为大西洋地区 400 年的奴隶劳动早已强化了这一观念：黑人农民一直在给别人干活。[128]

也许就是因为这一原因，关于运河区真实农业收成的描述最为含糊。从 19 世纪的报告或报道中，我们可以明显看出，法国人的运河项目促进了运河区文明的提升。美国人的运河施工工作是否也起到了这一作用？ 1912 年人口外迁政策发布后农民提出的数千份补偿要求和提交的农场财产清单说明，美国人的施工实际上也起到了这一作用。贝内特和泰勒的报告里有一句话甚至承认"那些小片混杂种植的作物总收成……相当不错"[129]。另外，当贝内特、泰勒在讨论运河区可以种植哪些能受美国消费者喜爱的作物时，他们依靠的是对当地农民收成的观察——这一点，他们从来没有承认过。[130] 他们的报告透露出的最重要的信息是，运河区的农业收成很不尽如人意。虽然他们实实在在地看到了农民们收获的具体作物，比如橙子，但他们的表述仍然含糊不清。他们不愿意承认那里有什么好的收成。例如，他们提到"运河区的很多地方……有一些挂果情况很不错的〔橙子〕树"时，紧接下来说的却是"他们没有尝试将橙子种植当作一个产业来发展"。[131] 然而，他们从来没有说"一些挂果情况很不错的树"具体是什么意思，也没有说还需要多少棵橙子树才算是"一个产业"。对于科学报告来说，这些表述是非常模糊的。也许是他们有意为之，因为如果提供了具体的产量，就会改变运河区是一个需要美国干预才能进步的原始热带农业区这一叙事。最后，影响运河区官员的是贝内特和泰勒的结论，而不是详细的描述。他们的结论是，运河区农业是"低效的农业，无法维持高于原始生活水平的生活"。在后来的报告中，他们经常重复这一看法。[132]

对巴拿马农业的否定影响巨大，《运河纪事》和《巴拿马星报》（ *La Estrella de Panamá* ）等报纸将一个有年头的巴拿马农场说成是最近美国发展巴拿马农业的结果。看到那篇新闻之后，那个农场最初的巴拿马主人愤怒地给报社写信，说明事实的原委。他在信中说："贵报……报道的科罗萨尔（Corozal）农场，让人以为那是 ICC 的农场。"他想澄清的是，那儿是"我十九年前就在耕种的农场，现在却被说成是属于巴拿马铁路公司。那些香蕉树，那些种着人造草〔原文如此〕的牧牛场，那些建筑、帆船、带刺铁丝网等设施是我十九年辛苦工作的成果。运河区的法律主管弗兰克·福伊乐

（Frank Feuille）从我手中把这一切抢走后，立刻转手给了负责新农场的公司员工，没有给先前的合法所有者任何补偿"[133]。

　　将运河区农业说成是典型的原始农业，或干脆说那里不存在农业，抹去了巴拿马农民与他们 19 世纪的历史和技术之间的联系，如同有关热带黑人的叙事抹去了 19 世纪政治史上巴拿马黑人的公民身份一样。就像热带地区黑人共和国的公民不是真正的共和国公民，热带黑人员工不是真正参与了钢铁时代的群体一样，热带地区的黑人农民也不是真正的农民，他们从事的农业不是真正的农业。运河叙事强调现代美国工程技术和医药巨大成就的同时，还强调运河沿线的戈尔戈纳等城镇的居民从来没有成为推动该地区发展进步的一部分。[134] 恰恰相反，他们是美国人在动用其聪明才智修建运河过程中需要克服的障碍。戈尔戈纳和运河区其他城镇的居民被剥夺了 19 世纪政治和经济上的现代性，为的是契合西方人内心中热带黑人居民原始落后的成见。[135] 这些成见产生了长时间的影响，催生了运河区的人口外迁政策，使得运河区人口外迁决策显得不那么突兀。如果承认运河区居民与其生活的那片土地之间密切的历史联系，运河区的人口外迁政策就很难令人信服。[136]

第三章

运河区老城镇的新制度

运河区的照片

运河区施工时期运河区城镇的一张典型照片展示了当时的邮局、医院、警察局等政府机构办公处的外观，以及有金色与白色两种颜色外墙的单身员工住处。从这些照片中，我们可以看到安装了防蚊丝网的框架式建筑——距离地面 3 英尺高，周围是修剪过的草地——街道表面整饬得很平整，看不到泥泞。有关房间内部的照片反映出舒适的环境。穿着夏季衣服的工作人员坐在新潮的风格简洁的扶手椅里办公。

这些照片反映出美国政府具备征服热带自然环境的能力，能让其公民免受恶劣自然条件的影响。虽然那里有传播疾病的蚊子，但是他们细心地安装了防蚊丝网。巴拿马天气炎热，但安装了丝网的门廊微风习习，让人倍感惬意。当地雨水很多，但精心整饬的宽阔街道很大程度上避免了水洼和泥泞。虽然周围的丛林充满危险，当地的政坛管理混乱，但这座城镇却是一个秩序井然、舒适卫生的地方。这些照片似乎是运河区长期建设的天然序幕，以及郊区清新整洁的未来景观（美国联邦政府在郊区解决所有居民的日常生活需求）。在运河区存在的大多数时间里，外地访客和当地人都惊奇于那里个体商户和私人地产的稀少。在运河区，美国政府拥有所有土地和房产，拥有和管理着所有个体经济。商店、电影院、超市都归政府所有。

图 3.1　恩派尔的警察局

资料来源：美国国家档案馆图片库 308B 区。

　　那些精心涂刷颜色，安装了防蚊丝网的政府办公建筑的照片没
有显示出——或者仅仅作为模糊的背景——紧邻这些精心维护的美
国小型城市空间的大片古老的、被美国人称为"土著村庄"的当地
城镇。这些照片遮盖了一个事实：在运河区的最初几年里，因为运
河的修建，运河区的城镇经历了一段经济繁荣时期。那时候，ICC
根本没有限制或禁止运河区的私营经济，而是通过向私人经济和私
人地产征税来增加收入。现在人们已经忘了，运河区各界的人们在
1911 年前都认为，运河修好之后，恩派尔、加通等城镇将依旧是
经济繁荣的永久居住区，运河区将仍然是巴拿马地区人口最稠密、
经济最有活力的地方之一。例如，在 1907 年，巴拿马铁路公司总
经理认为，恩派尔不但是"我们最重要的城镇之一"，而且即使"在
运河完工之后，它也将仍然是一个永久性村庄"。[1]实际上，很多
巴拿马人和其他并非来自美国的人——即"土人"——在想尽办法
利用运河工程赚钱的时候，恩派尔和加通就经历了一段名副其实的
经济繁荣期。运河区当局当时接到了"大量给当地人提供盖房用地
的要求"，因此觉得"在运河区几乎所有的'土人'城镇"，给"土
人盖房都是一件很迫切的事情"。[2]

　　为什么当时 ICC 的官方照片和绝大多数风景明信片里没有私
人房产和"土人"城镇（即当地城镇）的影子？为什么运河修建时
期关于运河区的那些重要照片展示的只是参与运河建设的先进机器
设备，或者运河城镇中美国人城市生活的小天地？这一时期的视觉
记录为什么彻底抹掉了那些当地城镇、个人房屋、个体经济？很可
能是因为后者反映了美国要给这片"丛林"带来文明这一目标内在
的矛盾，因为那些照片可以证明那些本地人集中的城镇既没有什么

怪异之处，也不落后。那里除了很多棚屋、出租房之外，还有个体商户和中产阶层的大房子。本地城镇不但不是那种热带雨林与世隔绝的蛮荒之地，反倒呈现出一股杂乱的工业化都市的面貌，成千上万的外来务工人员纷纷涌入。因为肮脏拥挤的出租公寓，运河区城镇更接近那些"进步时代"的改良者竭力拆除的纽约城或芝加哥的出租公寓。和纽约城一排排的出租公寓一样，运河区当地城镇反映了 20 世纪早期资本主义的内部矛盾，以及资本主义催生的巨大贫富差距造成的严重社会问题。

当地城镇的官方照片不会告诉人们，ICC 实际无力控制和管理运河区，无法在运河施工期间在中美洲打造一个热带地区的模范文明。最终，ICC 实现了在运河区打造一个理想城市空间的目标，不过这是在驱逐了运河区四分之三的人口、拆掉了那些有重大历史意义的巴拿马城镇之后的事情。要想理解催生 1912 年人口外迁政策的一系列过程，就必须全面了解那些巴拿马"土人"城镇。和运河区城镇的管理一样，人口外迁政策本身也存在混乱之处，没有遵循一个明确的路径。在 1904—1915 年间，运河区主要经历了三个阶段。在第一阶段（1904—1907），运河区当局沿用了先前巴拿马的自治市镇体系。运河区城镇既有巴拿马市长，也有美国市长。在第二阶段（1907—1912），ICC 取消了运河区的自治市镇，将它们变成行政区，不过大多数城镇仍留在先前的位置。运河区居民可以继续持有个人房产。到了第三阶段（1912—1915），ICC 外迁了大量的运河区人口，拆掉了老城镇，代之以面貌不同的新城镇。本章将讨论前两个阶段。

在运河施工的大多数时间里，ICC 想方设法让当地城镇实践它的城市和卫生理念。了解 ICC 是如何管理运河区那些旧的"土人"城镇，对于理解巴拿马运河的一段关键历史非常重要。当时，运河区当局和巴拿马人都认为，运河区先前的巴拿马城镇会永久性地保留下去。ICC 管理运河区城镇的失败是催生 1912 年人口外迁政策的一个关键因素。

市政管理试验，1904—1907 年

在 1904—1907 年期间，运河区内的巴拿马城镇成了美国城镇。这是运河区管理试验过程中的一个有趣时刻：美国官员以为他们可以在"中美洲核心地区打造一个美国治理的范本，为南美和中美各个共和制国家提供一个'模范标杆'"[3]。然而，要将运河区标榜成其他共和国现代治理的"模范标杆"，需要两个重要的文化预设：第一，西属美洲共和国确实需要治理方面的"标杆"；第二，西属美洲先前的共和制度不是现代共和制度。这就需要从话语修辞上否定巴拿马的现代性。在这方面，ICC 第二任主席西奥多·P.肖恩茨提供了一套完美的说辞。他认为，必须让巴拿马"具备在热带荒凉地区打造类似现代社会的条件"，美国必须"在那片长 50 英里，宽 10 英里，致命热病和瘟疫肆虐，其他地方的人几乎无法生存的热带荒凉地区缔造一个现代国家"[4]。

这套说辞与现实相距甚远，它根本不符合实际情况。不过，它确实影响了人们对真实情况、所做决策的看法。因为这套说辞，巴拿马人口最多的地区被转化成了一个需要外来帮助和干预才能成为

"现代国家"的热带荒凉地区。利用这一套说辞，肖恩茨抹去了 19
世纪运河区技术和政治现代性的证据。在这一荒凉地区创造现代性
的说辞让美国在巴拿马的项目显得极其伟大。如果 ICC 说美国只
是要建设一条与铁路线并行的运河，管理一些早已存在的城镇，就
不会产生这样的效果。这种说辞可以让美国官员将所有的技术干预
美化成"进步"。最重要的也许是，这种说辞让当地的城镇历史显
得很多余，因为根据这些话语，当地的悠久历史、市政体系，以及
共和制在当地的渊源就不会被人认为是真实的，因为这些元素与他
们被灌输的有关热带地区及其居民的看法是相悖的。

因为运河区之前已经有哥伦比亚政府管理下的市政管理体系，
因此过渡期最初几年的情况很复杂。1904 年 6 月 16 日，运河区的
巴拿马公共部门的员工不再以政府雇员的身份工作，因为"他们管
理的铁路线区域"被"从巴拿马的领土中分割出来"。运河区的移
交给美国带来了很多过渡期的问题。运河区法院未审结的案子怎么
处理？接下来是由巴拿马法院审理，还是由美国法院审理？运河区
城镇怎样参加巴拿马的选举？因为运河区是巴拿马地峡人口最密集
的地区之一，所以，这些问题的答案对经济、法律、政治影响巨大。

最早前来管理和建设运河区的美国高官带来了他们过去管理
菲律宾、古巴、波多黎各的经验。最初的两位总督乔治·戴维斯
（George Davis）、查尔斯·马贡（Charles Magoon）分别在波多黎各、
菲律宾工作过，而运河区的首席卫生官威廉·C. 戈加斯（William C.
Gorgas）曾经负责抗击哈瓦那黄热病的行动。三人将运河区看作美
国领土，认为管理巴拿马城镇和居民是他们职责的一部分。并不意
外的是，他们首先采取的政治举措是重新划分运河区的城市。运河

区先前一共有五个城镇。其中的三个城镇——戈尔戈纳、布埃纳维斯塔、恩佩德拉多——在哥伦比亚政府统治时期就已经存在了。运河区政府将加通并入了布埃纳维斯塔。剩下的两个城镇——安孔、克里斯托瓦尔（Cristobal）——是新筹建的。就像运河区当局硬生生在巴拿马城划出了安孔一样，他们也在科隆城划出了克里斯托瓦尔。在这些运河城镇建立之际，担任巴拿马总督的是马贡，他拥有多年在美国其他海外领地从事法律和公共管理的经验。1899年，他曾在海岛事务局（Bureau of Insular Affairs）担任法律官员，负责解释菲律宾、古巴、波多黎各的法律，协调西班牙法律和美国法律。他的观点都囊括在《美国军事占领下的国民政府法》（*The Law of Civil Government under Military Occupation*）一书中。他是重新划分运河区城镇最理想的总督。

美国应对城镇移交工作的最初回应是，允许"巴拿马市长暂时继续行使权力"。他们可以继续行使司法权，直到 ICC 完成运河区各法院的重组工作。[5] 一开始的时候，ICC 赋予了运河区各城镇能跟美国运河区政府相媲美的广泛权利。例如，1904年8月，运河区各城镇完全有权为了"公共事业工程"征用私人地产。[6] 1904年9月，美国运河区政府颁布了一项法案，划定了运河区各城镇的边界，提出要重组运河区的城市政府。[7]

美国当局在接手运河区的第一年里，对当时和未来进行了怎样的规划呢？ 1904年9月颁布的《市级政府法案》为我们了解这个问题打开了一扇窗。[8] 这部法律的起草和撰写秉持了长远的视角，因为在当时，ICC 内部几乎没什么人能想到整个市政体系会在短短三年后结束。该法案透露的一个信息是，运河区官员认为，将来的运河区仍然是一个巴拿马人口占大多数的地方，英语和西班牙语会是官方语言。新出台的法律要求所有市政官员"能够流利地说、读、写西班牙语或英语"，必须"年满 25 岁"，还得是"该城市的居民"。对公民资格没有限制，英语流利也不是必不可少的条件。和其他美国海外领地一样，市政府在组建时，吸收了一些当地精英进入政府工作。在运河区的五个城镇中，只有克里斯托瓦尔的市长来自美国。其他四个城市的市长都是巴拿马人。[9]值得注意的是，美国给运河区最重要的城市安孔任命的市长是一个名叫拉斐尔·内拉（Rafael Neira）的巴拿马人。他负责监督其他四个城镇。他的薪水是每月 100 美元，虽然低于克里斯托瓦尔的美国市长的 150 美元，但高于其他三位巴拿马市长。内拉的任期虽然不长，但属于运河区历史上一段意义非常的时间：美国市政传统和巴拿马市政传统在一位捍卫运河区城市权利和自治的市长的管理之下共存，这位市长认为，运河区各城市的自治权是美国和巴拿马城市都可以沿袭的"城市法规的普世原则"[10]。内拉出身于哥伦比亚一个很有声望的家族。他的父亲曾在 1872 年就任巴拿马总统。内拉的英语和西班牙语都很娴熟。从他的信件中可以看出，他非常熟悉美国、哥伦比亚和巴拿马的习俗和法律。在一个巴拿马官员和美国官员共同管理运河区多国籍居民的市政体系里，他是一个理想的负责人。

从这些城市法规中，我们还可以看出，ICC 最初认为运河区城镇的占地面积不应该与巴拿马的其他城镇差别太大，而且运河区城镇的经济和人口还会继续增长。和其他美国城市一样，运河区城镇也应有权发行城市债券，进行民事登记，还应该负责"建立或批准建立屠宰场和市场"（安孔有一个市场项目），"建盖和维护学校

图 3.2　运河区恩派尔镇的一个本地集市，1905 年

资料来源：美国国家档案馆图片库 302 A5 区。

和校舍"。法律也预设本地个体经济将会持续繁荣发展。当时，美国的运河当局还没有把运河区设想成跟公司城①一样只有公司商店的地区，运河区城镇可以针对酒类消费征税，控制其消费；能够许可、规范或禁止"斗鸡……公共马车、出租马车（cabs）、货运马车、四轮平板马车、邮车、灵车等用于出租的车辆，咖啡店、饭店、餐

---

① 公司城（company town）是指城镇内所有商店和住房均由同一家公司拥有的城镇。公司城一般位于比较偏远的地区，通常会规划包括商店、学校、市场和休闲设施在内的一系列基础设施。

馆、旅店、民宿和出租屋，麻药贩子、街头商贩，拍卖店、拍卖行为，以及台球桌、九柱保龄球球道、赛马、舞厅、剧院等娱乐场所"[11]。

运河区城镇不实行选举。市政官员（包括市长在内）由州长任命，由美国运河区政府支付薪水。市镇议会（municipal council）定期召开向公众开放的会议。不过，运河区城镇保留了先前政治生活的某些方面。当时的运河区尚未完全将城镇事务当作技术性问题交给专家解决。1904 年，运河区城镇还拥有一些后来由 ICC 负责的职能，包括保障社会秩序和公共安全，镇压暴乱和其他扰乱社会治安的行为，还要保证公共卫生，美化运河区城镇。当地的私有财产税用于履行一些市政职责，如"维修和维护桥梁、人行道、街道、公路和公园"和"救火设施"。运河区仍然允许经营酒馆，售酒仍

图 3.3　运河区戈尔戈纳第 5 街

资料来源：I. L. Maduro Jr.，复制自作者的收藏。

属合法。鸦片馆和"赌博恶行"是非法的。[12]

在运河区仍然保留着先前的城镇、很多巴拿马人在此居住时，巴拿马人是怎样看待这里，又是怎样看待巴拿马和新运河区之间的关系呢？在运河区从巴拿马手中移交到美国的过程中，巴拿马扮演了什么角色？最早出现的问题是一些法律人士关于法律问题的争论，因为他们面临着一个问题：怎样处理运河区各城镇法院未结案件。谁有审理这些案件的法律权利，巴拿马法学界对此看法不一。甚至对运河条约中的主权条款，他们的观点也不同。这场争论与关于巴拿马运河港口司法权的争论同时出现。所有这些争论显示出，当时人们对巴拿马运河区未来的看法存在很大出入。

运河区的巴拿马城镇移交给美国政府之后，巴拿马外交部长托玛斯·阿里亚斯要求新的运河区法院审理运河区城镇所有的未决案件和新案件。[13] 很多巴拿马法官也都是这么处理的。不过，不是所有人都同意阿里亚斯的决定。审判时间不确定和审判权不清晰这两大问题，集中体现在了恩佩德拉多的一个案子里。这个案件到了科隆区巡回法院，而法官不再审理，因为审判权已经转移到了运河区法官。但案件一直悬而未决，因为科隆法官拒绝在接到有关正式移交的指示前将它移交给运河区法官。

案子最终到了巴拿马检察总长（attorney general）手中，下达案件移交指示是他的职责。然而，这位检察总长认为，该诉讼案件无需移交，因为巴拿马并没有丧失对运河区移交之前发生的那些案件的审判权。他甚至建议用另一种方式诠释巴拿马对运河区的主权。在他看来，巴拿马只是出让了有关运河的"修建、维护、开发、卫生和保护方面的主权"，仍旧拥有对这些条约范围外的事务的司法权。巴拿马司法部长（secretary of justice）尼古拉斯·维多利亚·哈恩（Nicolás Victoria Jaén）也持相同观点。哈恩认为，国家不会让渡自己的主权，即使《美巴条约》也承认这一点。后来，上述案子被移交给巴拿马最高法院，但最高法院拒绝出具任何意见，因为国际条约的解释权属于外交部。外交部也持类似观点。尤西比奥·A. 莫拉莱斯认为，《美巴条约》"限制"了美国在运河区的司法权。巴拿马之所以给予美国有限的运河区司法权，原因只有一个：不得不解决"由于〔运河〕日常施工导致的分歧"。[14]

生活在运河区城镇的巴拿马人还不得不面对如何行使选举权的问题。虽然他们生活在美国领土上，却不是美国公民，而是巴拿马公民。他们无权参加美国选举，ICC 决定运河区城镇不实施选举。相较于这些地方之前的政治实践，这是一个明显的变化。在运河区被美国接管之前，这里有好几个参与全国选举的自治城镇：戈尔戈纳、恩佩德拉多、布埃纳维斯塔、加通。虽然这些城镇如今已经是不参与巴拿马选举的美国领土，但巴拿马政府仍然保留了巴拿马公民的民主权利——将运河区各城镇划归巴拿马的各个选区。恩佩德拉多、戈尔戈纳和新建城市安孔被划归到巴拿马区选区，而布埃纳维斯塔、加通和新建城市克里斯托瓦尔被划归到科隆区选区。[15] 运河区城镇成了一个跨越性的政治空间（liminal political space）。它们属于美国领土，运河区政府给他们委派了最重要的政治权威——市长，然而，运河区城镇的公民仍然是巴拿马公民，只能去运河区边界的另一侧行使他们的政治权利。

居住在巴拿马运河区的巴拿马人丧失了参与城市自治的权利，而这种权利是美国和巴拿马政治生活的基石之一。需要强调的是，巴拿马所有重要的政治事件——哥伦比亚也是如此——都始于自治市声明（municipal declarations）。巴拿马独立于西班牙、脱离哥伦比亚都是由自治市提出的声明，而这些声明只有在巴拿马各自治市都确认后才正式生效。例如，巴拿马运河条约的巴拿马签署方是巴拿马临时政府。临时政府签署条约之后要提交给巴拿马共和国所有自治市批准。[16] 甚至连希望美国干预的要求，有时候也是在市级层面而不是国家层面提出来的。希望美国干预 1906 年全国大选的要求，就是巴拿马城的市议会提出来的。[17] 巴拿马各城镇的居民有权选举自己的市议会成员，但是运河区城镇的居民却没有这个权利。[18] 虽然美国声称要打造"一个美国治理的范本，为南美和中美各共和国提供一个'模范标杆'"，但政治选举却已经被"迁出"到运河区边界之外的巴拿马城市。[19] 然而，巴拿马是热带荒凉地区的说法，为掩盖巴拿马即将丧失现代性的一个重要方面——政治现代性——提供了可能。运河区城镇失去了过去一直享受的选举权。他们不但不会有"现代政府"，而且还会被取消城镇建制，代之以行政区。共和政治已经被驱逐出运河区，运河区成了没有选举权的地方。

　　1904 年底，运河区仍旧是一个很复杂的地方。两个国家都认为这个地方应受自己控制，他们对巴拿马现代性的看法也大相径庭。运河区还笼罩着浓重的沉默和矛盾。最明显的沉默集中在安孔、克里斯托瓦尔这两个港口。瓦尔德斯在完成于 1904 年 12 月的名作《巴拿马地峡的地理》（*Geography of the Isthmus of Panama*）中列出了运河区所有的自治城镇，包括新城市安孔、克里斯托瓦尔。[20] 瓦尔德斯指出，拉博卡镇属于美国，而在书中的其他地方，他将它列为巴拿马区的一个镇。ICC 出台的城市法规也体现了安孔港相互矛盾的性质，它在明确安孔这一新行政区的界限时，说这个城市包括"巴拿马共和国阿莱汉市（Arraijan）在运河区边界之内的那部分，以及瑙斯、佩里科、弗拉门科等岛屿"[21]。有意思的是，该法律没有提及作为安孔最重要边界的巴拿马城。ICC 之所以不提及巴拿马城，可能是希望人们忘掉巴拿马曾经主张安孔港是巴拿马港的一部分，拉博卡是巴拿马城的一部分。

运河区情况复杂，很难对其进行管理和分类。它的边界变化不定。运河区城镇的居民是巴拿马公民，却生活在美国政府的管理之下。他们有自己的市政府，但无权参与其选举。美国和巴拿马政府都清楚，巴拿马公民无法在他们居住的城镇里行使选举权，只能在运河区外行使选举权。巴拿马公民可以在运河区内置业、经商，向美国政府缴税，接受美国法院的司法判决，但是他们仍属于巴拿马公民。在两年时间里，虽然存在这些复杂情况和矛盾，ICC 和重新划分后的运河城镇仍在竭力实现平稳运转。

施工繁荣期的运河区管理

在 1904—1912 年，运河区当局竭力管理和规范运河区城镇。ICC 当时并不打算驱逐当地居民或将运河区人口外迁出去，而是要按照他们所谓的"开化"使命来管理和组织当地人口。ICC 甚至希望那些本地城镇经济继续增长，规模继续扩大。[22] 他们的目标是改善那里居民的生活条件。例如，"恩培尔的土著城镇"要"认真规

图 3.4　运河区戈尔戈纳的街景和村庄

资料来源：I. L. Maduro Jr.，复制自作者的收藏。

划街道，尽早标出人行道，之后就可以将房子盖得整整齐齐，街道垫得平平整整，弄得干干净净"。[23] 因为涌向运河区城镇的大量外来劳工造成了巨大的住房压力，ICC 当局决定"给所有城镇制定一个统一的计划"，用以确定街区大小，街道宽度，打造一个卫生、整齐的空间——用威廉·戈加斯的话说，就是"巧妙地进行建设"。[24]

　　来巴拿马运河区工作的美国工程师和医生认为，让这一热带地区拥有良好的卫生条件是他们的使命和荣耀的关键一步。早期的一份卫生报告指出，"巴拿马地峡多年来一直被认为是全球最脏、最不卫生的地方"，"美国的卫生工作将受到全世界的瞩目，那些注定成功的方法肯定会在美国各地推广"。[25] 负责巴拿马运河区卫生事务的人是威廉·戈加斯医生。他是一位蚊虫研究方面的先驱者，曾经成功消除了哈瓦那的黄热病。人们普遍认为他的方法是行之有效的，因此，1903 年，一位介绍巴拿马卫生状况的美国军医强调说，"驻哈瓦那的医疗官"在黄热病、疟疾预防措施执行方面"效果非凡，声名远播，无需赘述"。[26] 考虑到 ICC 官员对于控制传染病的重视，城市的卫生法规越来越多地由运河区卫生部门而不是由各城市来制定。1905 年，ICC 颁布政策，没有事先征得运河区卫生委员会（Board of Health）的同意，各城市不得授予私人或公共建筑"有关通风、管道铺设、排水"方面的施工许可。[27]1907 年，ICC 再次出台——这回细化了很多——针对运河区所有城镇和居民的城市法规。

　　ICC 的卫生政策参考了很多关于疾病传染的理论，其中包括19 世纪有关沼泽地、热带泥泞地区的瘴气理论，最新的细菌理论，有关蚊虫传播疟疾、黄热病方面的最新发现。同样重要的还有热带"土人"是疾病天然携带者的医学观点。[28] 在此基础上，ICC 卫生官员决定打造和设计一个新的城市空间，能够控制和消除热带地区在身体和道德两方面的风险因素。由此，距离成为城市规划法规中最重要的因素，因为控制建筑物之间的距离能够杜绝运河区美国居民和非美国居民所认为的当地环境产生的诸多风险。运河区的城市规划法规强调了四种不同的距离。房屋必须高出地面 3 英尺，才能远离热带泥土中的危险因素；房屋之间必须达到一定距离，这样就不会形成一条条阴暗小巷，也不会直接接触本地人丢弃的垃圾；美国人的房舍一定要与当地建筑或"土人"房舍保持一定距离，防止当地疾病的传染。木栅栏的尖板条之间要留有足够距离，以便让人们保持良好的能见度，实现必要的监督。[29]

ICC 建筑与"土人"房舍之间的距离是这些新城市规划法规最重视的部分，也是长期影响最为显著的部分。它催生了美国人与"土人"之间的差别，这种差别最终将本地城镇认定成"土著城镇"，将本地人认定成"土人"。初始于 19 世纪，通过嘲笑黑人共和制、黑人劳动来"原始化"巴拿马人的这套"传统"做法，到了 1904 年已经不只是停留在文字游戏上了。随着城市法规开始杜撰现代美国人与当地人二者之间的种种区别，美国人在规划和设计运河区城镇空间的过程中开始将"原始化"巴拿马人的"传统"落实到实打实的政策上了。运河区卫生部门规定，"土著棚屋"与 ICC 建筑之间的最佳距离是 1,000 英尺。[30]

隔离"土著棚屋"和 ICC 建筑这种行为自有一套意识形态为其背书，而我们在 ICC 官员的信函里可以看到，"热带地区原始且落后"的这种观念对这套意识形态可谓是贡献颇丰。他们不顾相关建筑的具体情况，使用了"native house"（土著房屋）、"native hut"（土著棚屋）这种措辞。有一次，他们使用"native house"来指代中国移民的房子。有时候，他们也用"hut"一词指代用与 ICC 房舍同样的材料建盖的框架式房屋。房主是不是"土人"或房子是不是"棚屋"并不重要，[31] 这种措辞很重要，因为它把英国在亚非殖民地形成的卫生管理惯例给合理化了。这些惯例认为，严格隔离"土人"房屋与周围住户、白人房屋与周围住户对于保证白人居民不染上疾病至关重要。热带殖民地医学认为"土人"是疾病肆虐的热带图景的一部分，他们是传染病携带者。对那些传染病，他们有天然的抵抗力。在 20 世纪之初的热带卫生学的语言里，"土人"不会乖乖地养成卫生习惯、遵守卫生政策。[32] 带有人种偏见的卫生观念将来自不同种族和民族背景的巴拿马居民一概说成是"土人"。他们的房舍是"棚屋"，他们居住的城镇是"土著城镇"。

　　这种区分要求彻底改变当地的城市文化和空间规划。例如，1905 年，戈尔戈纳人仍旧将城镇分为新城和旧城两部分，新城靠近铁路，旧城靠近河道。这种划分是根据技术和城市发展进行的。将运河区城镇划分为"土人区"和美国人区的根据是"土人"与非土人之间的种族隔离。戈尔戈纳的"土人区"位于城镇西北部，在铁路线和查格雷斯河之间，靠近戈尔戈纳年头很久的墓地一带。戈尔戈纳的美国区主要位于铁路线的南侧，还有一部分位于城市东北部。铁路和"A 大街"是"土人"城区和美国人城区之间的主要分界线。[33] 酒吧只可以在"土人区"经营。城市里"土人"和美国人之间的距离成为"堕落"与"健全"之间的距离。[34] 城内"土人"与非土人生活区之间的隔离是后来银工券区（居民是非白人、非美国人）和金工券 ① 区（居民是白人、美国人）之间隔离的先声。

　　按照 1906 年的城市建筑法规，房屋必须整体高于地面 3 英尺。房屋与地面之间要保持足够的空间，以便"避免阻碍光照和空气流动"[35]，"房屋下面的空间不得封闭起来养鸡或饲养其他动物，不得用来存放物品，必须始终保持空置状态，以便通风"[36]。这一规

---

　　① 金银工券是 ICC 的两套薪资系统，分"gold roll"（金工券）和"silver roll"（银工券），金工券是发给美国白人雇员的工资，以美金结算，工资较高，而银工券主要以哥伦比亚比索结算，是发给美国黑人、西班牙人、葡萄牙人、希腊人、西印度洋群岛移民等当时受种族歧视迫害的民族的员工的工资，薪资较低。本书下文将以美金结算的员工译为"金工券员工"，以哥伦比亚比索结算的员工译为"银工券员工"。

定的最初依据是什么？看上去是专门针对热带房屋制定的，它是为了保护所有运河区居民（包括"土人"和非土人）远离热带地区的危险因素么？

这一城市规划法规结合了两种恐惧——基于瘴气理论的对泥泞、沼泽的旧恐惧，以及细菌理论所引发的新恐惧。美国公众早已通过19世纪40、50年代"淘金热"过境客的记述了解了巴拿马的热带景观。受当时流行的瘴气理论的影响，他们相信，令人色变的巴拿马瘟疫源自热带沼泽、泥泞地带、污秽环境的有害气体。罗伯特·托姆斯（Robert Tomes）将科隆描述成为一个"建立在沼泽地上，遍地是腐败物质"的肮脏、多病的地方，这是一种有关巴拿马热带景观的典型叙事。[37] 建立在19世纪70、80年代新出现的细菌理论基础上的卫生观念，吸收了先前的瘴气理论。和有害气体一样，细菌也来自污秽肮脏的东西。关于房屋要整体高于地面3英尺的法律规定就吸收了瘴气理论的某些内容，而非来自细菌理论或最近的蚊虫理论。3英尺的距离对防蚊没有什么作用，也无法提供任何对细菌的防范，只是在房屋和热带的泥泞地面之间隔开了一段距离。

最后，房屋之间的距离还可以起到消除狭窄小巷的作用。运河区的卫生官员认为狭窄小巷会催生各种各样的卫生隐患。人们往往将脏水泼倒在小巷里，夜里在巷子里小便。另外，因为狭窄的巷子里空气流通和光照比较差，让热带地区本来很严重的潮湿问题更为突出。首席卫生巡视官在1906年的报告中认为房屋之间10英尺的距离不足以避免这些问题，并建议将法定距离定为30英尺。他觉得应该出台城市法规，彻底消除小巷子，而不是惩罚那些随意扔垃圾的人。[38]

　　法律的制定是一回事，执行是另一回事。很多在颁布该法律之前就已存在的城镇，遵循的是人口居住密度较大的空间传统，这些城镇里的房屋间距很小，只有4—16英尺，街道也很窄。运河区的卫生官员不得不面对一个事实：虽然有人说运河区处于热带的荒凉地带，但那里并不是无人区。新法规倾向于疏远而非稠密，倾向于卫生而非便利和集中，自然要面临来自多方面的反对。[39]首席卫生巡视官约瑟夫·阿古斯丁·普兰斯（Joseph Agustin Le Prince）发现自己的工作相当棘手。从他饱含无奈的文字中，我们可以看到在运河区城镇执行卫生法规是多么困难，违反卫生法规的地方举目皆是。他抱怨"恩派尔居民住宅周围污秽肮脏的状况持续了多年"，还发现恩派尔那场"盖房热"和私人房主从房屋出租中获得的巨大收益，足以让人们将适当的建筑条件置之脑后。房子盖得到处是，有的还建在不符合卫生要求的地面上。接着，他忧虑地说，因为地皮很贵，他主管的运河区卫生部也允许"建筑商可以不太在意房子的光照、通风问题"，所以很难"要求狭窄的地面和小巷保持干燥"。[40]

　　另外一些相互矛盾的要求也让城市卫生法规的执行困难重重。对于拥有城镇地皮并向个人出租这些地皮的铁路公司来说，增加房子之间间隔意味着可出租地皮的减少。为了解决源源不断涌入运河区的数千劳工的住房问题而仓促建盖的ICC房屋，也很难执行卫生法规。

　　在运河施工的最初三年里，运河区市长与卫生官员之间的分歧让在"盖房热"期间执行卫生法规更为复杂。1906年，运河区卫生部就运河区建筑法规向运河区官员征求意见。[41]市长们的反馈表明，关于运河区的城市规划，他们的观点与卫生部官员的侧重点有相当大的出入。在对于当地城市和当地公民应该承担什么责任方面，市长们与卫生部官员的看法也大相径庭。从市长们的反馈中，我们可以一瞥执行新建筑法规的复杂性，这些法规完全改变了当地城镇有关房屋间距和结构的观念。此外，我们还可以从中看出城市政治传统与卫生部官员从技术方面考虑的卫生政策之间的矛盾。

运河区城镇的市长们认为捍卫"土人"城镇的居民利益是他们的分内之事。恩派尔市长乔治·约翰逊（George Johnson）不想给当地居民的生活带来不必要的破坏。他认为，街道宽度等规定不应该适用于旧城区。类似地，戈尔戈纳的美国市长担心新出台的城市法规给当地"土人"带来负担。他的口气中带有同情，同时也有一种屈尊俯就的味道。他知道新法规对于本地人意味着什么。在他看来，新法规不应该适用于现有的巴拿马城镇："我认为，除了一些特殊情况，比如将一些房子拆掉来拓宽街道以外，旧城镇不应该进行大规模改造。"他认为，新出台的法律应该只适用于后来的建筑和新城镇的规划。[42] 如果将其适用于已经盖好的房子，势必给"土人、其他在狭小逼仄的房子里生活了多年的穷人"带来沉重负担。他们"不得不将简陋的房子拆掉，搬到另外一个地方重起炉灶，而他们中的很多人根本不具备执行这一法规的条件"[43]。

市长们认为执行新法规是在搞双重标准，因此提出反对。戈尔戈纳市长写道："我认为，ICC 为已婚和未婚人员建盖宿舍时，其前阳台距离临近宿舍的后阳台或门廊的距离只有 25 英尺，而让本地民众执行这一法规〔两座房子之间的距离最少保持 50 英尺〕，这是没有道理的。现在，戈尔戈纳就是这样做的。事实上，整个地峡地区都在这样做。"恩派尔市长还捍卫市民的利益，不愿让他们承受他觉得不公平的负担。很多房子依山而建，如何要求房主在房子与山丘之间挖出 6 英尺的距离来，该让谁挖山呢？如果一个人正好租的是一块挨着山、刚好够盖一座房子的地皮，如果要他挖山的话，是不是等于要在公共土地上挖山，或者是在别人的土地上挖山？另外，他认为，"ICC 的劳工帐篷不执行这些法规，而要求其他公民执行这些法规是不公平的……强迫公民去执行 ICC 不执行的法律是一件很困难的事情。"[44]

恩佩德拉多、戈尔戈纳的市长大都觉得执行那些法规是一件毫无必要、徒劳无功的事情。他们倾向于旧城区和 ICC 的新城区之间应有更大的连续性。他们设想了一个建筑物间距更小、更为稠密的城市空间，而不是一个因过度害怕传染疾病而框定出来的空间。恩佩德拉多市长认为，在旧城区一定要避免"仅仅只是为了遵守距离规定而搞出来的不必要的拆迁"。拓宽街道这项工程应该在这一前提下开展。他允许新城区规划较宽的街道，但认为在加宽人行道（6 英尺，而不是 5 英尺）的同时，街道的宽度应比规定的宽度窄 6 英尺（24 英尺，而不是 30 英尺）。戈尔戈纳市长也认为法律规定的房屋之间的距离过大。他建议房子之间不用那么大的距离。市长们还注意到了本地人的住房需求和本地的地势情况，不愿意采用这种一刀切的规定。他们讲了本地的很多具体情况，如不同的土壤、地面、房子，应采用不同的间隔距离。恩派尔市长用自己的亲身体验说明卫生法规中规定的房屋之间留那么宽的空地（15 英尺）并没有必要。他认为，如果房子没有朝向邻近房屋的门或窗户，那么与邻居的房子有两英尺的距离就足够了。他还注意到，在这种情况下，"如果两个房子之间的距离很窄的话，过道上几乎没有垃圾或脏东西，因为所有垃圾都是夜里通过窗户扔出去的"。他还认为，要求一幢房子的后面与后一幢房子的前面相隔50英尺"和街道宽度不成比例"。

和房子间距、运河区城镇里"土人区域""非土人区域"的划分一样，污水处理也很受重视。对于管理满是老式茅房①的城市空间和住房空间来说，很难想象污水处理会带来怎样的革命性。在那些进步时代的改革者看来，没有下水道就没有文明。也许有点夸张的是，在1905年，一位巴尔的摩的工程师对巴黎下水道赞不绝口，说它是艺术和科学的源泉，"铺设了齐备的下水道、低死亡率"的巴黎是"一流的艺术、文学、科学和建筑的中心，又干净又漂亮"。他还说："在实现这一完美成就的过程中，下水道扮演了最重要的角色，因为只要看到铺设下水道之前的状况，就会发现，如果没有下水道，眼前的成就不可能实现。"[45]

对于下水道的价值，卫生官员和运河区市长的看法很可能很接近。他们认为，如果没有像样的排污系统，就不会有热带地区的文明。毕竟，巴拿马的运河修建工作与美国国内各城市排污系统的建设在同一时期进行。在1880—1907年间，几乎所有的美国城市都建了地下排污系统。[46]然而，运河区的市长们希望出台的法律措施尽量不要破坏当地居民的生活。他们似乎非常相信运河区城市居民能够让自家茅房保持清洁。恩派尔市长认为房屋和茅房之间的距离没有必要那么大。"茅房如果盖得好、用心维护的话，距离房子

---

① 原文为dirt closet，指没有接入污水系统，用便桶收集大小便的厕所。

15 英尺和 25 英尺没什么明显区别。"戈尔戈纳市长也持类似看法。他说，"至少三分之二的房子"有茅房，这说明，在 1906 年，茅房在城市里很常见。戈尔戈纳市长认为，将茅房与房子之间的距离确定为 25 英尺"几乎相当于要求运河区消灭所有茅房"，这会给"所有土人"带来无法承受的开支。他认为，居民完全可以保持茅房的干净和卫生。不过，他也认为，在"像样的排污系统就位之前"应该禁止居民建自用茅房，而在"每个街区建两个大型公共厕所，其位置由所在城市的市长和相关卫生官员共同决定，并按照性别分隔成两部分"[47]。他还认为，ICC 在要求人们改变生活习惯之前，应该提供更多的基础设施。在安装好排污系统之前，ICC 不应该要求家家都建一个茅房。

运河区城市自治的结束

1907 年，ICC 当局取消了运河区的城市自治权，将运河区划分成若干个"行政区"。[48]我们不清楚 ICC 为什么要这样做，不过，从首席卫生巡视官普兰斯针对市长们反对 1906 年法规所做的评论中可以找到答案。普兰斯认为："市长们显然没有认真看过那些法规条文，对照一下他们的反馈和那些法规，就可以看出这一点。"另外，因为他听说"市长职位的性质要做某些调整"，也许就没必要太在意市长们的反对意见。[49]普兰斯的态度反映了 ICC 在城市建制上新出现的矛盾心理。同时，他还认为市长——尤其是认真捍卫所在城市的利益，甚至不惜违反 ICC 规则的市长——是运河区技术改造的障碍。解决这些问题的办法是干脆撤销城市自治权。

随着城市自治权被撤销，卫生便成了制定城市法规的主要原则。1907 年城市自治权的取消与强化卫生管理、强调土著棚屋和 ICC 建筑的间隔在同一时间发生，这并非巧合。当时的政治观念认为，公民需要城市自治，但"土人"可以——也许是应该——由殖民政府来管理。运河区城镇由此从政治空间变成了由卫生问题主导的技术空间。该地区可以追溯到西班牙殖民时期的市政传统就这样结束了。这一措施让运河区城镇失去了城市共和史的最后一点痕迹。在公司工作的自豪感取代了身为公民的自豪感。这朝着切断运河城镇与巴拿马城市历史、政治历史之间的联系又进了一步。1904年，运河区城镇从拥有完全政治权利的巴拿马自治市变成了政治权利有限的美国城市。狭义的现代性——只注重卫生，而不注重市政和选举——预示了将来的开发项目必然会由一些将政治形势和当地复杂情况简化后的一刀切指标所指导。在 19 世纪初期的运河区，决策权掌握在一些技术专家手中。[50]

行政区

随着城市市政管理实验的结束，监督私人房主遵守城市法规的权力和职责落在了卫生主管部门的手中。法规的执行仍然很困难。[51]卫生主管部门的内部信件可以反映出他们的苦恼：他们挖空心思地考虑怎样在执行卫生法规的同时不给房屋所有者的生活带来破坏和困难。他们想要做到二者之间的平衡。然而，私人建房的持续火爆让他们的这种想法更加难以实现。卫生主管部门要求卫生巡视官认真领会建筑法规，"将运河区村庄的所有建筑活动记录在案，上报违法行为"。这样做的目标是在施工初期发现违规行为并勒令拆除，这比"投入大量资金把房子盖好后再要求他们拆除"要省事很多。[52] 在"加通新村，以及恩派尔和库莱布拉（Culebra）之间的几个小村子如火如荼的盖房过程中"，巴拿马铁路公司请求工程部门帮忙，让那些盖房的居民改变超越规定地皮界限盖房的习惯。[53] 卫生部门也请工程部门帮忙，要他们在卫生部门向盖房人出具施工许可之前审核盖房人的施工方案。这样做的目的是希望避免运河区"土著城镇"因为"施工不规范"而出现有安全隐患的房子。[54]

事实证明，虽然出台了管控私人盖房的政策，但戈加斯、普兰斯心目中理想的卫生空间依然无法成为现实。在此之前，运河区城镇的市长们就已指出，在解决这些问题时，必须考虑那些城镇空间布局的历史。如何处理新法规颁布之前的房子？如何处理在房屋间隔法规出台之前租下的地皮上盖的房子？卫生官员经常要面对这些问题。路易斯·博斯克（Luis Bosque）的情况很有代表性。他当时盖的房子太靠近帕拉伊索（Paraíso）火车站，违反了新出台的禁止在距离 ICC 建筑 1,000 英尺内盖房子的规定，被勒令停工。不过，他最终获准继续施工，因为他是将旧房子拆除后在原地建盖新房，而且那块地皮的租约"很久之前就存在了"。在卫生部门的主管看来，应准许他继续施工，原因是"在房屋重建方面，如果那个 1,000 英尺间隔的法规溯及以往……机械地把相关规定套用在房屋重建上，在很多情况下会产生诸多问题"[55]。其他时候，卫生部主管面临着这样的问题：是允许房主修葺违反当前法规的房屋，还是任由那些旧房子衰败下去，直到房主不得不"根据后来的建筑法规进行大修"？恩派尔的房主庄图伍（Took Woo Chong，音译）就面临着这个问题，他想要维修房子的门廊。同在恩派尔的罗萨娜（Rosanne）想要修葺卫生间和抽水马桶，加装镀锌板。卫生部主管最终允许他们二人做这些维修工作，虽然这些维修违反了新颁布的法规。卫生部主管认为，让他们修葺房子比任由房屋破败更好。[56]

除了正规的本地村庄，ICC卫生部主管还要管理沿路沿线，以及运河工地不远处涌现出的众多非正规居住点。有的居住点住的都是由于运河施工而无家可归的人。"库莱布拉垃圾焚烧站以西"的那个居住点就属于这种情况。由于运河施工，那里的住户不得不从铁路东面的一个老居住点搬到格兰德河流域与巴拿马铁路西面新建垃圾场之间的一片空地落脚。[57]其他居住点是因为佩德罗米格尔（Pedro Miguel）、米拉弗洛雷斯这两处的工地附近干活的劳工聚集形成的。其他地方，如"加通附近铁路线旁边"的"牙买圭达老村"（old village of Jamaiquita）曾一度是非正式居住点。[58]在这些居住点，房屋都是在没有人监督或没有获得许可的情况下建造的，要怎么盖都是看房主的想法。"那些房子挤在一起，朝向五花八门……就像运河区大多数城镇附近可以看到的那样。"[59]即使在这些非正式的居住点，也有一些人专门盖房子出租给运河劳工。库莱布拉垃圾焚烧站附近的房子就属于这种情况。那里有四栋房子，其中两座是水泥地板，另外两座是木地板。[60]有的人则住在农场，并将收获的农产品卖到运河区市场。

运河区当局很忌惮这些非正式居住点，因为它们很容易成为永久性的存在。有人认为，最好在这些居民点不顾卫生法规野蛮发展之前，将它们转变成管理有序的村庄。其他人，比如法律部门的官员则认为，应该将那些违规私建的房子拆掉，以儆效尤，据说一些人"觉得有的地方林木茂密，监管人员难以发现，于是就偷偷把房子盖起来。他们认定，房子一旦盖起来，ICC 就不会强迫他们拆掉"[61]。ICC 法律部担心有人把房子盖在运河施工区内。那样的话，在拆除时 ICC 就得向那些非法盖房人支付补偿金。非法盖房人有时被处以罚款，有时被投入监狱。即使 ICC 说那些人没有盖房许可，但也没有将他们完全排除在运河区法律体系之外。在有的地方，虽然房子未经许可而建，也要向运河区政府缴税。在另外一些地方，盖房人将房子盖在别人通过正规手续租用的地皮上。有时候，众多的违法盖房人会组建起一个非正式的房产市场，买卖他们根本没有权利转让的土地。

房主对新法规的抵触也增加了有关部门的处罚难度。一些房主，如恩派尔的戴维·卡里略（David Carrillo）聘请了律师维护自己的权利。卡里略想给自己的小二楼加盖一间屋子，但是这违反了新出台的有关间隔距离的法规。他的律师认为，因为他在新法规生效之前就已经拿到了加盖许可，因此当局不可以拆除卡里略加盖出来的那间屋子，如果拆除的话，至少需要支付补偿金。[62] 其他人，比如来自巴斯马塔奇（Bas Matachin，位于戈尔戈纳附近）的"讲法语的黑人女性"费莉西亚·阿缅斯（Felicia Armiens）不断地给ICC 各部门写信，要求不要拆掉她不久前盖的房子。相关记录里有关她的介绍不多，她说自己是"一个可怜的寡妇，拉扯着无依无靠的两个女儿和两个儿子"，她说自己和儿子好不容易才把房子盖起来。然而，ICC 的巡视官说她在运河区拥有好几处房子，并出租给了别人。在他们看来，她根本不是她自称的不懂法律的可怜女人。

她与 ICC 起争执的根源是一幢老的法式房屋。她当初买下那幢房屋是为了拆掉后用它的材料在另一处建新房子。她说自己完全遵循了巡视官的要求，巡视官则不同意她的说法，说她有意无视他们的指示，开工盖房时没有遵守有关间距的法律规定。最后，费莉西亚设法见到了戈瑟尔斯，并博得了他的同情。虽然戈瑟尔斯不允许她继续保有那处房子，但另给了费莉西亚一块盖房的地皮。最后，她甚至可以在 ICC 提供的两块地皮之间任选一块。她选择了地势较高的那块地皮。[63]

在另外一些案例中，房主们用激烈的方式表达了他们的不满。有人在新加通的街上无意听说了一个叫 F. A. 林奇（F. A. Lynch）的人，"如果有人因为违反卫生法规被捕，他愿意免费向他们提供法律咨询"[64]。他在科隆城经营着一个商店，出售家具、五金器具、马车、马具。和很多有钱做投资的人一样，住在加通的他决定从运河区繁荣的经济中赚一笔。他对卫生巡视官非常不满，抱怨巡视官经常找他的麻烦，老是让他把装在桶里用来拌水泥的水倒掉。虽然他知道那是法律规定，是"为了大家好"，但是他要求具体情况具体对待。没错，清除滋生蚊虫的死水固然重要，但他的水是从水龙头上接的。拌水泥怎么能不用水？这不是他不满巡视官的唯一理由。此前，他还收到一张罚款单，因为他没有将他那块地皮上的野草除掉。

对运河区的城市空间，林奇、费莉西亚和其他违反卫生法规的人有他们自己的想法和重点。他们将运河区城镇看作是居住、经营生意、出租房屋、寻找各种赚钱机会的地方。他们的情况反映出，在这样一个复杂的城市环境里，将城市空间管理得井井有条、整齐划一是非常复杂、困难的，甚至不可能做到。城市管理专家或观察人士大都不会对此感到意外。不过，运河区不是一个普通的城市空间，它是一个具有高度象征意义的空间。美国政府渴望向世界展示它在热带地区治理上的卓尔不群，以及能够在西属美洲运营出一个模范城镇的高超能力。然而，在一个人口稠密、居民深谙自己的历史和权利的地方建立一个完美的具有象征意义的空间，这很难，甚至根本不可能。城市法规面对着来自市长和普通市民的反对。ICC采取的第一步就是撤销城市自治权和市长职位。最终，城市居民被赶出了运河区城镇。不过，这一决策是数年之后的事情。

安装防蚊丝网之争：也许不可能在雨林里防蚊虫

如果说建筑间距是运河区城市规划的一个关键部分，那么防蚊丝网则是 ICC 房屋设计的一个关键部分。ICC 卫生部的目标是防止携带疟疾病菌的蚊子进入 ICC 房屋。美国在运河建设上津津乐道的一项成就是他们的卫生运动。在法国人失利的地方取得全胜，可以很好地证明美国作为一个经济和技术强国的地位。卫生运动中最出名的是根除携带黄热病的蚊子的栖息地。这种蚊子在干净的水中繁殖，因此，戈加斯组织了专门的灭蚊队，给储水容器里倒入油脂，毁掉室内外的各种池塘。巴拿马城的灭蚊队一直是当地居民的一个痛苦回忆。灭蚊队破坏了很多传统的室内储水容器，以及放在室外用来收集和储存雨水的桶和水箱。卫生部门的目标是用管道取代这些储水容器。[65] 关于这场灭蚊运动，很少人知道的它的另一面：这是一场巨大的建筑变革，目的是让运河区的每座房子都能防蚊。

当然，理想的情况是给运河区的所有房子和建筑都安装防蚊设备。1905 年，戈加斯确立了一个雄心勃勃的目标：给所有的劳工住房安装"铜丝网或用类似材料做的每英寸不少于 16 个网眼的丝网"[66]。然而，这种防蚊措施成本高昂，很难落实。戈加斯的提议立刻遭到了施工主管部门的强烈反对，认为他的目标 "不是走极端就是太理想主义"。这个方案成本太高，并不是所有人都认为"将染病人数尽可能降低到最低比例"值得付出这么高昂的成本。[67] 在施工的那些年，应该给哪些房子安装防蚊丝网，不给哪些房子安装防蚊丝网，一直争论不休。其中又掺入了强烈的有关人种、社会，甚至审美方面的考虑。给 ICC 的所有建筑安装防蚊丝网的目标无法实现。这一失败再次证明，"给热带地区带来文明"的想法只能在小范围内实现，而与绝大多数居民无关。

ICC 成立了一个负责 "安装防蚊丝网一般问题"的委员会。委员会的最高负责人是亨利·罗斯·卡特（Henry Rose Carter）医生。亨利是数家医院的董事，有段时间也担任 ICC 卫生部代理官员。该委员会最重要的一个目标是制定防蚊施工规范。1905 年，普兰斯说，虽然安装了防蚊丝网，但是运河区没有一座房子能彻底防蚊。户门上面、下面的空隙太大。另外，因为门上没有安装弹簧（后来安装弹簧成了一个标准惯例），因此防蚊丝网"基本形同虚设"。瓦楞板屋顶也不够严实，无法阻挡蚊子进入。戈加斯建议在椽子和屋顶之间加一层屋顶板，用以提供额外的保护，同时让室内更凉快。[68] 卫生官员也意识到，给门廊而不是门窗安装防蚊丝网是一个更为高效、经济的办法。很快，这种设计成为 ICC 门廊的标准设计。[69]

安装防蚊丝网有很强的阶层、审美因素。在讨论是否给运河区施工期两家最重要的酒店安装防蚊丝网时，这一点体现得尤其明显。这两家酒店分别是库莱布拉酒店（Culebra）和蒂沃利酒店（Tivoli）。库莱布拉酒店坐落在与它同名的那座城市，毗邻运河最重要的挖掘施工区——库莱布拉人工渠（Culebra Cut）。在运河施工的大多数时间里，ICC 最重要的办公室就设在库莱布拉酒店。游客和金工券员工往往也被安置在这里。库莱布拉酒店是一座有柱廊的三层建筑，戈加斯认为，柱廊应该安装防蚊丝网，他没有太多考虑这个酒店的审美。[70] 这家酒店所在地点属于施工区。

蒂沃利酒店的情况完全不同。它坐落在安孔山（Ancón Hill）的斜坡上，紧邻巴拿马城的边缘，距离行政大楼不远。蒂沃利酒店是巴拿马最重要、最豪华的酒店，是重要游客的首选酒店。人们不清楚防蚊丝网是否适合蒂沃利酒店。在卡特医生看来，防蚊丝网影响美观。和其他酒店相比，蒂沃利"是一家非常豪华的酒店，任何影响其外观的事情，比如，给柱廊安装防蚊丝网"都要避免。他同意给门窗安装丝网，但不同意给柱廊安装。戈加斯不同意他的看法。戈加斯认为，安装防蚊丝网很重要，因为如果有"重要客人"染上疟疾，"就会严重影响我们在卫生安全方面的声誉，影响地峡招工"[71]。卡特用社会阶层、人种方面的理由给自己反对为蒂沃利酒店安装防蚊丝网的立场做依据。酒店距离滋生蚊子的地方很远，它位于"一座很高的山的山顶上"，远离"没有安装防蚊丝网的有色人种劳工的住处"。另外，酒店的客人"属于那种知道如何采取预防措施用心保护自己的阶层"[72]。卡特的观点反映了过去一个世纪里形成的两种卫生观念：距离被感染的土人足够远，白人就可以不被感染；好的习惯会让人们远离疾病。同时我们也能看出，巴拿马运河区卫生部门的二把手也许认为蒂沃利酒店的象征意义和美观比控制蚊子更为重要。他的看法表明，即使在卫生部门最高领导那里也会陷入矛盾：一方面是千方百计不留死角的控蚊目标，另一方面是根据当地社会阶层和人种情况调整卫生法规的目标和愿望。

根据社会阶层和人种情况区别安装防蚊丝网，这在卫生部官员们从 1907 年起讨论哪些 ICC 建筑物应该安装防蚊丝网的内部通信中体现得很明显。有人提出用"具体房子具体分析"的办法，就像蒂沃利酒店的情况一样。另一封内部信件建议权衡"不安装丝网的风险"与"安装后进行后续维护的成本"之间的关系。需要考虑的因素很多：房子是不是处在瘴气较重的地方，房子是只在白天有人还是晚上睡觉用，"用房子的群体"是否会从防蚊丝网中受益，他们是不是"需要受到特别保护、必须远离疟疾的重要员工"，同样重要的还有：房子里有多少人住。[73] 这些建议明显体现这些官员在卫生方面的社会阶层标准：权衡丝网安装成本与"员工"价值之间的关系。有人提议对每座 ICC 建筑物进行深入的具体分析。

但这是不可能做到的。巴拿马运河施工是一个规模浩大的工程项目，为工地劳工提供住房也是一个庞大的工业项目，需要借助标准化流程来完成。关于是否需要给白人劳工和黑人劳工安装不同的门这一小争论体现出了这一点。代理首席卫生官要求承包商给白人劳工和黑人劳工安装不同的门。他的理由是，黑人劳工睡觉时往往关着板条门；而白人睡觉时往往敞着门，为的是让空气流通。因此，白人劳工需要带有防蚊丝网的门。承包商的回应表现出对这一要求的极度不满：

> 事实上，"白人劳工"的住处没有什么独特之处。这些房子都叫"劳工房"，所有房子都是一模一样的。事实上，有的房子给欧洲劳工用，有的房子给有色人种劳工用。具体怎么分配，劳工住房局（Bureau of Labor & Quarters）说了算。我事先并不知道这些房子什么时候盖，做什么用。事实上，条件所限，目前两个阶层的劳工都住在那些房子里。[74]

从承包商的这一回应中，我们可以看出，这是一种总体要求比较笼统的标准化施工流程。深入分析蒂沃利酒店的具体安装需求是一回事，弄清楚每座 ICC 建筑物的具体情况完全是另一回事。

戈加斯与负责监督员工住房施工的后勤部门之间最大的分歧是关于给学校和已婚银工券员工的住房安装防蚊丝网的事情。起初，戈加斯想给所有房子统一安装防蚊丝网的想法似乎已成定局。1907年的卫生法规要求"所有白人员工住处、黑人员工住房、单身寝室、已婚员工住房、教堂、门房及其他房子"都安装防蚊丝网。[75]这些法规与戈加斯统一安装防蚊丝网的想法相符合。他设想的理想情况是，不仅给所有的 ICC 建筑物安装丝网，还要给运河区内距离 ICC 建筑物 500 码内的所有私人房屋安装丝网。不过，他也承认，"鉴于事情到了这一步，涉及的房子太多，做到这一点会非常困难"。关于是否给已婚银工券员工的住房安装丝网的争论，与给城镇的"土人"（或当地居民）区安装丝网密切相关（如果也给后者安装，丝网数量就不够）。

给已婚白人员工的住处安装防蚊丝网一事从来没有人提出异议，给已婚黑人员工的住处安装丝网却和给运河区"土著村庄"里的"居民房屋"安装丝网一事联系在一起。卫生部和后勤部争吵不休，但都强调 ICC 建筑物和非 ICC 建筑物的区分，而这种区分进一步强化了这一认知：被称为"荒凉地带""土著村庄"的当地城镇和房屋非常原始落后。例如，在解释为什么要强制性地"给所有餐饮店和宿舍安装丝网"时，代理首席卫生官 R. E. 诺布尔（R. E. Noble）说，希望此举能让运河区的大量私人出租屋和餐饮店倒闭，"让当时吃住在'荒凉地带'的大量员工回到 ICC 提供的住处"[76]。虽然他的目的是让大多数来自西印度群岛的劳工吃住在安装了防蚊丝网的 ICC 房屋里，但是他将当地民房集中的地方说成是"荒凉地带"，强化了城市的分隔，将城市分割成了 ICC 区和当地人区。反对给已婚银工券员工宿舍安装丝网的那位后勤主管也强化了"土人空间"和 ICC 空间的分隔。他说，既然 ICC 雇佣的绝大多数西印度群岛员工不住在员工住房里——29,095 人中有 23,411 人——那么给住在 ICC 房屋里的极少数非白人员工的宿舍安装防蚊丝网没有什么意义。[77] 他还嘲笑卫生巡视官对细节的关注："他们似乎很在意那些老房子里的小瑕疵"，非常注意"细枝末节"。另外，让他很恼火的是，八分之三英寸的缝隙在卫生巡视官眼里"是一件非要写报告的严重事情"，而有将近五分之四的西印度劳工还住在"根本没有防蚊丝网，甚至往往没有门窗"的私人出租房里。[78]那位后勤主管认为给银工券员工的宿舍安装防蚊丝网"明显是浪费钱"，原因有两个：第一，鉴于他们的生活习惯，他们根本不需要这种保护。要知道，"那些本地人往往在门廊里做饭。满打满算只有一半的宿舍安装了防蚊丝网……而在这些宿舍，员工们还用箱子或椅子把门支开"。第二，如果"不保护住在已婚银工券员工宿舍附近土著村庄里的银工券家庭"，也就没有必要去保护其他少数家庭。[79]

　　卫生部则表示强烈反对。戈加斯想要给所有 ICC 宿舍安装防蚊丝网，不认可上述反对给非白人宿舍安装丝网的理由。他认为如果按照上述理由，金工券员工的宿舍也不应该安装丝网，因为"蒂沃利酒店、中央酒店（Hotel Central）和巴拿马的私人房屋都没有安装防蚊丝网"[80]。最后，卫生部做了让步。ICC 会议上形成的决议决定，"中止已婚银工券员工宿舍的丝网安装工作"[81]。在会上，有人问，在"给指定的部分 ICC 员工住房安装完备的防蚊丝网和根本不给棚屋和房子（数量众多的西印度群岛籍家庭住在这些棚屋和房子里）安装防蚊丝网"之间，有没有中间道路可走？[82] 答案是：西印度群岛人和金工券员工不一样，ICC 提供的住房不是他们的权利，而是一种特殊待遇。住在 ICC 员工住房里的只有"大约四千人，与运河工作相关、住在私人房子里的成年人和孩子可能有四万人"[83]。另外，西印度群岛人住的那些破败的旧房子，以及他们的"生活方式"——把锅放在门廊里烧炭做饭，让门敞着——使得安装防蚊丝网没有意义。因此，如果给西印度群岛籍的已婚员工安装防蚊丝网的话，"需要花很可观的一笔钱，而且起不到什么实际效果"[84]。两年后，也就是 1911 年，关于是否给银工券员工的子弟学校安装防蚊丝网，也进行了一场类似的辩论。这一次，反对者认为已婚银工券员工的住房没有安装防蚊丝网，所以也没有必要给他们的子弟学校安装。戈加斯气愤地说，给在校期间的孩子们提供保护比不给他们提供任何保护好得多。[85] 这一次，他也在争论中败下阵来。会议决定，"中止给已婚银工券员工的住房和有色人种的子弟学校安装防蚊丝网"[86]。

戈加斯与后勤主管之间的互相不满，体现出打造模范卫生空间的目标和现实的工程预算问题之间的矛盾。解决方案是打造两种空间：针对白人员工提供符合卫生理念的 ICC 空间；针对非白人员工提供让人联想到"荒凉地带"的空间（不管这些空间是否属于 ICC），即落后的"土人空间"。这是将这些城市空间排除出运河区的第一步。当地城镇成了"荒凉地带"的一部分。ICC 无法将这里变成很多 ICC 官员想要带给热带地区良好卫生的城市空间。然而，从他们的内部通信中可以看出，这在很大程度上是一个资源问题。打造理想的城市环境需要大量资金，要覆盖整个运河区人口，ICC 根本没有这个预算。给白人员工住的 ICC 房屋安装防蚊丝网，不给非白人住的 ICC 房屋安装丝网，这不是理想的解决办法，而是预算紧张的结果，是根据迫切的施工需要做出的权衡。ICC 的医疗卫生部门一直不同意这种做法。

关于安装防蚊丝网的争论与那些年发生的有关割草的争论同时进行。一方面，戈加斯和卫生部认为割草有助于控制蚊子。因为长得很高的草可以给携带疟疾病毒的蚊子提供良好的栖息地，因此卫生部派人去一些重要的地方（靠近蚊子滋生地的住房或工作场所）去割草。因为他们关心的不是美观，而是卫生，因此他们不关心草割得是否足够短、是否符合 ICC 有关美观的要求。他们关心的只是草的高度不要超过 1 英尺左右。另一方面是后勤部，他们最关心的是修剪得整整齐齐的漂亮草地可以给白人员工创造一个舒适、整洁的空间。后勤部不关心那些草是不是靠近蚊子的滋生地。对他们来说，重要的是那些绿草要靠近金工券白人员工生活和工作的地方。[87]

只给白人员工住的房子安装防蚊丝网加速了城市隔离（urban divisions）的出现。这种隔离不是运河区城市政治和卫生目标的一部分。非 ICC 房屋属于所谓"荒凉地带"。有人总是将非白人员工住的 ICC 房子与"荒凉地带"联系在一起。不过，实际上，ICC 官员口中带有贬义的"荒凉地带"包括运河区非 ICC 区域的很多私人房产和出租屋。ICC 估计，四分之三或更多的西印度群岛籍员工住在运河区的本地人生活区。用"荒凉地带"指代"土人区域"或运河区私人盖的房子，意味着本地人生活的城区是无法管控的荒原，这种表述起到了隔离 ICC 空间和非 ICC 空间的作用。将非 ICC 区域说成是无法管控的"荒凉地带"是他们在意识形态上迈出的第一步，目的是将土著城镇说成是与运河区格格不入的区域，可以抹掉它，迁走其人口。

在修建巴拿马运河的美国工程师不断找到克服众多技术难题的解决方案的那些年，ICC 负责人在实现打造管理完善的运河城市、向世界彰显美国现代性这一最初目标的过程中，面临着一个个难以逾越的障碍。最大的挑战是面对 41 个城镇及其 60,000 人口的工业环境。通过颁布一个又一个法令，ICC 官员千方百计解决这一城市现实问题。第一个重大改革就是出台法规，重新划分现有的城镇。然而，当美国人任命的那些市长认死理、竭力保护本市居民的利益免受新法规影响的时候，ICC 取消了市长职位。虽然这种巨大的改革致使该地区悠久的城镇自治的历史被抹掉，但是控制和管理那些城镇仍旧非常困难。运河区远远不是一个空白区域，它有自己复杂的经济和政治历史。

　　ICC 完全消除本地城镇的决定既不简单也不轻松。首先，这需要针对那些城镇的某种认知方式，以便将运河区与其历史、人民分割开来。借助有关热带地区的一些理论和观点，ICC 官员将运河城镇区分为土著城区和非土著城区。ICC 所在的运河城区成为装有防蚊丝网、修剪了草地的空间，而土著城区则成为 ICC 无法完全控制的"荒凉地带"。但在运河区建立这样一个本地人集中的杂乱无章的城区，并不是 ICC 的目标，这样的区域更像是纽约城的贫民窟，而不是 20 世纪初精心规划的美国郊区。最终，ICC 将为一些永久员工建设若干个模范城镇，让防蚊丝网和修剪整齐的草地成为运河区所有房子的标准配置。不过，那是将运河区人口迁出去之后的事情了。

第四章

没有巴拿马人的运河区

　　了解巴拿马运河这一恢宏项目的人，都知道负责修建运河的政府官员之间关于卫生和工程的那些重要争论。[1]然而，在运河施工的那些年里，运河区官员们在讨论巴拿马城和运河区人口的未来时，另一场同样重要的辩论也在进行。美国人应该管理和"开化"落后的土著城镇？还是应该拆掉它们，将居民迁移到巴拿马、科隆两个区的城市？这场辩论催生了1912年12月的人口迁移令，进而导致了运河区景观的巨大变化，其重要性可以和运河的开凿相比，甚至超过了后者。

　　催生这一巨大变化的决策既非一时头脑发热的产物，也出乎人们的意料。它不是运河施工的自然结果，而是运河区美国官员深入辩论的产物。我们可以看到，在运河施工的大多数时间里，那些和附近巴拿马区、科隆区的城市没什么分别的巴拿马"土著城镇"星罗棋布地分散在运河区一带。美国官员并没有要拆除那些"土著城镇"，而是设法进行管理、"开化"、征税。然而到了后来，运河区当局逐渐形成这样一个看法：土著城镇和运河区是格格不入的。这场辩论经历了两个关键时刻：1911年1月关于土著城镇拉博卡未来的讨论；1911年12月一个美国国会代表团对巴拿马的考察。在上述讨论和考察过程中，美国人就当地人是否可以住在运河区内进行了深入的分析。

巴尔博亚的未来

1910 年 8 月，ICC 的城镇规划委员会（Town Site Committee）召开会议，共同讨论巴拿马运河太平洋港口的巴尔博亚地区的未来。拉博卡被称为"巴尔博亚的土著城镇"或"老巴尔博亚城"。委员们很难决定怎样安排拉博卡的居民，因为这个城镇必须推掉，给靠近太平洋的运河港口设施腾出空间。[2] 1911 年，拉博卡是一个重要的运河城镇。它可能始于格兰德河河口的一个渔村。随着法国人的运河施工工作和附近新港口的出现，这个城镇越来越重要。安孔市长就曾在那里居住。[3] 虽然拉博卡没有恩派尔、加通那么大，但它也是典型的拥有餐馆、商店、公租房的运河城镇。1911 年，拉博卡一共有 66 处建筑，包括大约 410 个供出租的房间。其中有 11 处建筑是商店、饭馆和其他商业场所。[4]

拉博卡位于巴拿马城和运河的太平洋入海口之间。这个城市以及整个巴尔博亚地区凭借这一地理位置而成为运河的中心地带。巴尔博亚最终也成了美国人征服热带城市的一个最佳案例。然而，1910 年 8 月，人们还不知道这个城镇未来会被规划成什么样。城镇规划委员会认为，巴尔博亚地区应该建一个"白人居住区"和一个"土著村庄"。[5] 当时，运河区不允许巴拿马人居住或运河区内不设巴拿马城镇等看法还没有在美国运河区官员之间达成共识。相反，ICC 主席乔治·W. 戈瑟尔斯认为巴拿马人是"运河区的永久居民"。他认为，"将运河区居民从他们现在居住的、位于巴尔博亚为停船港湾保留的土地上迁走，就一定要给他们找一个生活便利的地方"[6]。因此，1911 年 1 月，在这位运河区最高领导人看来，"土人"仍然是运河区的"居民"和"住户"。这并不奇怪，因为拉博卡——或者说拉博卡的土著城区——和其他运河城镇并不只有一些随时可以搬迁的劳工帐篷，它们是有悠久历史的老城镇，虽然不久前被剥夺了自治权。现在看起来有些让人意外的是，当时很多外来劳工一度认为运河竣工之后，本地人会被允许继续留在运河区，这种反差最能证明美国人成功地割断了运河区与巴拿马城市历史的联系。

关于拉博卡的搬迁，最重要的先例是旧加通城的搬迁，它位于加通河与查格雷斯河交汇处，是一个已有数百年历史的水上交通枢纽，河畔甚至还有一个当年西班牙人修筑、现已废弃的用以护卫这条交通线的城堡。1908 年，ICC 不得不重新迁走"土人城镇"加通的居民，因为那里规划了一个大坝。据运河区官员说，数百年来查格雷斯河保障着加通居民的出行和生计，现在他们不得不离开这里，自然对此怨声载道。不过，1908 年，ICC 并没有强行驱赶人们离开，而是将他们迁到了两英里外的一个叫"新加通"的城镇。后来，新加通成为运河区最大的城镇。ICC 将教堂和学校迁到新加通，用小汽车帮助加通居民搬运货物和盖房材料。当时的计划是要将新加通建设成为一个永久的，有供水系统、排污系统，交通便利的现代化城镇，新修的巴拿马铁路将从那里经过。另外，ICC 还规划了一条连接加通与科隆城的公路。[7]

但是，1908—1911 年之间，政治气候发生了变化。将土著城镇建设成热带地区的美国现代城市样板的想法越来越难以实现。随着关于巴尔博亚"土人"城镇未来状况的讨论深入进行，很明显，并不是所有运河区官员都认为土著城镇属于运河区。最后，城镇规划委员会将讨论重点放在"是否给本地人在巴尔博亚附近找一个重新安家的地方"[8]。为了弄清楚这个问题，1911 年 1 月，城镇规划委员会主席汤姆·M. 库克（Tom M. Cooke）给多位 ICC 成员写信，征询他们关于巴尔博亚"土人"城镇未来规划的意见。[9] 从他们的信件交流中，我们可以看到对运河区美国政府工作和职责的不同伦理价值观，同时也可以看出，对于运河区居民应该继续住在原地，还是应该搬到附近巴拿马区、科隆区的城市，人们在这个问题上的意见并不统一。参与这场争论的有几位 ICC 的权威人物：委员会主席乔治·W. 戈瑟尔斯、首席卫生官威廉·C. 戈加斯、负责运河中部区段修建工作的工程师戴维·D. 盖拉德（David D. Gaillard）。

数人给库克回信，同意他的看法，也认为应该将巴尔博亚土著城镇居民外迁到运河区内离先前城镇不太远的另一个地方。[10] 有人在信中认可美国联邦政府在太平洋海滨给本地人建一个城镇，只要不是运河施工需要占用或可能占用的地片就可以。[11] 相较于未来土著城镇的位置，另一封回信更关心它的规划一定要考虑到这一区域可能会因其位置而"发展成为一个重要的、美丽的地方"。这位回信人建议街道和人行道要够宽，能给公园、商业街留下足够空间，用花卉和绿树美化海岸线。[12] 他还认为谁住在这个城镇里并不重要，重要的是，新城镇一定要符合与其未来战略地位相一致的美学和城市规划的要求。

戈加斯也不反对运河区有土著城镇。他认为，这在经济效益上也是站得住脚的："在美国土地上……有一个土著城镇……对我们是有好处的，如果巴尔博亚聚集了大量的人口，政府就可以从中获得收益。"[13] 戈加斯的观点体现了一个现已被忽视的美国运河区的经济视角。1911 年，人们还可能想象巴尔博亚会聚集"大量人口"，想象运河区继续存在有酒吧、餐馆、商店、私人住房的真正城市，想象美国政府能从充满活力的运河区城市经济中获得经济利益。需要指出的是，在施工期间，运河区设有税务部门，专门向为成千上万运河劳工服务的众多生意兴隆的个体商户征税。ICC 希望税收能够在美国人教化当地人这一使命中扮演重要作用。他们打算"逐渐按照政府自给自足的要求来教育他们〔土人〕"[14]。

还有人在回信中强烈反对在巴尔博亚附近建新的土著城镇。戴维·D. 盖拉德是其中态度最为坚决、职位最高的人。盖拉德是负责运河中段工程的工程师，著名的、极富挑战性的库莱布拉人工渠就在他负责的那一段。他曾在美军工程兵部队（US Army Corps of Engineers）效力，拥有丰富的工程经验，而在此之前还参加了美西战争。盖拉德认为，"在港口附近的任何地方安排土著城镇都是很不可取的，因为这种城镇肯定会成为卖酒、酗酒、秩序混乱的地方"。在他看来，运河的出入口是特殊空间，只能用于商业用途，如果不用于商业用途，就应该成为"美国的一片保留地，让贫民窟远离运河出入口附近"[15]。盖拉德就运河太平洋港口周边地区的发展发表了一番看法，而这后来也成了主流观点：这一地区必须向世界显示出美国在城市建设方面的现代性。两年后，知名纽约建筑师、哥伦比亚大学教授奥斯汀·W. 洛德（Austin W. Lord）受雇规划设计巴尔博亚高地（Balboa Heights）的美国城镇和可以眺望远处安孔山的政府办公楼。鉴于运河重要的象征意义，美国国会艺术委员会（Commission of Fine Arts）甚至专程前往考察，要求运河的修建务必遵守相关的审美标准。[16] 这个地方要严格管理，绝对不能有贫民窟。

　　盖拉德还考虑了巴尔博亚成为一个重要军事驻地的可能性。如果建军事驻地的话，他认为"对于军事驻地，最讨厌的莫过于附近有肮脏的土著村庄或者贫民窟"[17]。那个港口附近的城镇地片只适合"上等阶层的住房，比如建盖成本不少于 3000 或 4000 美元的房子"。他反对在军事驻地附近建盖住宅区的唯一理由是，那些"住宅区"往往会成为"酒吧和其他商业机构的天地"。他郑重地警告城镇规划委员会，如果将当前的土著城镇巴尔博亚的居民迁到那个地片上，建立一个"上等小城镇的希望就会马上破灭"[18]。需要指出的是，即使是盖拉德，也没有完全排除那里兴建一个土著城镇的可能性，虽然城镇居民只局限于"上等阶层"。我们可以看到，1911 年 1 月，人们还没有形成"理想的运河区不应有任何土著城镇"这一看法。

　　关于 ICC 对那些不得不搬迁的"土人"应尽的责任，盖拉德也有一套激进的想法。他认为，"目前那个土著城镇尚未搬走的人"可以去巴拿马城找房住。他"完全不同意"ICC 有义务给因港口施工而搬迁的那些人物色一个城镇。ICC 只负责给为数不多的"建造质量低劣，年久失修"的房子的房主提供补偿。"为被征用的房子提供了全额补偿之后，政府就没有义务确保他们是否能在某个指定的城镇落脚。"[19] 如果 ICC 认为有必要为运河入海口附近干活的劳工建设一个城镇，可以将新城镇建在巴拿马城的郊区。在那里，新城镇可以随着"巴拿马城的自然增长"而与巴拿马城融合在一起。很多劳工和主管仍然认为工作地和住处应该离得近一点。盖拉德反对这种看法，因为"在绝大多数的城市或住地，工人们去上班都得乘车走上 1—3 英里"。巴尔博亚新港口越来越重要，肯定会促进巴拿马城与港口之间公共交通的发展。[20]

　　另一位运河工程师 S.B. 威廉姆森（S.B. Williamson）同意盖拉德的看法。他认为"没有必要因为修建码头而安置那些被拆掉房子的'土著城镇巴尔博亚'居民"。和盖拉德一样，他认为"土著城镇巴尔博亚"的居民可以到巴拿马城去住，他们"可以像 ICC 和巴拿马铁路公司的绝大多数员工一样乘坐劳工火车出行"。如果ICC 坚持要安置那些因为修建码头而搬迁的居民，给他们找一个比原定计划稍远一些的小城镇就可以。因为"目前盖的房子质量不太好，房子的所有者或居住者都是一些不受欢迎的人，ICC 希望他们在运河竣工之前离开那里"。威廉姆森认为，在紧邻运河的地方给他们盖一个城镇不是个好办法。[21]

　　盖拉德将那些不得不搬迁的人说成是"当下土著城镇"的"临时住户"，将运河区居民说成是临时居民。这与戈瑟尔斯的观点相左。戈瑟尔斯仍然认为他们是"运河区的永久居民"，认为 ICC 有责任把他们安置在距离先前住处不远的适当地区。两人分歧的核心是他们对于运河区特点、美国对其治下的巴拿马人及地区的责任看法不同。最后，盖拉德和威廉姆森的观点占了上风，也许他们对运河区的象征作用更为敏感。用威廉姆森的话说，如果这片地不被用作军事用途，那么"就可以规划用作现代城镇，根据现代建筑法规的要求在那里建盖房屋"[22]。棚屋、贫民窟、"不受欢迎的人"不属于运河区。

　　城镇规划委员会承认运河区官员之间存在分歧，但还是采用了盖拉德的观点。该委员会决定取消与"土著城镇巴尔博亚"居民的租约，"且运河区当局无需考虑土地承租人的搬迁问题。委员会的看法是，这些人可以在巴拿马城寻找住处"[23]。先前规划的位于巴尔博亚废料场的位置很重要，不能用来建"土著城镇"。听取了盖拉德的建议之后，城镇规划委员会不承认自己有安置"土著城镇巴尔博亚"居民的义务。不过，一些运河区高级领导对那些因为运河工程不得不搬迁的人们还是有一种责任感。ICC 的代理主席在接受城镇规划委员会的决定之前，坚持要求做一番考察，"弄清楚这样的程序……是否会给土著城镇巴尔博亚的居民带来任何麻烦，并提交一份相关报告"[24]。

2 月底，城镇规划委员会再次考虑将"土著城镇巴尔博亚"搬迁到一个比原定的巴尔博亚垃圾场影响更小，但仍属于运河区的另一个位置。那片土地有 8 英亩，"北面是巴拿马铁路，东面是导流渠，南面是一条大致与巴拿马 – 巴尔博亚公路平行的铁路。"那片土地将规划为 51 个地块。[25] 盖拉德再次提出反对。他不同意将巴尔博亚的居民迁到运河区内的某个地方。这一次，他给出了技术和财务方面的原因。搬迁工作消耗资金太多，需要分散很多精力，影响他们做更重要的事情。[26] 戈瑟尔斯没有批准新提出的这个方案，但也不想放弃对巴尔博亚居民的责任。他命人去做一番调查，"了解如果新城镇的位置不选在巴尔博亚附近，会不会给将来被迫离开土著城镇的巴尔博亚居民带来困难"[27]。

作为回应，运河区民政部（Department of Civil Administration）出具了一份详细的报告，列出了当前"土人"城镇的特点。不过，这份报告并不认为搬迁工作会给那些居民带来麻烦。相反，该报告的结论是："无法确定搬迁工作会给当前的巴尔博亚居民带来怎样的困难。不过，那些运河员工可以搬到巴拿马郊区去住，并且乘坐劳工火车的话，去巴尔博亚上班很方便。"[28] 政府的官方建议是："鉴于这些房子所占的土地不久将用于运河施工，我建议终止当前土著城镇巴尔博亚的土地租约……通知那些房屋所有者立刻拆除房屋。"[29] 戈瑟尔斯同意这一建议，要求"相关地区所有租约必须在1911 年 4 月 1 日之前解除……原土地承租人必须根据运河施工进度的要求尽早拆掉房屋"[30]。"土著城镇巴尔博亚"的房子必须拆除，必须在 1911 年 6 月 1 日之后将地皮腾出来，为港口施工做准备。[31]

　　该怎样解释需要出具一份有关搬迁对土著城镇居民带来的困难的报告，以及后来这份报告做出的"无法确定带来怎样的困难"这样一个令人意外的结论呢？我们可以将它看作是一种虚伪的官样文章，不想去解决运河施工给当地人带来的巨大社会问题（但如果美国人真的只想是撂挑子的话，那么可能就根本没必要出这份报告了）。可能有些更深层次的东西正处于成败关头，这份调查报告中的自相矛盾之处表明，后来所谓的"开发计划"不可能成功。[32] 巴拿马运河已经成为美国现代性的象征。人们期望运河区城镇能将现代科学和技术带到热带地区。这一叙事蕴含着巨大的内部矛盾。巴拿马运河工程吸引来的数万工人——最保守的估计大约有 40,000人——必须在巴拿马城、科隆城和很多运河区城镇找到住的地方。为这么多工人提供住房是一件耗资巨大、颇为棘手的事情，尤其是要遵循"进步时代"的工人阶层住房政策的话。运河区当局没有足够的资源为整个运河区的居民提供样板住房，因此面向运河区工人的私人出租房开始在运河区各地大量涌现。

　　然而，美国人对将工业化带到热带地区的话题讳莫如深。虽然当时美国"进步时代"的那些改革者不惮承认"钢铁世界"的弊端，以及工业化带给欧洲和美洲城市的社会问题，但是他们似乎不愿意承认巴拿马的这些矛盾。巴拿马的贫困不可能是巴拿马运河这种大型工业项目造成的。如果承认巴拿马的贫困和当年美国和欧洲城市的贫困一样来自工业化带来的破坏，那就会有悖于他们所宣传的一切——拉美各地取得了巨大进步，美国是一种必要的救赎之力，给拉美带来了技术和现代化的好处。所以，巴拿马的贫困必须用当地历史上的落后和传统来解释。[33] 不过，只要该地区的城镇里到处是出租屋和贫民窟，运河区就无法成为现代性的样板。解决方案是将大多数运河施工工人外迁到运河区边界之外的巴拿马区、科隆区的城镇，打造一些模范的、实施隔离政策的城镇，只让少数永久员工住在那里。只有外迁运河区人口，才能让美国政府打造一个严格遵循当代城市理念的市郊景观。

1912 年 12 月 5 日，ICC 决定将巴尔博亚的本地居民迁出运河区的一年后，美国总统塔夫脱颁布行政命令，要求外迁运河区人口。其宣称的理由是"运河区范围内所有陆上和水下的地域都要服从于巴拿马运河的施工、维护、经营、保护和卫生管理"，这也是《美巴条约》中规定的唯一可以迁移巴拿马人口的理由。在 1911 年的辩论中，根本没有以"需要运河区土地进行运河施工或经营"为由而反对将拉博卡居民迁移到运河区内的某个地方（就像之前 ICC 对加通居民所采取的策略一样）。要弄清楚 1912 年人口迁移令背后的原因，我们有必要从以下两个方面入手：一、1911 年 12 月运河区进行的美国国会听证会，在那次听证会上，好几个运河区高级主管提供了证词；二、戈瑟尔斯于 1915 年出版的《运河区政府》

（*The Government of the Canal Zone*）一书，在这本书中，戈瑟尔斯以很大篇幅详细地讲述了他的观点。[34]

1911 年底，正值运河修建的关键时刻，美国国会的一个委员会前来巴拿马考察。不久之后，运河区的大片土地将因为修建加通湖而被大水淹没。另外，虽然运河施工仍在紧张进行，但很明显的是，接下来的几年里，数万人的运河劳工队伍将大幅缩减，仅留很少一部分人来负责运河的运营。美国政府面临着一个重大决策：该将因为修建加通湖而迁出的人安置到哪里？是像加通居民那样迁到运河区内的一个新城镇或新地片，还是像拉博卡的居民那样迁到运河区之外？为此，考察巴拿马的国会委员会例行向运河高管提出了关于运河区未来发展的两个重要问题：第一，运河区是否应该有人居住？第二，是应该鼓励发展农业，还是让丛林重新覆盖这一区域？如果继续允许人们在运河区居住，运河区仍将会是一个人口稠密、有城镇和农田的地方，就像之前的数百年一样。但是，如果美国政府决定将运河区的人口迁出去，ICC 就必须实施一个耗资不菲、规模浩大的社会工程项目，需要将在运河区生活了多年的本地居民以及曾参加运河修建的工人从运河区赶走，用一个新的城市地貌和农业地貌来取而代之。

针对国会委员会提出的两个问题，人们的回答各不相同。但是，据一位委员说，"我认为，所有证人的一致看法是，运河区没有任何可以吸引高素质群体的高价值地片；美国人不会来这里，因为在这里没有收入来源，养活不了自己；这里的情况会不断恶化；不应该鼓励人们来这里；只有那些低素质的黑人才会来这里，他们会是公共福祉的威胁，让这个地方越来越糟糕，这就需要政府投入大笔资金，建立治安体系，这不利于运河运营的最佳利益。"[35]

上述总结清楚地告诉我们，关键问题不是运河区是否可以有人居住或他们是否愿意耕种土地，而是让那些黑人继续留在那里是否合适。大多数回答都带有当代种族主义的味道，认为如果居民是黑人的话，运河区就不宜住人。反对运河区住人的观点有时候很激烈。例如，工程师威廉姆森说："我的态度是，运河区的人口应该迁出去，只留下运营运河的人。其他人都应该集中在运河两端的城镇里。在那里，政府可以用很小的成本对他们进行严格管理，集中消毒（fumigated）。"[36] 在威廉姆森看来，当地人比蚊子好不了多少，必须对他们严加管束和消毒。一位美国国会议员认可这种观点，他说："这些人的价值比蚊子和秃鹰高不了多少，应该将他们彻底消灭。"[37]

不过，其他人并没有这么强烈的种族歧视倾向。对于政府需要投入大量资金去"管束"西印度群岛裔黑人农民这一观点，赛伯特上校（Colonel Sibert）并不认可。他认为，"管理 2,500 个美国人比管理牙买加人更为困难。美国人比任何地方的人都更需要规矩。"他也不同意运河区不适合发展农业这种说法，认为当地的橘子和香蕉都香甜可口；还认为运河区清除草木后种上庄稼，要比覆盖着丛林更有利于保护运河。[38]

首席卫生官戈加斯也赞同运河区可以有人居住。他心目中理想的情况是让运河区由"素质最高的群体"来定居和开垦，因为在他看来，这有助于运河区排水系统的建设，对该地区的卫生状况产生积极影响。然而，当有人问到，目前居住在运河区居民的不是"有才智的人"而是"与其不同的人"，他怎么看待这个问题时，他的回答是："哦，这对它〔卫生〕的影响没有那么好，但我觉得还是比任由这片土地让丛林和荒地占据要好。"对于热带地区和那里的居民，戈加斯没有他的同僚们那么悲观。他不相信"热带地区比温带地区更不卫生"。另外，他虽然承认运河区不适合种植温带作物，但对此并不在意。运河区的土地"适合种植这一带的本地作物。我看到到处有人住着小棚屋，种着半英亩或一英亩薯蓣、香蕉、木薯等自用的作物"。当有人一再追问他是否认为开垦运河区土地对那里的卫生非常重要时，他表示并非如此。他承认："我对运河区很感兴趣，因此想看到它成为一片农耕之地。我的这种愿望也许更多是出于浪漫的想法，而并非是有助于卫生。不过我相信，如果垦殖这里的土地，也会对提升卫生状况有好处。"[39]

最后，支持外迁运河区人口的观点占了上风。跟1911年听证会上的回答所显现出来的一样，无论支不支持运河区住人，他们的理由都和修建加通湖或其他运河施工的工程要求无关。他们的理由完全是出于种族方面的考虑。关键的问题是，是否能够吸引白人到运河区居住，如果不能的话，把那里住着的黑人留下来是否合适。对于大多数人来说，第二个问题的答案是否定的。

虽然在1911年，乔治·戈瑟尔斯并不是反对将拉博卡居民留在运河区内的主要人物，但是在1915年，他为外迁运河区人口提出了一套复杂而详细的理由。他强烈质疑那些主张将运河区用作美国农民定居点的人，认为这些想法是幼稚和无知的表现。他的理由大致有三：第一，运河区的气候、土壤、法律地位不利于美国人在那里从事农业生产；第二，他不想看到西印度群岛裔和本地黑人住在运河区；第三，丛林是防卫运河区的最佳形式。[40] 在他看来，运河区的法律特征和地理特征都对美国农民不利，因为运河区特殊的法律地位，美国农民无法获得土地的产权。他们无法购买土地，只能拿到 25 年的租约，而租约随时可能因为修建运河而中止。另外，运河区的地理条件——那里的居民和土地——也不适合搞农业。

当然，地峡走廊有经营农场的悠久传统，种植过各种热带水果和蔬菜。运河区也曾有一些尝试新式牧草的小型牧牛场。不过，戈瑟尔斯认为，"运河区土人的农业活动只局限于种植满足自用的香蕉、薯类作物……除了数量有限的牛以外，这一地区再无其他可供应的农产品"[41]。在他看来，其他很多美国观察人士也认为种植当地人食用的热带作物不算是农业，只有经营用于出口的热带种植园和种植美国人"在国内习惯吃的"温带水果和蔬菜才算是农业。戈瑟尔斯解释说，运河区的地理情况不适合搞大规模出口型的种植园。运河区当局还做了一些有趣的试验，想将某些温带作物引种到运河区，不过，这些试验后来都失败了。用戈瑟尔斯的话说，运河区是一个贫瘠的地方，美国人无法在这里种植温带水果和蔬菜。[42]

如果说当地的地理条件不适合农业的话，那么当地的人就更是如此了。如果说运河区不适合美国农民来经营，那另一个选择便是由当地农民继续在这里耕种。然而，戈瑟尔斯"不愿意看到巴拿马人或西印度群岛的黑人耕种这片土地，因为这些人生产能力低，大手大脚，还很懒惰"。他也不愿意看到他们给美国农民干活儿。有人提议将运河区土地向"乡绅"（gentlemen farmers）开放，允许这些乡绅享受特许权，建立城市，用以保护运河，而戈瑟尔斯反驳说"这种方案会让大批黑鬼进入运河区，增加政府的管理成本"[43]。在戈瑟尔斯看来，黑人定居点没有什么积极作用，只能增加卫生成本，因为政府不得不配备"警察、供水设施、道路、消防设施来保护学校"。

戈瑟尔斯用运河施工时期的情况来证明他的看法。他承认，在那段时期，政府卫生方面的工作主要针对美国人的居住区，"在土人棚屋聚集的地方开展的工作很少，针对生活在'灌木丛'里的土人和其他群体，没有做什么工作"。接下来要干无非就从这两种途径里去选：不是增加政府管理成本，就是继续忽视"土人居住区"众多卫生需求，放弃根据最高卫生标准对运河区进行全面城市化这一美好初衷。

戈瑟尔斯还认为，土著城镇很脏。拆掉恩派尔、库莱布拉的"土人居住区"就可以解决那里的卫生问题。"虽然肮脏可能不是疾病的根源，但对美国人来说，总还是觉得不舒服。"[44] 基于这一原因，戈瑟尔斯反对"土人"和西印度群岛人住在运河区。

最后，他认为丛林是运河最好的军事保护。根据他的说法，丛林可以阻碍大部队行动。即使小股部队穿过丛林抵达码头，运河守卫部队也可以将其击溃，不会造成什么损失。戈瑟尔斯认为，"相较于很多人居住的运河区，丛林可以提供更好的保护"，而且不会产生卫生方面的成本。[45] 他的结论是："所有的论证都指向支持外迁运河区人口，因为这样可以减少政府管理和卫生方面的支出，加强对运河的保护。"[46]

有意思的是，戈瑟尔斯是用他那个时代的种族歧视性话语来掩饰过去的失败。这种话语让他得以略去那段 ICC 竭力在不驱逐当地居民的前提下提升整个运河区卫生状况的历史。不需要承认打造理想城市卫生景观的巨大成本，也不需要质疑一些相关的设想，而是将当地人说成是懒惰、肮脏、管理成本巨大的群体，与其让他们住在运河区，不如让运河区覆盖着丛林。没有居民的运河区才能成为 ICC 官员最初设想的城市范本。

戈瑟尔斯之所以能提出这种论证，是因为这种论证建立在美国和拉美很大一部分公众中盛行的人类进步观之上。这种观点认为，人类的进步无可阻挡，高级文明阶段的人注定要支配和改变生活在低级文明阶段的人，尤其是那些不从事定居农业（sedentary agriculture）的游牧民族。达尔文将这些游牧部落称为代表人类历史初级阶段的"活化石"。在阿根廷沙漠征服 ①、美国征服西部期间，这套意识形态曾被用于证明驱逐美洲原住民的合理性。[47]

运河区是这类历史中一个不寻常的故事。一方面，驱赶美洲土著需要切断他们与自己的故土家园在历史、文化上的关联。另一方面，外迁巴拿马地峡走廊人口需要否认巴拿马人和美国人在很多方面属于同一种政治和科技文化。要让有关"开化""野蛮"的说辞适用于运河区，就必须将具有长期务农历史、不断尝试新兴农业形式的巴拿马人说成是不从事定居农业的丛林游牧部落，将他们拥有悠久政治历史的共和制城市说成是与巴拿马没有任何历史和政治关联的行政区。只有这样，运河区居民才能成为丛林土著，"顺理成章"地听命于高级文明。

---

① "沙漠征服"（西班牙语：*Conquista del desierto*）是 1878 年至 1885 年间由胡里奥·阿根蒂诺·罗卡指挥的军事行动，目的是在主要由原住民居住的巴塔哥尼亚沙漠地区建立统治。征服期间，大量印第安人被杀、被驱逐，而白人定居者则迁入这些被征服的地区开发农业，使阿根廷在 20 世纪初成为一个超级农业大国。"沙漠征服"在阿根廷国内广受争议，批评者认为这是一次有组织的种族灭绝行动。

第五章

大水之后

加通湖的围筑

1912 年初，当公众得知加通湖大坝即将投入使用的消息时，大批美国游客纷纷涌入巴拿马，想赶在河水到来之前一睹库莱布拉人工渠等人造奇观。据《纽约时报》报道："人们不吝惜费用，也不在乎住宿条件多么差，就为了能够在河水进入库区前看到戈瑟尔斯设计的巨大人工渠。"新年一过，这股"热潮"就开始了。随着游客数量"突飞猛进"，运输公司不得不增调更多的蒸汽船投入运营。[1]

对于那些居住在即将被加通湖淹没的城镇和土地上的人们，大坝即将投入使用的消息所产生的影响可能就截然不同了。他们怎样看待这件事？他们的感觉如何？他们怎样谈论传到自己耳中的巨大嘈杂声？听说加通湖是世界上最大的人工湖时，他们有什么感想？加通湖所覆盖的面积和巴巴多斯岛一样大，建造大坝使用了 2200万立方码的材料（1913 年，一位作者说："如果给大坝装上轮子，需要全美国所有马匹的两倍才能将其运走。"），他们听到这些会怎么想？[2] 如果他们得知修建加通湖——并让由此产生的大水淹没他们的田地和城镇——解决了运河项目的技术难题，让查格雷斯河得以驯服，为运河的船闸系统提供水源，他们会怎么想？

和那些迫不及待地涌进运河区去观光的美国游客不同，生活在加通湖附近的人们不得不准备面对生活的其中一项最大挑战：被迫离开他们的房子和土地。他们在磨破嘴皮争取拆迁补偿的同时，还不得不去琢磨如何搬家、该搬到哪里。我们很难甚至无法知道那些要被加通湖逼走的人们怎样看待运河项目。只有极少数的文件——一首歌、一封给巴拿马议会的信、写给戈瑟尔斯的一封匿名信——可以为我们揭示他们中的一部分人在不得不抛弃家园时的感受。利用现存的历史记录，历史学家最多只能重新建构人们当年被迫离开家园的过程。

从戈尔戈纳到新戈尔戈纳

在所有被加通湖淹没的运河城镇中，最大的城镇是戈尔戈纳。1911 年，运河区当局通知，这座城镇所在的区域即将被湖水淹没。戈尔戈纳居民得知这一消息后的反应如何，他们如何谈论这一很快就要面对的巨大变化，我们无从得知。我们也不知道当时的戈尔戈纳街头有什么传言，或者各家私下里都谈论些什么。不过可以想象，他们的谈话是悲伤而热烈的，正在忧虑如何渡过眼前这个集体和个人的难关。

我们所知道的是，1912 年 10 月戈尔戈纳居民联合起来，向巴拿马国民大会（National Assembly）提交了一封公开信，要求政府帮助他们。这封信的落款是"新戈尔戈纳组织委员会"。委员会会长是何塞·I. 维加（Jose I. Vega）。除了他之外，委员会还有 8 个成员。他们请求巴拿马政府提供公共土地，让他们能够安家并重启他们的生活，并主张享有政府给欧洲移民提供的对无主土地的同等权利，希望能够无偿使用公共土地。他们所选择的位置是位于巴拿马太平洋岸边查米（Chame）地区一个小海湾的岸边，距离巴拿马城有 4 个小时的船程。他们还要求政府帮助他们解决从戈尔戈纳搬到新戈尔戈纳过程中可能遇到的困难。³ 这些都需要政府的全力协助。在这次公开信事件以及整个人口迁移的过程中，巴拿马政府一直是运河区被驱逐的巴拿马民众与美国政府的中间人。巴拿马政府往往想方设法维护本国公民的法律权利，有时候也尽力劝说本国民众接受美国政府的条款和要求。

这封公开信的语气忧郁且悲伤，与将加通湖描绘成人类技术奇观的数百部出版物大相径庭。戈尔戈纳居民承认加通湖的规模和名气，在信中说加通湖是"那些美国人提议建造的大湖"。然而，这个新湖非但没有给他们带来进步，还将他们从世代生活的运河区里赶了出来。他们不但没有获得城市生活的舒适，还失去了一切。用他们的话说，因为这个湖，"我们将像游牧部落一样无家可归，三餐无着"。在他们看来，这是"我们一生中的苦难时期"。⁴

戈尔戈纳居民在信中描述了"想到戈尔戈纳、马塔奇、马米（Mamey）、圣巴勃罗（San Pablo）、甘博阿（Gamboa）、奥比斯波（Obispo）、克鲁塞斯等繁荣的城镇即将被大水淹没而消失的痛苦心情"。完全不同于很多美国人所谓的上述城镇是破烂丛林小镇的说法，这封信把这些城镇描绘成美好前景突然被中断的"繁荣"城镇。⁵ 戈尔戈纳居民说得没错。我们可以看到，自从戈尔戈纳在殖民时代作为一个河流城镇而出现，这一带的价值就与日俱增。到了修建加通湖的时期，运河区最重要的机械修理车间就设在戈尔戈纳，很多人将这个城镇视为投资房地产的好地方，可以把出租屋或住宅出租给成千上万的运河劳工。相当一部分房主来自戈尔戈纳之外的其他地方，这也充分说明了这个城镇在经济上的重要性。在戈尔戈纳的 91 个房主中，42 个房主住在巴拿马城、科隆城和恩派尔。有的房主甚至住在遥远的牙买加和美国。有的人在这里拥有不止一处房产。加布里埃尔·乔利（Gabriel Jolly）有 6 处房产，是其中房产最多的人。其他人有 4 处或 5 处房产。[6]

戈尔戈纳人对未来命运的看法，与外界描述的他们对城镇即将被淹没的反应大不相同。大卫·麦卡洛在关于巴拿马运河的经典历史作品《连接大海的通途》中说，"本地民众无法想象"他们的城镇将被大水淹没。[7]麦卡洛这是在遵循人口外迁时代一个陈旧的叙事套路。例如，ICC 的官方报纸《运河纪事》声称："很难让一些居民相信那里将被大水淹没。"[8]"一个常年住在荒凉地带的老人张口就来，执着地认为上帝已经许诺再也不会有洪水淹没大地。"[9]戈尔戈纳人对自己命运的描述和外界的看法截然不同。戈尔戈纳人将自己看作是巴拿马公民、运河区的居民，他们是被迫离开繁荣的城镇的。相反，报纸将他们说成是"住在荒凉地带的人"，说他们无法理解眼前发生的事情。那些居民自己的口气如此凄凉，而《运河纪事》的言语里却充满了戏谑，拿这件事嘲笑当地人无法理解现代社会。这种"幽默"抹掉了原本的悲剧氛围。这种叙事还将当地人置于一个不同于运河建设者的历史时期，同时也降低了他们获得同情的可能性。在那些报道中，戈尔戈纳居民没有被描绘成深受现代技术悲剧影响的现代公民，相反，他们被说成是原始蒙昧时代的一部分，是"像森林中的其他生命一样默默消失于无形"的人。他们的悲剧类似于那些被大水冲走的树木和到内陆另寻栖息地的动物。[10]更为糟糕的是，在很多人的眼中，当地人是千人憎、万人嫌的。

为了回应戈尔戈纳居民的诉求，巴拿马政府划出100公顷土地，建立了新戈尔戈纳城。在那里，运河区"那些住在即将消失的城镇里"的居民可以找到落脚地，建立新的家园。[11]巴拿马总统贝利萨里奥·波拉斯热衷于推行现代化，在这段时期主导了一项城市改造计划，让巴拿马城旧貌换新颜；他希望新戈尔戈纳按照那个时代最佳的城市标准来建设，进行精心的规划，为街道、公园、广场留出足够的空间。考虑到那些巴拿马公民已经失去了那个他们世代居住的老城镇的居住权，波拉斯要努力给他们建设一个崭新的现代化城镇，一个拥有19世纪初现代化城市所有元素的城市。这座城市不在过去的地峡路线上（巴拿马已经失去了对这一区域的管辖权），而是位于太平洋岸边。巴拿马要将这座城市打造成为巴拿马新版图的中枢。

运河区每个巴拿马家庭的户主都可以在新戈尔戈纳城内无偿获得一份地皮，并在城外获得农业用地，这样他们可以开始新的生活。每个户主可以获得10公顷土地，没有成家的成年巴拿马人每人可以得到5公顷土地。[12]政府设想了一个可容纳3,000人居住的城镇，类似于戈尔戈纳的人口规模，接纳来自戈尔戈纳和运河区其他地方的家庭。[13]

虽然这些法令的出发点是好的，但是它们颁布将近4个月之后，戈尔戈纳居民又向政府提交了一份请愿书。这一次，他们请求将新城镇建在靠近查格雷斯河的一个地方。的确，新戈尔戈纳距离查格雷斯河以及运河区过去的贸易走廊都非常远，距离铁路线、过去的地峡道路也很远。新戈尔戈纳位于巴拿马的耶格洛河（Yegualla River）附近的太平洋岸边，距离查米镇不远，与巴拿马城之间唯一的通路是海路。新戈尔戈纳甚至没有港口，虽然巴拿马政府承诺要建一个。另外，新戈尔戈纳的土地也不如查格雷斯河附近的土地肥沃。因此，一些戈尔戈纳居民想要将新城镇的位置定在距离查格雷斯河很近的维基亚（Vigia）也就不足为奇了。他们的主要理由是新戈尔戈纳不适合农业生产。

对于戈尔戈纳居民的请求，总统波拉斯表示强烈反对。他称赞了新戈尔戈纳的优点：风力适中，有适合各种船只靠岸的小海湾，有适合农业种植和养牛的公共土地，附近还有不错的河流。另外，他还说，新戈尔戈纳距离巴拿马城只有 4 个钟头的船程，居民可以很方便地将农产品卖到首都。更重要的是，运河区主管还没有批准在维基亚建立城镇。虽然这里的地势要高于加通湖的洪水线，但是如果美国要扩大运河项目，在阿拉胡埃拉（Alajuela）建大坝的话，维基亚就会被大水淹没。[14] 总统波拉斯拒绝了这一请愿之后，戈尔戈纳居民开始了艰难的搬迁过程，搬离查格雷斯河，搬离他们生活了很久的位于巴拿马地峡路线中段的家园。

1913 年 6 月，戈尔戈纳的搬迁速度有所加快，因为运河区警方在全镇张贴了一则布告：

> 全体戈尔戈纳市民请注意，请大家务必在 1913 年 8 月 1 日之前搬走或推倒自家房屋。
>
> 巴拿马铁路公司将在方便的时候提供免费运输服务，帮助

大家将木料和房子里的东西运到巴拿马或科隆。

如果房屋在 1913 年 8 月 1 日前没有搬走，地峡运河委员会将代为推倒。[15]

距离最后期限只有一个月多一点的时间，戈尔戈纳居民仍然对他们的权利有很多疑问。搬家需要做些什么工作？谁来支付搬家费用？房屋所有者最迫切的问题是他们是否应该把房舍拆掉？戈尔戈纳的大多数房子使用的是榫槽接合板，拆散后可以在另一个地方重新组装。人们想将房板拆开后，到巴拿马城、科隆城或新戈尔戈纳再重新组装成房子。不过，他们拿不准这么做的法律后果。如果拆掉房子，他们是否仍然有资格获得财产上的补偿？如果不拆房子，会有什么法律后果？是不是不但拿不到补偿，连带走房子材料的机会也没有了？ 1913 年 8 月巴拿马政府与 ICC 之间的一些往来信件就这一紧迫问题进行了商讨。

接下来，我们可以更清楚地看到，在 1913 年 8 月，那些即将搬迁的房主是 ICC 法律部负责人弗兰克·福伊乐和联合土地委员会（根据《美巴条约》成立，负责向因修建运河而失去房产的人们提供补偿）之间争论的焦点。联合土地委员会向一些因为人口外迁令而遭受损失的戈尔戈纳居民进行了补偿。然而，福伊乐就这些补偿向华盛顿特区有关部门提出异议，认为联合土地委员会无权做这件事。人们开始等待华盛顿的最后裁决。在这期间，戈尔戈纳居民该怎么办？ ICC 曾说，如果戈尔戈纳居民在 8 月 1 日之前不拆除房子，他们将派人推倒。

巴拿马和 ICC 两边的相关负责人继续通过信件，甚至面对面来讨论这个问题。巴拿马方面希望得到 ICC 的保证，如果华盛顿同意联合土地委员会的赔偿方案，外迁居民将房屋拆散带走将不影响他们从联合土地委员会那里获得补偿的权利。[16] 一开始，福伊乐并没有明确答应，声称如果外迁的房主把拆下来的材料带走的话，他们就"必须承担该行为的法律后果"[17]。他还搞差别待遇，允许那些直接与 ICC 达成协议的房主们在拆散房屋的同时获得补偿金，而坚持等待联合土地委员会补偿款的房主们则不行。福伊乐采取这种做法可能是为了迫使房主放弃对联合土地委员会的补偿金要求，直接与 ICC 达成协议。[18]

在这种法律不确定的情况下，有人决定等待，另一些人则开始搬家。ICC 已经答应动用火车或船只免费帮助当地居民搬运物品和房屋材料。不过，运输几千人连同他们数百间房子的材料不是一件容易的事情。从负责安排运输工作、提升运输效率的官员的通信中，我们得以一窥在这场快速、强制的迁移中上演的人间戏剧。搬迁的过程非常迅速，是典型的自然灾难和战争危机下才会有的速度。

拆除和迁移像戈尔戈纳这种规模的城镇是一件非常困难的事情，中间会有很多未知的风险。作为第一个被迫迁出运河区的大城镇，戈尔戈纳是未来运河区大城市（比如不会被加通湖淹没的新加通、恩派尔）搬迁的一次预演。和与运河相关的所有工作一样，运河区的人口迁移政策涉及很多当地居民。新闻记者和评论人士喜欢用具体示例来强调巴拿马运河的恢宏规模，然而运河区人口迁移的规模却不是各路专家们愿意大谈特谈的材料。《国家地理》（*National Geographic*）报道说，如果将运河挖出来的废料装在运渣土的火车车斗里，"连接起来的长度可以绕地球两周半"[19]。然而，没有人问，假如运河区所有被驱逐出去的人都被送上火车，能装多少车皮。有关运河的报道详细介绍了运河施工复杂的工程技术，却没有人愿意讲一讲人口迁移过程中在运输和社会方面所遇到的困难。

1913 年 7 月，第一批戈尔戈纳居民开始迁往新戈尔戈纳。他们在戈尔戈纳火车站上车。运人的客车车厢和运送个人物品、家庭物品和建房材料的车厢都等在那里。运输工作不间断地进行。7 月 9 日，60 人登上火车。更多的人于 7 月 23 日离开。7 月 25 日，176 人离开。7 月 29 日，另有 115 人离开。8 月末，每天有 250 人乘火车离开。[20] 其中不仅有戈尔戈纳居民，有的人来自附近农村地区，如胡安格兰德（Juan Grande）、马米、库洛塞科（Culo Seco）、拜拉莫诺斯。[21] 这种每次数百人的人口迁移一直持续到 9 月上旬通往戈尔戈纳的铁路被拆除之前。[22]

这个过程充满了困难和混乱，尤其在最初的几个星期。7 月 9 日乘火车前往巴拿马城的那批居民一直等到 7 月 25 日才有两艘驳船将他们接到新戈尔戈纳。[23] 在巴拿马城等待期间，人们不得不四处寻找暂时栖身的地方。有的人投亲靠友，有的人不得不找旅馆住。雪上加霜的是，各家的财产物品运到巴拿马城后，有一些被杂乱地堆放在一个货仓里，另一部分堆放在美方的码头上。人们需要费很大力气才能找到自己家的东西。负责保障戈尔戈纳巴拿马公民利益的巴拿马人翁贝托·瓦格里（Umberto Vaglio）询问 ICC，后面运来的物品能否集中卸在美方码头，这样人们寻找自己的东西时就可以省一点事。[24] 我们只能想象一下这种混乱情景：不断有上百号人带着他们的家庭物品和建房材料赶来，大家都在到处找自己的东西，察看是否丢了什么。

8 月中旬，搬迁的物流状况有所改善。8 月 15 日上午九点钟，250 名居民以及 7 个车皮的个人物品抵达了巴尔博亚港。等在那里的接驳船准备将他们送到新戈尔戈纳。装卸工作很快就开始了，不间断地干了 6 个小时才全部完成。根本没时间来区分各家的东西，只能是到了目的地之后让居民们自己去挑。虽然这比 7 月时的情况要好上不少，但居民们依然要在码头附近和火车车厢里等上 6 个小时，他们对此非常不满。铁路公司的负责人做出回应，要求以后各家的随行货物必须在主人抵达 12 个钟头前运到码头。[25] 经过 6 个小时的等待之后，戈尔戈纳居民登上了前往新戈尔戈纳的驳船。好在这一次驳船上有防水油布，人们可以免受烈日暴晒。之前有一趟船没有船篷和其他遮阳用具，有的孩子都被太阳晒伤了。[26]

在被迫搬迁的两个月里，数不清的麻烦和担忧困扰着人们。例如，戈尔戈纳的牙买加医生 D.W. 奥格尔维（D. W. Ogilvie）一时间无法给牲口找到买主，想知道 ICC 是否可以出钱帮他把牲口、个人物品、家具运到牙买加。ICC 没有答应。虽然 ICC 可为想回老家的西印度群岛人提供免费运输，但却以奥格尔维医生"资财丰富，能够自行解决这个问题"为由回绝了他。确实，他在戈尔戈纳拥有好几处房产，在胡安格兰德有个种植园，还因改善种植园获得了一些补偿。[27]

戈尔戈纳人也想了一些办法，好让搬迁过程略微省点事。虽然 ICC 为运河区居民和家产的搬迁提供免费运输，但是在为期两个月、波及上千人的搬迁带来的混乱中，一些人选择行贿来为自己的搬迁获得一些便利。例如，意大利木匠弗朗西斯科·德托玛（Francisco de Toma）花了 5 美元来为自己的随行货物弄到火车车皮。维多利亚·V. 安德拉德（Victoria V. de Andrade）夫人送给铁路官员价值 50 美元的"礼物"后，弄到了三节车皮。[28] 8 月中旬，戈尔戈纳只剩下 37 户没有搬迁。在 1912 年人口普查登记在案的 3,444 名居民中，只有 123 人（92 名成年男性，12 名成年女性，19 个孩子）还留在戈尔戈纳镇。[29]

到了 9 月初——过了之前公布的 9 月 5 日这一最后期限之后——搬迁工作变得更为复杂，因为戈尔戈纳与巴拿马城、科隆城之间已经无法进行铁路运输（ICC 派人拆掉了铁轨）。[30] 对于那些一直等到联合土地委员会保证他们拆走房子后仍可获得补偿才开始动手拆房的居民来说，这给他们带来了很大麻烦。然而，直到 9 月 3 日，也就是距离最后搬迁期限仅剩两天的时候，戈瑟尔斯才给出这一保证！[31] 这给 T. L. 马杜罗（T. L. Maduro）这样的房主增加了很多困难。他在 9 月 12 日前往戈尔戈纳拆迁他的 4 处房产时，沮丧地得知铁轨已经被拆除，他无法通过铁路来运输拆下来的建房材料。他向 ICC 诉说他的困难，说他迟迟没有搬家不是因为"置若罔闻"，而是因为直到那个星期律师才告诉他可以搬迁房屋，这不会影响他向联合土地委员提出的补偿要求。他还补充说，面临这种困难处境的不止他一个人。

然而，铁轨既然已经拆了就不可能再铺。ICC 说，马杜罗等人"有足够的时间拆掉房子，因为他们早在六七月份就已得到通知，那个居民点要被拆掉"[32]。在整个过程中，措辞很重要。居民们法律权利不确定的两个月被视为"足够的时间"。另外，历史悠久的戈尔戈纳只是一个"居民点"。在 1904—1913 年间，戈尔戈纳从自治城镇变成了行政区，又变成了居民点。和很多用于描述运河区拆迁的词语一样，"居民点"这个词将一个长期存在、历史悠久的自治城镇变成了没有历史意味的暂住点。

现在，运输拆下来的建房材料唯一办法就是走水路。人们开始用木筏从运河西岸的戈尔戈纳将建房材料运到通有新铁路的运河东岸。ICC 允许他们用这种办法运输盖房材料，但派了一个员工前往戈尔戈纳，"确保房屋的拆除转运工作有序进行"，一定"不让能任何材料落入河中"。[33]

火车和船只不断地将拆下来的建房材料运走。建房材料很重要，不仅因为这些东西本身值钱，还因为人们想用它们重建失去的城市景观。戈尔戈纳居民想将"镇子里的居民用了很久的部分建筑"搬到新戈尔戈纳，尤其想把天主教教堂、校舍、旧的市政大楼搬过去。[34] 他们打算用这些建筑重建他们即将失去的集体生活，找回因为 1907 年改革而被取消的自治城镇的政治身份。

可惜的是，就连这一要求也没有得到痛快的允许。戈瑟尔斯对巴拿马总统波拉斯解释说，他很想把那些建筑捐给那些居民，但这些建筑"对于 ICC 还有一些价值"，因此他没有权力这么做。巴拿马政府可以按照 ICC 评估的价格购买这些建筑。不过，教堂是不能出售的，因为它属于天主教会所有。[35] 这些建筑最后是不是被搬到了新戈尔戈纳，我们不得而知，我们只知道，那个天主教教堂是 1913 年 8 月由后勤部迁出戈尔戈纳的建筑之一。[36] 一些私人团体也购买了一些房产，比如可以供一家人住的一处法式大房子，可供三家人住的一处法式大房子、一个 ICC 旅店、一个牙医诊所。这些建筑最后被搬到了哪里，我们也不得而知。和戈尔戈纳居民一样，它们散落在巴拿马各地，有的搬到了巴拿马城，有的搬到了科隆城，有的搬到了新戈尔戈纳，还有的搬到了运河区边界另一侧的新兴城镇。[37]

商户也不得不搬迁，他们希望客户也随他们一起走。经营着一家酒水批发店的埃斯特万·杜兰（Esteban Durán）就属于这种情况。他要从戈尔戈纳搬到科隆城的玻利瓦尔街（Bolívar Street），便在巴拿马最大的报纸《巴拿马星报》上刊登广告，将新店址告知客户。他要等到 7 月 1 日才能搬迁，因此他请求订购了酒水的客户务必在 6 月 30 日之前取货，之后他就要将剩余的酒水搬到科隆城。[38] 我们无法准确知道，把店铺从处于巴拿马铁路中心地段的戈尔戈纳搬到科隆城所需要支出的费用，也不知道这次搬迁对杜兰的客户群会有什么影响，毕竟这家店在科隆城还没什么名气。我们也不清楚有多少家商户因为搬迁而关张。因为有那么多人和商户涌入，巴拿马城、科隆城的房地产价格很可能大涨。一些商户会失去很多老客户，恐怕只有实力最强的商户才能生存下来。

在这场悲剧中，人人并不是平等的。巴拿马公民拥有一些西印度群岛移民所没有的权利，虽然在运河区，后者的数量占绝大多数。除了被迫搬迁的痛苦和困难，西印度群岛移民还得承受种族隔离政策。负责保障拆迁居民权利的巴拿马政府官员翁贝托·瓦格里（Umberto Vaglio）要求将巴拿马公民与西印度群岛人使用的火车车皮分开。他抱怨说，有些原计划给巴拿马人使用的二等车皮"被牙买加人占了，造成了很多矛盾"。ICC 得知这一消息后，"命令铁路员工和其他人，车皮的使用者……仅限于巴拿马人"[39]。另外，搬离戈尔戈纳的西印度群岛人既没有巴拿马公民的权利，也没有欧洲移民的权利。值得一提的是，巴拿马政府一直设法吸引欧洲移民。

自从 1904 年起，巴拿马就禁止了中国和西印度群岛的移民入境。巴拿马政府先后颁布了一系列法律来强化这一政策。

中国移民和西印度群岛移民都遭受了巴拿马日益严重的种族歧视。[40] 他们的待遇与巴拿马政府对待运河区欧洲员工的方式形成了鲜明的反差。1913 年，运河区巴拿马城镇搬迁工作开始后，巴拿马政府在当地报纸上发布通告，竭力吸引"运河区的欧洲员工"在巴拿马定居务农。和那些在法律上不受待见的其他移民不同，欧洲员工享受着和巴拿马公民同样的待遇，可以受益于新颁布的旨在促进巴拿马农业发展的土地法。[41] 为了更好地实现这一目标，巴拿马政府想对运河区的欧洲劳工进行人口普查，以便摸清楚运河竣工后会有多少人失业。和 20 世纪初其他国家一样，巴拿马也制定了带有种族歧视色彩、厚此薄彼的移民政策。巴拿马政府将失业的西印度群岛人视为隐患，竭力鼓动美国尽一切可能遣返他们。而与之相反，失业的欧洲劳工在政府的眼中却是"漂白"巴拿马肤色的机会。不同于巴拿马公民和欧洲移民，西印度群岛人无权在新戈尔戈纳免费获得地皮，只能出钱向巴拿马政府购买。[42] 对于他们来说，被迫搬迁的重重困难之外，还有次等公民法律地位的问题。美国政府为西印度群岛移民提供返回牙买加的免费船票，但那些已在巴拿马定居、拥有房产和耕地的西印度群岛移民就明显要吃亏。ICC 只承担将他们的家庭物品和建房材料运到科隆城、巴拿马城、新戈尔戈纳的费用，而不免费运到牙买加。因此，如果西印度群岛移民要返回牙买加，就必须支付货物运输的费用。如果他们迁往巴拿马境内，就必须面对迁移过程中的种族隔离政策。如果要迁往新戈尔戈纳，还要支付额外的运输费用。

新戈尔戈纳的命运

那些迁往新戈尔戈纳的人后来怎么样了？从位于地峡公路中心、数百年来一直服务于国际贸易的铁路城镇搬到一个远离主要公路和城市的小村镇，他们后来的生活怎么样？由 ICC 派到新戈尔戈纳做了一天实地调查的两名警官所提交的详细报告，为我们提供了一些答案。[43] 该报告描述了一副怪异的景象：未竣工的项目，背井离乡、无法在新环境里过上好日子的人们。新戈尔戈纳一共有42 座建筑，都是用从运河区老建筑拆下来的二手材料建成的。巴拿马政府曾承诺要建设一座让戈尔戈纳相形见绌的现代化城镇，然而，两位警官在新戈尔戈纳做调查时，那里还只有未兑现的承诺和未竣工的项目。城镇街道已经铺好了，但因为没有修整，地面又长出了野草。巴拿马政府原来打算挖一条水渠，将耶格洛河的水引过来，但因遭遇技术困难而中途搁浅。政府还开建了一个用旧铁轨做支撑框架的码头，但工程还没有最后完工。[44] 自这个城镇最初有人迁入开始，已经有 18 人因为饮用附近的死水而染病身亡，而最近的清洁泉水在半英里之外。城镇里没有医生、药店、合格的接生人员，邮局倒是有一个，但最近的电话电报局却在附近的查米镇。

没有什么比众多的店铺更能显示出新戈尔戈纳这座城镇的怪异。这是一座没有铁路的铁路城镇，没有河流的河流城镇。"几乎家家户户都在底楼开着一个小杂货店，"那份报告里说，"城镇里杂货店的数量与人口不成比例。"这么说可就太过偏颇了。戈尔戈纳是一个商人的城镇，居民们在地峡路线的中心位置靠经商谋生。几百年来，城镇一直在为铁路和运河工程相关的过境客和工人提供服务。现在，城镇搬到了一个穷乡僻壤之地，有商店却没顾客。我们可以想象，什么也卖不出去的居民们只能闲坐在堆满货物的店里打发日子，不时地张望一下邻居，邻居也同样守着一堆卖不出去的货物，也在发愁下一步该怎么办。他们可能会后悔，要是当初在戈尔戈纳效仿那些决定不来这里的中国邻居该有多好。

在撰写这份报告之时，算上小孩，新戈尔戈纳只有 250 人，而当初的戈尔戈纳城镇有 3,000 人。ICC 警官听说，政府停止修建码头、开挖水渠后，有一半的人离开了。10 月份有 1,340 人离开这里前往巴拿马城，其中大多数是马提尼克岛籍居民。两位警佐还发现，这里"明显"缺少年轻的巴拿马农民，人们成批地离开。迁到新戈尔戈纳的居民之中有 60% 的人去了运河区西部边界附近的帕亚（Paja）地区（后更名为"新恩佩德拉多"）。那里的土地"很肥沃"，可能会让他们想到旧戈尔戈纳的肥沃土地。帕亚也紧邻一条重要公路，即从恩派尔到乔里拉（Chorrera）的公路。当时，这条公路是连接巴拿马东西部的交通动脉的一部分。位于距离运河不远的中心地带，土地又肥沃，这可以让帕亚成为新戈尔戈纳的新戈尔戈纳。[45]

运河区居民的房屋产权

1913 年 3 月 1 日，联合土地委员会的四个成员——两个美国人和两个巴拿马人在巴拿马总统府（National Palace）碰头，商议怎样补偿因为 1912 年人口外迁令而被迫离开运河区的那些居民。[46]联合土地委员会根据《美巴条约》成立。为了公正起见，巴拿马和美国在委员会中各有两名代表。如果无法形成多数意见，最后结果将由仲裁做出。[47] 这不是该委员会第一次开会。[48] 他们还曾在1905 年、1907 年、1908 年开会商讨如何对土地因运河施工而被政府征收的产权人进行补偿。在委员会成立的最初几年里，补偿的数量虽少，但每笔补偿金额都很大。在 1905—1908 年间，一共完成了 20 次补偿，总金额为 258,000 美元。具体金额不等，最多的是因征用安德拉德庄园（Hacienda Andrade）补偿给安东尼奥·安德拉德（Antonio Andrade）的 90,000 美元，最少的是征用巴罗科罗拉多（Barro Colorado）和弗里约尔格兰德（Frijol Grande）部分土地而补偿给一位不具名申请人的 725 美元。那些年，美国从运河区大型庄园征收了数百公顷的土地，例如卡德纳庄园（Hacienda Cárdenas）的 126 公顷土地，拉皮瓦（La Pihiva）庄园的 406 公顷土地。其中有些庄园的历史可以追溯到西班牙殖民时代。[49]

当 1913 年联合土地委员会再次开会时，情况已经有了很大不同。委员会要裁决巴拿马人口最稠密地区因强制外迁而引起的数千起补偿要求。这是一个极为混乱的时期，在这段时间里，运河区居民必须弄清楚捍卫其财产权的最佳方式。巴拿马律师——包括未来的国家总统哈莫迪奥·阿里亚斯（Harmodio Arias）——开始大做广告，宣称可以帮助人们向联合土地委员会申请补偿。[50] 阿里亚斯的法律公司——阿里亚斯和法布雷加律师事务所（Arias and Fabrega）名声显赫，只有一部分人才请得起，其他人只能多想点办法替自己辩护。为了解决数千份申请，联合土地委员会的四位成员还不得不面对运河区各种各样复杂的产权问题。有的房子是在年久无主的庄园土地上盖的，有的房子是在从市政府租来的土地上盖的，还有的房子是在从巴拿马铁路公司或 ICC 租来的农场土地上盖起来的。联合土地委员会四位成员面前的任务很艰巨。要处理好这些问题，两位巴拿马委员尤其需要过硬的法律知识和政治技巧。他们援引了《美巴条约》的第六条："本条约的补偿金不会影响私人土地使用者或所有者在上述运河区内的权益，或他们针对让渡给美国的土地或水域的权益。"

巴拿马的行政专员在巴拿马总统府审核这些补偿申请。1913 年，联合土地委员会中的两位巴拿马代表是塞缪尔·刘易斯（Samuel Lewis）、费德里科·博伊德（Federico Boyd），后者在 1905 年就担任过联合土地委员会委员。[51] 两人都家境优渥，受过良好的教育，属于哥伦比亚精英中见识广博的那类人，具有多年的从政经验。他们都曾参与过 1903 年巴拿马的独立运动，在 19 世纪后期的政治斗争中表现活跃。他们属于 19 世纪中期自由主义改革后成年的一代人，成长于一个法治社会——奴隶制已被废除，财产私有制开始取代集体所有制，一份财产只能有一个所有者，而不是像西班牙法律制度那样允许一份财产可以有多重使用权。[52] 和美国同行一样，这些巴拿马律师相信私人财产神圣不可侵犯，相信科学、技术和进步之间的关系。[53] 他们的主要任务是确保这些私人财产的神圣权利也适用于巴拿马人，确保 ICC 尊重在 19 世纪用以规范运河区产权问题的法律传统和法律权利。

1913 年 6 月 23 日，考验联合土地委员会中两位巴拿马代表能力的时候到了。一个名叫胡安·博迪罗（Juan Botillo）的人就戈尔戈纳的一处房产提出补偿申请，而 ICC 的律师对他是否有权申请补偿提出异议。博迪罗的案件成为考验两位巴拿马委员实力的标志性案件，因为"戈尔戈纳镇大多数申请人的法律地位"都取决于这次裁决结果。[54] 这个案件的核心问题是，戈尔戈纳的业主是否有权接受联合土地委员会给予的补偿。

和大多数戈尔戈纳业主一样，博迪罗并没有他房子下面土地的所有权。那片土地是他从 ICC 手中租来的。在那之前，他从戈尔戈纳市政府手中租下了那块城镇地皮。他的情况很普遍。自 19 世纪甚至更早，房主们就从戈尔戈纳市政府手中租地皮盖房。以前，他们的权利一直由哥伦比亚和巴拿马的市政法律来约束和保护。1907 年末之后，ICC 要求博迪罗和他的邻居们与其签署新租约，这份新租约侵害了博迪罗他们的法律和经济利益，但他们没得选，只能把它签了。随着 1907 年城市自治权被撤销，ICC 几乎完全垄断了运河区的土地。它的法律部门可以要求运河区居民与它签署任何内容的租约。要想留在运河区城镇继续参与那里繁荣的经济，就必须接受租约的条款。根据新签订的那些租约，ICC 不仅有权随时终止租约，而且未来拆迁的所有支出都由房主来承担。更重要的是，租约规定美国方面不承担"这种拆迁……产生的补偿要求"。

引起双方争议的 ICC 租约条款是这样的：

> 出租人或继任者随时可以撤销本租约。承租人应经由出租人或其授权代理人，根据后者要求，向美国缴纳一定数额资金，用于该条约期满或中途撤销后将上述建筑或房产修葺至良好状态，以便美国可以从即日开始使用上述建筑或房产。
>
> 双方同意，该租约期满或中途撤销后，承租人应在出租人或其继任者要求的时间内，拆除该地皮上承租人在承租期间拥

有的所有建筑和房屋。若承租人拒绝、忽视或无力拆除上述建筑和房屋，出租人或其继任者有权勒令他们拆除，费用由出租人承担。不得就这一拆迁向美国或其代理人提出任何损害赔偿。[55]

ICC 律师认为，接受这一契约，胡安·博迪罗就失去了《美巴条约》第五条规定的其作为运河区房产所有者获得赔偿的权利。在 ICC 特聘律师弗兰克·福伊乐看来，ICC 没有夺走房产所有人的房产产权，只是中止了他们在运河区的居住权。房屋仍然属于其所有者，他们有权将房屋搬走。福伊乐认为 ICC 承诺为房主无偿运输拆下来的建房材料就算是尽到了它对戈尔戈纳居民的义务。[56] 事实上，运河区城镇、乡村居民与 ICC 之间相当一部分纠纷与胡安·博迪罗他们签订的那份租约的性质有关。

联合土地委员会不同意 ICC 的法律意见。它认为 ICC 的租约并没有从法律上剥夺先前哥伦比亚法律和《美巴条约》赋予市民的权利。委员会认为，根据哥伦比亚和巴拿马的法律，人们在 1907 年之前建造的房屋、开辟的农场或种植园"获得了某些明确的权利"，美国治下的戈尔戈纳和 ICC 都不能推翻这些权利。哥伦比亚法律为土地承租人的权利提供了有力的保护。要想中途收回土地，土地所有者必须"支付在那片土地上盖房、种植和播种所产生的费用"。联合土地委员会还提出，美国总统对运河区美国政府的指示确认了土地承租人的这些权利。根据总统指示："地峡运河区居民有权利获得人身、房产和宗教方面的安全保证。"此外，除非 ICC 颁布新法律进行修改，否则 1904 年 2 月之前的土地法律仍旧有效。更重要的是，运河区颁布的所有法律都要遵守"我们认为对遵守法纪、维护秩序至关重要的……某些重大管理原则……不经过正当的法律程序，不能剥夺任何人的生命、自由和财产；私人财产不应在没有公正的补偿的前提下用于公共用途"[57]。根据这些指示，联合土地委员会认为，ICC 没有权力废除城镇地皮承租人在 1907年之前获得的产权。

此时联合土地委员会还澄清：委员会并没有否定 ICC 强制执行有争议租约的权利，同时还否决了那些"在他们进入城镇地块"时获得租约的承租人提出的补偿申请。[58] 联合土地委员会重点考虑的是那些可以根据哥伦比亚法律获得"明确补偿权利"，又被迫签订了否认其补偿权利的可撤销租约的人们是否遭受了损失。他们认为，这些租约本身"因为存在故意破坏既有权利的企图"而构成了"真正的损害"。因此，根据《美巴条约》第六条、第十五条，联合土地委员会"承认针对这种损害的补偿权"[59]。

对于在 1907 年后签订租约的补偿申请人，联合土地委员会承认对他们没有司法权，并建议他们向运河区法院提交申诉。不过，委员会也指出，这并不意味着这些申请人没有遭受损失。委员会还补充说，它的决定"不应被美国视为将他们排除在现有的补偿之外，不管是从类似案件的公平角度还是从人道角度来说，都是如此"[60]。

虽然联合土地委员会承认，他们没有权力评论 ICC 租约的"苛刻"，但还是引用了乔治·戈瑟尔斯谈论这个问题的一封信。这封信写于 1908 年 5 月。信中建议修改租约内容，因为对于那些房屋因运河施工而被拆除的承租人来说，这些租约使得他们主张相应补

偿的公平性很难得到认可。戈瑟尔斯那封信的核心内容是，那些否
认补偿权利的租约是否公平。那封信承认"人们除了从运河区政府
手中获得土地租约之外，基本上没有其他渠道"。另外，"虽然只
要下发临时通知，地皮租约就可以中止，但承租人普遍认为，他们
可以在一个合理长的时间里不间断地拥有某块地皮"，因为他们承
租的地皮"往往处在几乎不可能妨碍运河施工的地方"。主要问题
是，即使 ICC 认为地皮承租人提出的补偿要求是公平的，负责发
放补偿金的官员也拒绝提供补偿款，认为那些承租人没有获得补偿
的资格。戈瑟尔斯觉得这是一个问题。他认为，"地产持有人的整
体态度极大地推动了运河施工的进展，他们积极配合运河施工，在
没有提前通知的情况下立刻拆除或移走自己的房舍和庄稼"。他知
道，他们之所以持这种态度，是因为"他们相信委员会能给他们一
个让他们满意的方案"，为了解决公平和法律权利之间的矛盾，戈
瑟尔斯建议"采用更为灵活的租约"。[61]

　　戈瑟尔斯的上述信件反映了前运河时代的观点。那封信写于
1908 年，早于运河区当局就人口外迁政策达成一致意见的时间。
当时，该租约只是在不涉及运河施工的地方使用，当地人对运河区
当局的信任对于运河的顺利施工很重要。1913 年，形势发生了很
大变化。人口外迁政策颁布后，补偿申请人有数千人之多，补偿总
金额可能高达数百万美元。

　　最终，关于 1907 年之前签订地皮租约的承租人的权利，美国
政府也支持联合土地委员会的看法。[62] 然而，很多承租人不属于这
种情况。有的人是在 1907 年之后来到运河区的，有的人虽然在那
之前来到运河区，但没有在 1907 年之前签订正式租约。在从 ICC

手中租来的地皮上，人们建盖房舍，开辟开垦田地，参与繁荣的运河区经济。实际上，在所有地产持有人中，移民和贫穷的巴拿马人的利益最容易受到损害。《美巴条约》承认土地所有者的权利，但是拥有土地所有权的人很少。很多地产所有人手中的土地不是从ICC手中租来的，就是来自他人闲置的土地或无主土地。有时候这些土地持有人是一些与大庄园所有者达成口头协议的农民，他们向对方提供劳动、租金或农产品，以换取土地使用权。一旦大庄园所有者将土地卖给ICC，他们就可能成为法律地位不明确的非法占地者（squatters）。

很多人的补偿申请被驳回，原因是他们并不受1907年之前签订的土地租约的保护。其中很多人是西印度群岛移民。从英国驻巴拿马公使克劳德·马利特爵士（Sir Claude Mallet）的信件中，我们可以一瞥他们的艰难处境。马利特爵士认为，1913年向联合土地委员会提出补偿申请的1,550人中的绝大多数（联合土地委员会《最终报告》记录的是1,253人）是西印度群岛籍的农民。[63]马利特爵士抱怨说，那些拥有合法补偿权的申请人没有受到"和巴拿马人一样平等的对待"[64]。很多西印度群岛人告诉马利特爵士，他们收到的补偿金数量明显不合理。马利特爵士发现，巴拿马人收到的种植园补偿金要多于西印度群岛籍农民。他还说："虽然我一般不愿意指责巴拿马委员为了照顾本地人而牺牲外国人的利益，但我还是觉得法院……不重视西印度群岛人的申请。"[65]

在向联合土地委员会提供证词期间，越来越多的证据表明，当初很多人是在胁迫下与ICC签订了那些否定他们申请补偿权利的协议。[66]上一任戈尔戈纳市长 E. M. 鲁滨逊（E. M. Robinson）提供

被抹去的历史：巴拿马运河无人诉说的故事

了有利于这些承租人的证词。他曾经以市长和 ICC 征税官的双重身份签发了"土地使用许可证"。他说："相当一部分签署它〔租约〕的人在此之前已经有了自行建盖的房子和耕种的土地。当时很多签约人对此极不满意。"在他看来，上述签约人有权获得"处于公正和人道角度上的"补偿。一些英国申请人向联合土地委员会递交了书面证明，支持鲁滨逊的证词。莱尔马·伦登（Lerma Lendon）在戈尔戈纳拥有四套房已有 15 年。她在证词中说，ICC 员工曾经威胁过她，说如果她不签那份租约，他们就会找人"拆掉她的房子，而她将求告无门，被强迫搬离那里"，还说"万一将来拆迁的话，她会得到全额补偿，不用考虑租约里的那一条"。那些员工还告诉她，"那个条款只是走个形式，不会当真，最后……她信了他们的话，在租约上签了字"。还有 6 个人也提供了同样的书面证词。[67]

最终，向联合土地委员会提交申请的大多数人没有获得任何补偿。[68] 其中很多人，也许是大多数人，直接与 ICC 达成协议，获得了一些补偿。很显然，让居民绕过联合土地委员会直接与 ICC 达成协议，政府可以少花些钱。弗兰克·福伊乐认为联合土地委员会给戈尔戈纳发放的补偿"超过了他们房屋材料的评估价格"（价格评估由 ICC 后勤部做出）。[69] 即便如此，很明显的是，直接与补偿申请人打交道，ICC 可以将决定补偿金金额的权力握在自己手中。这绕过了《美巴条约》，也绕过了条约的承诺：补偿应由相同数量的巴拿马代表和美国代表组成的委员会来实施。

很难说申请人与 ICC 达成的协议到底有多公平。丹尼尔·邓恩（Daniel Dunn）是一位西印度群岛籍移民，他租用了 9 英亩农业用地。他不满地向英国领事抱怨说，ICC 派去他那里核查和评估土地价值的评估员"根本没有察看他耕种的所有田地，因为地与地中间有丛林相隔"。因此，他们提供的 120 美元的补偿金"远远低于那些土地的真正价值"。他请求重新核查，希望他能亲自陪同评估员到田间地头，将他耕种的所有土地指给对方。[70] 我们不知道后来的结果如何，也不知道这种缺漏有多普遍。我们所知道的是，ICC 不得不在很短的时间内评估数千处地产，这让出错的概率大大增加。耕种中间有丛林相隔的多片田地是热带地区农民合理运用土地的一种方式，而对于那些从小在传统农业种植方式下长大的评估员来说，这是一种原始农业。他们对那个时代典型的热带农业心怀偏见。[71]

离家的痛苦

被迫迁走的那些人提供的为数不多的证词中满是痛苦。他们讲述了离开故园的痛苦，以及对没有收到合理补偿的愤怒。其中的一份证词是一封匿名的来信，信件的落款是"众多受害者"，收信人是戈瑟尔斯，寄信时间是 1914 年 9 月 30 日，也就是人口外迁开始的一年后。运河区当局认为这封信危险至极，档案中保存的这封信还附了一张便条，上面写着"销毁副本"。[72]

在开篇处，"众多受害者"说那封信是"他们心中痛苦的表露"。他们寄出这封信时，"很清楚信中的悲伤、痛苦的回声不会回荡开来。强大富有的美国政府对我们这些命运受害者冷漠以待，这些声音只能归于沉寂"。这封信的主要内容有三点。第一，人们离开运河区的家时心中痛苦，难以割舍。第二，美国人似乎并不关心他们给这些人带来的痛苦。他们唯一看重的是美国人的荣耀。第三，众多受害者的补偿方式存在很多不公正之处。

这封信颠覆了有关运河施工以及具有英雄色彩的负责人乔治·戈瑟尔斯的荣耀叙事，在这封信中，戈瑟尔斯并不是什么英雄人物：

> 上校，在上帝面前，你以牺牲我们、毁掉我们、将我们投入万劫不复之渊而换来那份荣耀并不值得称道。万能的上帝，那位公正的无薪法官，那位真相和正义的执行者，知道怎样在合适的时候将那些以你为代表的、让我们备受折磨的残暴美国人绳之以法。
>
> 你牺牲那些不幸的人给你带来的荣耀，不过是过眼云烟，在另一个万事公平合理的世界，情况完全不是这样。对于那些用不幸的人做牺牲品的家伙，上帝不会赐予他荣耀。

通过上面那些话，这封匿名信创造了另一种善与恶的叙事，将戈瑟尔斯视为恶人。这封信用宗教中的正义观来谴责他的无耻。因为世俗法律并没有为他们伸张正义，"众多受害者"吁请上帝惩罚施恶者。在他们看来，戈瑟尔斯"一心只顾"美国的"未来和军事实力"。他曾游说美国国会批准"驱赶"运河居民，而根本不考虑申请"补偿那些不幸的人，在上帝和法律面前给他们发放应有的合理补偿"[73]。戈瑟尔斯大权在握，衣食不愁，根本不考虑"我们这些被暴力驱逐之人所面临的悲惨处境"。

　　戈瑟尔斯对这封信的无动于衷却让人们更加注意到信中所说的人们的痛苦处境。类似的描述也出现在巴拿马官员与运河区当局的往来信件中。用巴拿马外交部长埃内斯特·T. 勒费夫尔（Ernest T. Lefevre）的话说，戈尔戈纳的巴拿马居民"被迫离开多年来一直赖以生活和养家糊口的房子和土地；那是他们出生和成长的地方，他们从来没有想到会那么匆忙，带着悲伤的情绪逃难般地离开那里"[74]。

　　"众多受害者"在信里说，美国人对待迁移的运河区居民比对待"凶残的罪犯"还要恶劣，罪犯至少还有房间遮身，有食物果腹，而那些拆迁居民根本没有"吃住的地方，我们的田地和房子被夺走，没有给我们公道的补偿"。运河区村民被夺走了房屋和家产，陷入"万分悲惨和绝望的境地"。他们是"一群可怜人，本想在那里定居"。在运河区生活多年，却突然有"铁腕措施"要求他们"不情愿地"离开那里，"去另一个地方碰运气"。他们失去了靠"辛勤汗水"积累起来的家产，却没有获得补偿。"强制驱赶和征用村庄、土地，多年劳苦不辍换来的财产得不到合理的补偿"，让他们"痛不欲生"。

　　那封信一次又一次地提到，人们收到的只是"救济金"，根本算不上补偿款。运河区政府的人曾强迫他们"从房子里搬出去，并当着他们的面烧掉了房子；后来给他们提供了救济金，供他们搬往这个国家另一个地方的途中使用"。救济金与补偿金之间的区别很重要。这说明运河区居民与运河区当局看待这件事的方式完全不同。运河区居民将自己看作是国家的公民和房产的主人。如果要征收他们的房产和地产，就要为他们为之所付出的辛苦和劳动提供合理的补偿。而运河区当局只将他们看作是没有产权的人，只有在遭受重大不幸（如自然灾害）后才有获得慈善救济的资格。

这封信也显示出运河区施工占地和"扩大你们国家军事力量"所需土地之间的区别。那封信认为，巴拿马人没有为后者"作贡献的义务"。"如果你〔戈瑟尔斯〕想让某块土地和房子成为美国的专属财产，应该按法律出钱购买。"[75] 这最后一句话很重要，因为它告诉我们，被赶出运河区让这些巴拿马人感到十分震惊。即使在签订《美巴条约》、巴拿马和运河区之间边界正式形成的十年后，生活在运河区的巴拿马人仍然认为运河区是他们的土地。运河区和运河不一样，运河是美国的，而运河区虽然由美国管理，但仍然是在那些村镇里生活了数百年的当地人的家乡。

当地居民看着这片土地在四个民族国家之间几经易手，有这种看法是很自然的。直到 1821 年，地峡运河区还是西班牙帝国的一部分。巴拿马从西班牙手中独立之后，这里成为哥伦比亚共和国的领土。在 19 世纪的剩余岁月里，哥伦比亚共和国管理着这一片土地。在那期间，他们看到美国人在这里修建了铁路，而法国人尝试在这里修建运河。虽然这两个项目都给这个地区带来了很多变化，但是没有改变那种以城镇群连接巴拿马南北的基本城市结构。1903 年 11 月，巴拿马从哥伦比亚独立出来后，运河区暂时成为巴拿马共和国的一部分。1904 年，运河区被划归美国管辖。在美国接管的最初八年内，除了颁布新的卫生法规之外，运河区的生活没有发生什么明显变化。对于运河区居民来说，让他们从根本不影响修建加通湖的地方搬走，是一件很让人震惊的事情。[76]

那封信还嘲讽戈瑟尔斯、福伊乐等运河区官员，说他们的行为有悖于美国民众的最佳意图（best instincts）。如果 T.W. 威尔逊（T. W. Wilson）总统和美国民众知道的话，肯定不会同意他们对运河区民众的所作所为。信中还说，支持运河区居民维护自身权利、"有意将真相公布于众"的运河区官员，如 A. A. 格里曼（A. A. Greeman）、弗雷德里克·维茨伯格（Federico Wetzmbergo）饱受排挤，不得不离开这个地方。

这封信以浓重的绝望结束。没有什么讨价还价的实力，运河区居民能做的唯一事情就是诅咒那些作恶者。"从加通到运河区最偏远的地方异口同声发出最义正词严的诅咒，每个受害者每天都在愤怒地诅咒你和你的那个政府，这是他们唯一的安慰。"[77]

另一个能展现公众舆论对巴拿马人口外迁的态度的例子是一首19 世纪早期版本的铃鼓舞——也就是知名的巴拿马塔姆波里托舞（tamborito）歌谣。塔姆波里托是一种民间歌舞艺术，它用各式各样的铃鼓给领唱歌手和合唱歌手伴奏，领唱往往是女歌手。下面这首歌由"地峡人组合"（Grupo Istmeño）录制于 1930 年，由"胜利"（Victor）唱片出品。[78] 这是 19 世纪初录制的为数很少的巴拿马歌曲之一。这一事实可能意味着，在这首歌录制时，那个乐队和那首歌已经很火了，同时也意味着很多巴拿马人传唱这首歌，随着它的节奏起舞。

> 拽好风筝，别让它飞掉
> 拽好风筝，别让它飞掉
> 它飞跑了，它飞跑了
> （拽好风筝，别让它飞掉）

我们很快就要离开巴拿马

拽好风筝，别让它飞掉

如果我们不走，他们就要赶我们走

拽好风筝，别让它飞掉

因为山姆大叔的那些孩子

拽好风筝，别让它飞掉

他们占有运河还不满足

拽好风筝，别让它飞掉

他们想要夺走一切

拽好风筝，别让它飞掉

巴拿马的本地人

拽好风筝，别让它飞掉

我们几乎无法呼吸

拽好风筝，别让它飞掉

他们随意张口，什么都想要

拽好风筝，别让它飞掉

它飞掉了，它飞掉了

拽好风筝，别让它飞掉

它飞过来，飞过去

他们要成为整个地峡的主人

拽好风筝，别让它飞掉

山姆大叔的小羊

拽好风筝，别让它飞掉

从我们家里，把我们赶出来

拽好风筝，别让它飞掉

我们都要流离失所

拽好风筝，别让它飞掉

我们都要离开巴拿马

拽好风筝，别让它飞掉

它飞掉了，它飞掉了

它飞过来，飞过去

他们说他们已经上路

拽好风筝，别让它飞掉。[79]

  这首歌反复吟唱的主题是巴拿马不再属于巴拿马人。"占有运河还不满足"，那些"山姆大叔的那些孩子……想要夺走一切"。美国要成为"整个地峡"的主人。巴拿马人必须离开这个国家，"流离失所"。这首歌既没有提到人口外迁令，也没有提到运河区。不过，这首歌流行期间，也没有必要提及这些，因为人们对强制外迁仍然历历在目，自然知道那首歌指的是什么。和"众多受害者"那封信一样，这首歌也区分了运河施工和人口迁移。歌词里讲，单有运河还满足不了美国的胃口，他们要占有一切。巴拿马人如果不主动离开，就会被赶出去。这首歌里充满悲伤、恐惧和愤怒：悲伤的是即将失去家园；恐惧的是失去的可能不仅是家园；愤怒的是所有这些事里的不公正。

  我们可以想象，在20世纪最初的20多年里，人们在舞会和聚会上跳着塔姆波里托舞，唱着这首歌。我们只能猜测这对他们意味着什么。这可能是巴拿马各阶层都认同的一首歌，其中包括休伯特·布朗（Hubert Brown），他把农场卖给运河区当局后又忍不住回到了那里，因此最终被诉诸公堂；也包括一些富有的地产所有者，他们不得不拆掉了自己的房子，眼睁睁地看着当年让他们生意兴隆的城镇逐渐被森林吞没。[80]

第六章

失落的城镇

我们过去是加通古城的居民。我们在那里出生，在那里成家立业，在那里耕田种地。然而，1907 年，ICC 强令我们搬到新加通，说这是运河施工的要求。他们让我们搬到这个新地方来，以后就彻底安定下来，在"新加通"过上高枕无忧的日子。我们听信了他们的话，以为真的再也不用搬家了，于是我们努力组织农业生产，夯实我们脚下的土地，让它成为我们新的、永远的家。谁知又来了通知，要我们离开新加通……我们这些加通居民是因为修建运河受折磨最多的人。一开始，我们被迫离开最初生活的城镇，现在又要被迫搬离。命运不济，穷困潦倒，我们感觉自己是天底下最可怜的人。

—— 150 个新加通居民

因此，这些人没有理由继续住在运河区，除非他们获得了这方面的许可。

——运河区巴尔博亚高地代理首席卫生官，1916 年 6 月 15 日

新加通

在不会被加通湖淹没的城镇，人口外迁令肯定让居民们感到非常意外。按照 20 世纪初的标准，新加通、恩派尔这样的城市是重要、有价值的地方。1912 年之前，运河区当局一直认为这些城镇会永久存续。人们在那里投资了住房、出租屋、商铺，积极参与运河区繁荣的经济中去，没有人料想到这些投资根本没有未来。需要指出的是，1911 年之前，连 ICC 也没有决定迁移运河区人口。直到 1911 年，不少人还在与"巴拿马铁路公司签订为期 15 年"的地皮租赁协议，打算在恩派尔、加通盖房子。就在人口迁移令颁布的一两年前，运河区官方还在与人们签订长期租约，这明显说明决定迁移整个运河区人口是很晚的事情。[1] 1914 年 5 月，A. 普里西亚多（A. Preciado）先生写给运河区政府的一封信明显地透露出那些年形势的不确定和地产所有者的苦恼。普里西亚多请当局"及时告知当地日报中有关新加通未来的某些报道的真实性。那些报纸上说，在 6 月和 7 月之间的某个时候，新加通这座城市肯定要消失"。普里西亚多先生在新加通购买了两处老房子，打算投入一大笔钱做修葺。他希望在花这笔钱之前得到政府的回复，"如果在不久的将来要我们离开新加通，得及时通知我中止修葺工作、不再继续投入资金，这才算合理"[2]。

运河区当局回复他，确认他听到的传言是真实的。没错，在几个月内，政府要迁走新加通，年底之前那里所有的房子都必须拆掉。政府建议普里西亚多不要进行大规模修葺，只做一些"绝对必要"的维修。[3] 和普里西亚多的情况一样，很多居民在新加通的生活陷入了停滞。很多计划落空了，不得不重新思考下一步怎么办。1907年，运河区当局将加通从先前加通河附近向东的位置迁移到了另一个地方。迁移之后，居民们以为这一下他们可以"彻底安定下来"。然而，他们想错了。不到十年的时间里，他们被迫两度搬迁，新加通居民认为他们是"被运河施工折磨得最痛苦"的人。

事实证明，在规定时间内完成新加通人口迁移是很难实现的。新加通是运河区规模最大的城镇，居民们都尽可能地在这里滞留。戈尔戈纳在几个月内就完成了搬迁工作，而新加通的人口外迁用了两年。很多人不相信真的要把这个城镇的人口迁走。运河区当局不得不三令五申，告诉人们新加通将不复存在。居民们不愿离开这里，因为这个城市有得天独厚的发展条件。它位于铁路沿线，距离科隆城不远，靠近新修建的加通湖，周围土地肥沃。因为这个城市的战略位置，运河区当局并没有完全放弃这个城市。不过，他们用激进的方式将这个集中了大量私人房产和个体经济的大型城市变成了一个由公司管理运营的小城镇。

1914年6月，运河区政府开始采取措施，迁移新加通的人口。从政府的角度来看，这是一个很好的时机，因为运河施工的工作量越来越小，加通湖覆盖地区的人口已经全部迁走了。他们可以趁势完成1912年12月的人口外迁令。1914年6月，运河区政府颁布政策，新加通的所有地皮租约将在同年8月1日中止。在那之后，人们可以在那里再住几个月，但最迟不能超过12月31日。事实证明，这个期限不现实。12月19日，政府颁布法令："通知所有住户，从12月31日开始停止供水。"[4] 然而，到了1915年3月，仍然有人住在新加通，运河区当局不知道该怎么办。虽然已经不再收水费了，但考虑人们很快就都会搬走，为了避免卫生问题，运河区的供水并没有停止，觉得人们很快就会都搬走。有的官员担心"似乎看不到人们完全搬离新加通的希望"，询问是否继续收水费。[5]法律部门的回复是不行。如果收水费的话，"就会给那些房主和租户提供无限期待在那里的权利"。即使水务部门会因此亏损，也比妨碍新加通人口外迁要好。[6]

电力部门也遇到了类似情况。4月15日，距离政府公布的最后迁移日期已经过去三个多月了，S. 威特牧师（Reverend S. Witt）要求电力部门把新加通浸礼会教堂被掐断的电路重新接好。对方拒绝了这一请求："重新恢复被中断的公共服务是不明智的，因为这种做法会让人们错误地以为新加通会永久存续下去。"[7]虽然运河区当局坚持说"新加通的人口基本上已经迁完"[8]，虽然ICC发布了很多公告、采取了很多措施，新加通仍有不少人没有搬走。另外，新加通的人口迁移一度还走了回头路，这是因为4月30日科隆城发生火灾，运河区当局不得不在新加通开放了354套出租房来安置受灾的难民。ICC还准许给这些公寓重新接通供水设施，每月向每套房收取2.40美元的租金。[9]

人们尽可能地拖延搬迁并与政府谈判，要求尽可能地延长期限，增加补偿。威尔逊先生就属于这种情况。他属于"有色人种"，是一位美国人，职业是理发师。他给运河区当局写信，说他"被从自己的房子里赶了出来"。之前他和妻子住在那里，顾客都是美国人。他请求将搬家日期延迟到11月1日，等到他的妻子回到美国圣路易斯，他就可以搬家了。不过，他想维持他的理发店，便请求ICC后勤部给他提供两间屋子，好让他继续做生意。他希望，作为一位向美国同胞提供服务的美国公民，自己可以得到特殊照顾。很显然，他的想法落空了。[10] 并不是所有人都写信给美国政府诉说他们遭遇的窘境，也不是所有信件都保存在档案之中。不过，新加通的 8,000 名居民里，很多人遇到了类似威尔逊先生的情况。他们和之前的戈尔戈纳居民一样，不得不考虑怎样另起炉灶，重新开始。

还有一些新加通的居民不像威尔逊先生那样有体面的身份，但要更知名一些。一位黑人来自一个叫"斯蒂尔顿艾迪森"（Stilton Addition）的地方，这里也被人叫作"索多玛山"（Sodom Hill）。他是个远近闻名的人，虽然有时是被人嘲笑。当地人戏称他为"罪恶山的国王"①，他的"王宫"是"当地房舍最残破的"。他是加通的老市民，后来和邻居们搬到了新加通。和其他人一样，他尽可能拖延搬家的日期。即使邻居们相继离开，他也不愿意搬走。他住的房子被政府定为危房。ICC 卫生官员请土地部门给他提供一些救济金，因为"国王陛下"处境"非常拮据"。[11] 我们不知道他后来是不是搬到了一些老邻居新定居的地方。档案里没有提到他的名字，只是提到了他的绰号。

新加通、恩派尔等铁路城镇的房主没有享受到戈尔戈纳房主的待遇。因为新加通和恩派尔是建在 19 世纪巴拿马政府让渡给巴拿马铁路公司（Panama Railroad Company）的公共土地上。居民租的地皮不属于城市地皮，因此这些居民的地产权利不受过去城市法律的保护，这一点与戈尔戈纳居民不同。因为这个原因，联合土地委

---

① 索多玛在《圣经》里是罪恶之地。

员会宣布，属于巴拿马铁路公司的土地不在联合土地委员会补偿的范围内。房主只能直接向巴拿马铁路公司的土地办公室或 ICC 申请补偿。[12]

ICC 有三种方式去处理新加通居民的房子。它把那些可以用于驻扎军队、政府办公或其他政府用途的房子买下来，剩下的房子要么由房主拆走，要么由 ICC 派人拆掉。与房主达成一致之后，ICC 就等着房主主动拆走房子，或者他们派警察拆除。[13]

1916 年 1 月，仍然有人居住在新加通，运河区当局出台了一项新政策，督促人们尽快搬走。1 月 16 日是一个星期日，政府中止了每日往返于科隆城和新加通之间的劳工火车的运营。[14] 不过，即使是这种极端的措施，也没有达到既定效果。5 个月之后，也就是 1916 年 6 月，卫生部门高级主管抱怨说，新加通的人口统计表明，还有"一大批"非政府人员住在加通。一位卫生官员说，虽然拆除其他建筑、只保留最好的房子为运河所用的计划有所推进，但是"在非政府人员的迁出方面进展缓慢"[15] 他说，在土地办公室、卫生部门、供应部门、法律部门的人看来，那些非政府员工人员的存在"很惹人厌"。他没有解释为什么，但可以推测，这些人的存在催生了法律和社会上的两难。运河区的居民人口必须迁出去，只有住在 ICC 房子里的 ICC 员工才能继续留在运河区。政府商店将取代那些个体商户，那些居民的存在会对这一愿景形成挑战。科隆城里有 400 多间空房子可以租用，新加通的居民为什么不搬过去？那位卫生官员这样抱怨。他认为："他们没有理由继续待在运河区，必须经过 ICC 允许才能住下来。"[16] 这时距离人口迁移令的颁布只过了四年。在这么短的时间里，人们从本地居民变成了需要经过

"允许才能住下来"的人。

1916 年 6 月,ICC 采取最后措施,打算清空新加通所有的人。ICC 要求那些非运河员工必须在 6 月 30 日之前离开。之后,"警察将把这些房子里的人……都赶出去"。有些商户要求 30 天的宽限,好让他们将存货处理掉。[17] 他们额外获得了两个星期的时间来搬运货物,和那些银工券员工结清账款,后者的发薪日是每个月的 10 日到 12 日。这些商户必须在最初规定的 6 月 30 日之前停止对公众营业。[18] 虽然运河员工当时被允许留下,可是不久后 ICC 便要求很多西印度群岛员工和"银工券员工的家庭"离开新加通。[19] 这些家庭中大约有 1,000 人是 1915 年科隆城火灾的难民,他们中的大多数人在克里斯托瓦尔工作。该城镇属于科隆城在运河区内的部分,火灾发生一年后,运河区官员认为"科隆城里有足够住处可以安置这些家庭"。他们给这些员工 90 天时间,让他们从新加通的住处搬出来。这样,运河区当局可以将那些"员工住的旧棚屋拆掉"[20]。

克服很多阻力后,运河区当局终于将新加通的人口全部迁出。我们可以想象,所有私人住宅都被清空,所有商户都关门之后大街上的那种寂静。运河区逐渐变成了一个人口稀少的纯粹由公司管理运营的城市。

一些来自加通地区的农民也竭力待在他们的土地上,尽力拖延搬家的时间。两位牙买加老人——丹尼尔·麦克弗森(Daniel McPherson)、托玛斯·洛奇(Thomas Lodge)在那里务农已有 30 余年。他们央求英国领事出面帮助他们,阻止 1915 年 5 月的搬迁令。他们觉得 ICC 的安置方案不公平,决定等待联合土地委员会的方案。毕竟，他们在法国人修建运河的时候就已经住在那里了。[21] 据英国领事所说，属于这种情况的农民不止他们两个。然而，ICC 不承认他们的方案有什么不合理的地方，还声称"在那里种地的农民，如果联合土地委员会尚未对他的申请做出裁决，就暂时不用搬家"[22]，另外还表示，即使他们已经与 ICC 就搬迁达成了一致，也"可以再滞留一段时间"。[23] 如果有人说 ICC 命令他们立刻搬走，那肯定"有一些误会"。[24]

但事实上根本没有什么误会。正如弗兰克·福伊乐后来所说，农民的土地正好位于 ICC 的供应部门想用来养牛的地方。福伊乐坚持说，两位农民已经与科隆城内的 ICC 土地办公室达成了一致。"很难确定联合土地委员会什么时候能批准二人的申请，不过从委员会的工作安排来看需要等待很长时间，因为他们往往会根据收到申请的时间来安排裁决时间。"[25] 这似乎就是问题的核心所在。ICC 外迁运河区人口、接收土地的时间表要比联合土地委员会的工作节奏和运河区居民的需求快得多。

两位农民想尽各种办法拖了将近一年。1915 年 4 月，他们直接与 ICC 达成了解决方案。他们为什么不继续等联合土地委员会的裁决呢？联合土地委员会会批准他们的补偿要求吗？这都很难说。无论如何，经过一年的等待之后，他们发现自己所处的形势与一年前曾经抗议过的没什么两样。[26] 另一些住在新加通一带的农民（姓名不详）每年继续在过去巴拿马铁路公司的土地上种植香蕉、大蕉、甘蔗，虽然他们已经没有了这些土地的使用权。[27] 也许就是因为他们的这种坚持，最终让美国政府在 20 世纪 20 年代颁布政策，允许将运河区小块田地出租给先前的运河劳工。[28] 这一新政策虽然无法重塑消失的农业图景，但是可以让人们回忆起运河农业的历史。

新利蒙的多次搬迁

> 他们从我们手中夺走了它，因为我们的政府太慷慨了。
>
> ——新利蒙（New Limón）的居民，1914 年 10 月 15 日

如果戈尔戈纳、恩派尔、新加通是运河区最大的城镇，那么利蒙就是被加通湖淹没的众多小村庄中的一个。虽然村子很小，但利蒙还是受到了巴拿马政府和运河区政府的格外关注，原因是多次的强制搬迁——四年搬了两次——让它成为巴拿马人背井离乡和弱势无助的标志。利蒙搬迁最终成为巴拿马国民大会的讨论内容，受到了巴拿马总统贝利萨里奥·波拉斯、巴拿马外交部长埃内斯特·T. 勒费夫尔的关注。这个村子的经历说明了 20 世纪最初 20 年里美巴两国边界的频繁变动，运河区当局和巴拿马农民在加通湖使用方面优先考虑事项的差异，以及一个地方小群体怎样为了影响外交政策、为了获得理想的搬迁待遇而向巴拿马政府求助。[29]

1911 年，利蒙村民第一次从加通河岸边的老城镇搬往异地，因为按照运河修建计划，那个镇子将被加通湖淹没。他们设法搬到了仍然靠近水边的另一个地方，那里离新加通湖不远，靠近加通兹奥河（Gatuncillo River）。他们以为这下可以一劳永逸了：因为那个地方在运河区边界之外，所以他们觉得此处应该算是巴拿马境

内。让他们深感意外的是，1914 年 10 月，运河区官员出现在他们的城镇，并要求他们必须再次搬迁，因为上个月美巴两国新签订了边界协议，将他们的城镇划归美国国境之内。那个协议重新确定了巴拿马和运河区之间的边界，将加通湖岸边高至海平面 100 英尺的地区都划归美国。[30] 因为新利蒙位于这个高度以下，所以居民们不得不再次搬迁，虽然最初的运河区只有 10 英里宽。

利蒙居民和运河区当局之间的矛盾从第一次搬迁时就产生了。当时 ICC 反对这些居民搬到加通湖边，因为那一带仍然有部分土地会被湖水淹没。[31] 利蒙居民没有在意这一警告，也许是因为对他们来说那个地方利大于弊。事实证明，运河区当局说得有一定道理，因为城镇有一小部分确实被加通湖淹没了。不过，这似乎没有引起利蒙居民的注意。1914 年，他们生活的城镇在某些程度上成了一个岛屿。一条 10 英尺宽的狭窄水道将城镇分为两个部分：一部分与湖岸相连，另一部分成为湖中的小岛。利蒙居民依然不在意，竭力留在那里生活。这时候，那个城镇有 400 名居民，还建了两所学校，共有 70 名学生。[32] 利蒙大约有 60 个"被美国人从铁路线旁边的老房子里赶出来的"家庭。[33] 科隆省省长说他们是"穷困之人"，再次搬迁就意味着要放弃他们在加通兹奥河沿岸开垦的肥沃土地。

利蒙居民和科隆省省长似乎都不太清楚第二次搬迁的原因。科隆省省长还为利蒙居民说情。他们继续住在水边（之前是临近一条河，现在是一个湖），那里土地肥沃，灌溉便利，这又妨碍了谁的利益呢？省长说，那个地方距离运河区很远，不会影响任何人。为什么要让可怜的利蒙居民再次搬迁？新指定的地方"让他们痛苦万分，觉得还不如干脆不去"[34]。他们建好了学校，在新开辟的农场里播下了种子，在那里落下了脚。真的需要他们再搬一次？对于运河区当局来说，答案是肯定的。运河区政府和利蒙居民对于利用加通湖水的想法不同。对于利蒙居民来说，加通湖提供了用水、运输、肥沃土地等重要的便利条件。但对运河区当局来说，加通湖是一个战略资产，而利蒙居民则是一个讨厌的累赘。

利蒙居民将一封由大约 40 人签名的长信寄给巴拿马国民大会，请求国民大会保护他们免受新的边界协议的影响。[35] 这封请愿书引起了科隆省省长和巴拿马国民大会的注意。巴拿马外交长官和运河区总督也对这个城镇的未来忧心忡忡。也许，利蒙之所以受到那么多的关注，就是因为搬迁发生在一个关键的时刻：国民大会即将就 1914 年 9 月签订的边界条约进行表决。很多巴拿马人不了解这一协议的影响，表决结果关系到很多因修建加通湖而搬迁的人的利益。在 1914 年 10 月，甚至连外交部也不了解这个协议的影响。当外交部长得知利蒙居民抱怨运河区官员要他们抛弃房子和田地再次搬迁时，他写道："毫无疑问，如果这是真的，上述运河区员工肯定误以为这个村子是在运河区内。"[36] 没有巴拿马人知道新利蒙到底是在美国境内还是在巴拿马境内，甚至连外交部长好像也不太清楚。

关于利蒙的往来信函揭示了人们对于这个城镇未来稳定性的担忧。利蒙居民害怕"第三次〔原文如此〕被从〔我们〕生活的地方赶出来，被迫放弃常年辛勤劳作所获得的果实，让我们陷入极为悲惨的境地"[37]。国民大会是否会保护他们，能否让他们的福祉免受新协议的"严重威胁"？四位居民忧心不已，写信给外交部长，询问美国是否获得了那个城镇、那片土地的所有权；询问巴拿马共和

国是否能够保证"那个城镇的永久稳定"[38]。他们什么时候才能有
安全感，什么时候能有家的感觉，什么时候能在一个城镇里彻底安
定下来？美国政府似乎总能找到一个让他们搬家的理由。考虑到
"每次他们建好一个城镇之后，美国人似乎以骚扰他们、毁掉他们
的房子为乐"，写信的人怀疑邻居们是否同意再建造一个城镇。也
许，他们应该"分散"居住。[39]科隆省省长也持同样的看法，哀叹
"政府动不动就因为运河工程需要，下令要他们搬家……如果这种
情况继续下去的话，这些可怜人永远也找不到可以彻底安定下来的
地方"[40]。利蒙第二次搬迁的核心问题是：始于 1912 年的搬迁到什
么时候是个头。运河施工占地是无止境的吗？

　　利蒙居民还严厉批评巴拿马政府，他们指责政府"过于慷慨"
地将加通湖的所有岛屿和湖岸拱手送给了美国。他们所在的城镇将
来会怎么样？利蒙居民不满足于仅仅反映自己的悲惨处境，他们还
要影响外交政策。他们认为，如果巴拿马政府要求在美巴边界条约
里排除掉他们的城镇，"美国人肯定会答应"[41]。在另一封信里，
利蒙居民要求巴拿马政府向美国确认"加通湖湖面和岸边的自由通
行……所谓自由通行指的是白天晚上所有时间自由通行，而无需向
美国政府缴纳任何税款的权利"[42]。这些信件引出了一个问题：各
个小城镇的居民直接向运河区政府提出诉求，是否会影响巴拿马的
外交政策？

　　小村庄居然想要影响政府的外交政策，听上去有点匪夷所思。
不过，利蒙居民长时间生活在 20 世纪规模最大的工程项目所在地
的附近，很长时间以来一直与各国政府、移民群体打交道。而且，
他们很有可能也是来自多个不同的移民群体，根本不是美国叙事中

见识短浅的"土人",而是见多识广、深谙国际条约重要性的农民。此外,利蒙居民并不是唯一想要就运河区未来发表意见的群体。一个紧邻运河区西部边界的小城市——阿莱汉的居民也请求巴拿马政府与运河区政府商谈,清理阿莱汉与科钦尼托(Cochinito)、佩德罗米格尔、格兰德河等运河区内港口之间的道路。巴拿马外交部长询问运河区当局为什么不接受阿莱汉居民的要求。运河区政府的回复是:"美国正在迁移运河区所有与运河事业无关的人,并在购买他们的房产。在这种情况下,ICC 认为上面提到的那些道路不需要清理。"

巴拿马政府请运河区当局重新考虑他们的态度。这些道路"自远古以来"就一直是连接阿莱汉与"文明中心"的通道。在 1910年运河区接管清理上述道路的责任之前,阿莱汉政府每年清理两次。另外,《美巴条约》确保了巴拿马居民在运河区公共道路上通行的权利。运河区法律部门则提出了不同的解释。他们认为,这些公路与有关米拉弗洛雷斯、佩德罗米格尔船闸的保卫方案相冲突。美国决定运河区土地用途的自主权取代了阿莱汉居民先前拥有的所有权利。然而,负责运河防卫工程的工程师说,在当时,阿莱汉与格兰德河、科钦尼托之间的公路与运河的防卫工作并不冲突,因此 ICC 已经决定清理这两条道路,至少为了那一年公路的畅通。[43] 也许,来自利蒙、阿莱汉等城镇的要求让巴拿马政府有理由向美国政府施压,要求美国维护或建造运河区公路,以确保巴拿马城与运河区另一侧城镇之间道路的通畅。

最后,巴拿马国民大会的投票结果支持签订新的边界条约,利蒙居民只好再次搬迁。美国同意支付第二次搬迁的费用。负责调查利蒙居民诉求的国民大会特别委员会的调查结论是，利蒙的搬迁不是签订新边界条约的结果，而是 1912 年 5 月颁布的第 46 号行政法令的要求。该法令给予美国"使用、占据和控制即将被加通湖淹没的土地，以及海拔 100 英尺以下所有湖边土地的权利"。特别委员会还认为，边界条约只是再次确认了 1912 年的行政法令。国民大会建议巴拿马政府尽一切力量，确保美国当局为利蒙居民搬迁提供一切必要的帮助，保证这一搬迁不给他们带来任何经济损失。[44]

最后，利蒙居民积极奔走，竭力让美国政府在给他们设计新住房时听取他们的意见。他们不得已远离了加通兹奥河、远离了加通湖，但还是希望能够住在自己习惯的那种房子里。他们向巴拿马政府抱怨说，运河区政府给他们建的房子顶棚太低，导致屋里热得厉

图 6.1　查格雷斯和圣洛伦索城堡

资料来源：乔治·P. 克拉克（George P. Clarke）作品《查格雷斯风光》。收藏于佛罗里达大学乔治·A. 斯马瑟斯图书馆（George A. Smathers Libraries）巴拿马运河博物馆展区。

害。在热带气候生活多年的经验，让他们知道房屋设计尤其是顶棚的高度对于室内温度的重要性。巴拿马政府认为他们说的有道理，便请求美国政府更改设计。然而，这一要求遭到了运河区后勤部的拒绝。后勤部表示，他们的设计遵守的是有关顶棚高度的施工标准，因此任何意见都是多余的。结果，利蒙居民只能住在距离水边很远，因顶棚低而闷热的房子里。[45]

查格雷斯：失去一条河，丢了一个城堡

年代久远的西班牙殖民时期的圣洛伦索城堡（fort of San Lorenzo）宏伟的遗迹矗立在查格雷斯河河口，位于俯临峡谷的河岸上，被热带森林所环绕，这个堡垒让游客想起西班牙在殖民时代的辉煌。不过，我们并不清楚当年这个城堡想要保卫的是什么：河口地区看不到任何古城或港口的遗迹。查格雷斯居然只是一个孤立的城堡，我们很难想象在巴拿马这块土地上，除了它之外还有其他任何一个重要的西班牙港居然没有自己的城镇。考虑到查格雷斯在西班牙殖民时代经济上的重要地位，这尤其让人惊讶。实际上，19 世纪的时候，查格雷斯的重要性就超过了波托贝洛。[46]虽然查格雷斯位于最初的运河区边界之外，但它的搬迁仍然是 1912 年总统令颁布后运河区人口外迁历史的一部分。1915 年，运河区当局宣布，这个城镇和查格雷斯港口占据的那片土地将用于建设巴拿马运河的防卫工事，那里的居民必须搬往 8 英里之外的拉加托河（Lagarto River）河口。

图 6.2　查格雷斯镇

　　资料来源：西奥多·古伯曼·坎内尔（Theodore Guberman Cannelle）、罗伯特·德默斯（Robert De Meuse）作品《在哥伦比亚、委内瑞拉、安德烈斯群岛、美国、加拿大、大溪地远足和探险》（1881—1887），查格雷斯。收藏于法国国家图书馆印刷与影像部，4–UA–61。

　　查格雷斯镇与查格雷斯河具有悠久的历史关系。在巴拿马运河通航之前，查格雷斯河一直是巴拿马唯一的适航河流。在西班牙殖民时期，大量欧洲货物取道查格雷斯港运往富庶的秘鲁总督辖区。这种地理位置上的重要性贯穿了 19 世纪上半叶。关于穿越巴拿马地峡如何困难的描述，总要提及查格雷斯、查格雷斯河及船上的船工。法国探险家莫利昂说，查格雷斯的小棚屋"储藏着惊人的财富"。那些棚屋被租用作库房，租金是"每月 400 法郎"。他看到"那里流通的资金超过了〔哥伦比亚〕共和国的任何一个地方"。查格雷斯镇的黑人居民很少有每星期挣不到60—80比索的。莫利昂还描述了查格雷斯河港口停泊了很多准备将英国货物运到河流上游的船只。[47] 查格雷斯河作为全球贸易中心的历史地位随着巴拿马铁路的建成而结束：巴拿马铁路取代了查格雷斯河成为最重要的运输线路。新港口城市科隆成为大西洋岸边的巴拿马国际港。[48]

虽然查格雷斯失去了交通运输上的战略地位，但城镇与查格雷斯河之间的联系仍然很密切。查格雷斯的居民在河岸边肥沃的土地里耕耘，在附近的森林里采集象牙果，到海里捕捉海龟，并继续通过海港将产品运送到科隆城出售。查格雷斯没有失去与全球经济的联系，这个城镇没有专注于贸易和运输业务，而是为科隆城逐渐壮大的市场生产了很多产品。[49] 查格雷斯的建筑也反映出它与这个世界的密切联系。整个城镇的93座房子中，有些采用了传统的茅草覆顶式风格，其他房子则采用了铁皮屋顶。房子的墙体也各不相同，从芦苇（少数房子使用）到木头、板材各种材料都有。查格雷斯镇的很多房子和巴拿马城、科隆城、运河区城镇的房子一样，都是铁皮屋顶和木制墙。[50] 查格雷斯镇还有一座教堂和一幢市政建筑（见图6.3）。

巴拿马运河投入使用，给这座城镇和港口带来了很多意想不到的变化。第一个变化是加通大坝的启用，加通大坝改变了河水的流量。1915年4月，33位苦恼不已的查格雷斯居民写信给巴拿马总统波拉斯，表示"自从加通大坝投入使用后，加通湖水流入加通河，河岸上的五幢房子被河水冲倒了，这种事情之前从来没有遇到过"[51]。这些农民在信里说，河水水势的增长威胁到了其他房子和

图 6.3 查格雷斯教堂里的集体祈祷

资料来源：西奥多·古伯曼·坎内尔（Theodore Guberman Cannelle）、罗伯特·德默斯（Robert De Meuse）作品《在哥伦比亚、委内瑞拉、安德烈斯群岛、美国、加拿大、大溪地远足和探险》（1881—1887），创作于教堂内。圣徒塑像和集体祈祷。收藏于法国国家图书馆印刷与影像部，4-UA-61。

建筑，包括市政厅。查格雷斯市民认为，如果现代工程技术能让大水淹掉整个城镇，那也应该能解决这个问题，于是他们请求 ICC 建设一个防波堤来保护房屋。[52] 他们还运用身为一个重要政治选区选民的政治影响力呼吁总统出面干预。市民们提醒波拉斯，他曾经说要努力解决"他治下的民众的需求和发展问题"[53]。波拉斯命令外交部长埃内斯托·T. 勒费夫尔与运河区当局协商解决这个问题。[54] 勒费夫尔让运河区当局采取措施，保证湖水不再"冲毁房屋"。[55] 运河区派调查小组考察了湖水给查格雷斯民众带来的破坏之后，答应建一个防波堤。[56] 查格雷斯居民似乎可以继续他们之前的生活了。

然而，最后的结果出乎查格雷斯居民和巴拿马政府的预料。1915 年 12 月 8 日，运河区总督戈瑟尔斯写信给巴拿马总统波拉斯，要求征用查格雷斯河河口的土地用于运河的防卫和保护，包括查格雷斯镇在内。[57] 他说，之前运河区政府曾经照会巴拿马外交部长，"美国意欲立刻占用查格雷斯河河口附近的几处土地，用于与巴拿马运河保卫工作相关的施工。巴拿马运河档案记载，那些地方不属于私有土地，而是属于巴拿马共和国的公共土地。请告知查格雷斯镇政府，美国打算占用那些土地"[58]。

这封信中有几个值得注意的地方。第一，戈瑟尔斯居然堂而皇之地否决了查格雷斯居民对其土地的所有权。第二，他将查格雷斯这样的历史名城说成是"公共土地"，并不认为即将被毁掉的查格雷斯是历史上的重要城市。对戈瑟尔斯来说，查格雷斯只是一个小农村，居民只靠种地或捕鱼为生，"搬迁对他们的生活习惯不会有什么影响"[59]。运河保卫项目所需要的土地不超过 280 公顷。他认为，既然美国已经承诺为他们支付搬迁费用，查格雷斯居民的搬迁应该不会很困难。[60]

查格雷斯公民和巴拿马政府对这个城镇的价值有着不同于戈瑟尔斯的看法。他们认为，查格雷斯是一个重要的历史古城和政治地区。巴拿马外交部长强调"查格雷斯的城堡对所有巴拿马人和南美人具有的重要历史意义"，以及"它所代表的巴拿马人移交巴拿马顶级地区所体现出来的牺牲"。[61]查格雷斯公民对该城镇的历史意义也持类似看法。抗议搬迁的请愿书说该城镇是"具有历史意义的古城查格雷斯，是同名地区的头牌"[62]。巴拿马政府官员的内部信函也持同样观点。用何塞·B. 卡尔沃（José B. Calvo）的话说，命运的力量迫使查格雷斯居民"痛苦地离开他们眷恋的查格雷斯。在那里，母亲第一次抚摸襁褓中的他们；在那里，他们看到世间第一缕阳光，他们想象着会在那里度过余生。他们从来没有想到他们的房子、田地、用尽心血积攒的家业会毁于一旦；从来没有想到有朝一日会不得不离开他们从小生活的地方，搬往一个完全陌生之地"[63]。

巴拿马居民认为失去查格雷斯是一个巨大损失。实际上，巴拿马政府的最高领导人——总统、外交部长、驻华盛顿大使——深入参与了查格雷斯镇的搬迁谈判。对于巴拿马人来说，这可能是保护巴拿马历史重要篇章的最后一搏。他们已经在 1904 年失去了科隆、巴拿马两座城市的港口，在 1912 年失去了运河区地产的所有权。如果再失去查格雷斯，他们将失去自己的历史。

起先，巴拿马政府认为，根据 1914 年签订的巴拿马与运河区之间的边界条约，如果巴拿马再次让渡土地，必须经过巴拿马国民大会批准。如果运河区不提供合理补偿，巴拿马国民大会很可能不批准土地让渡方案。巴拿马政府要求运河区政府提供金钱补偿，或用巴拿马铁路公司占有的科隆、巴拿马两座城市的土地来补偿。[64]戈瑟尔斯回应说，《美巴条约》允许美国政府占用用于运河"修筑、维护、运营、卫生管理、保护"的土地，而无需提供任何补偿。而后他话锋一转，表示虽然如此，美国还是愿意给房产所有者提供补偿，便于他们迁往巴拿马的其他地方。[65]

　　考虑到巴拿马与美国之间力量的不对等，象征性的姿态就显得很重要。总统波拉斯召集巴拿马自由党和保守党中的显要人物开会，讨论戈瑟尔斯的回复（当时，波拉斯所在的自由党掌握政权）。与会者承认戈瑟尔斯观点的合法性之后，波拉斯提出，巴拿马政府应该出台一个同意美国占有查格雷斯港的正式法令。运河区法律部门认为出台这样的法令没有必要，然而波拉斯坚持自己的看法。[66]他说："如果没有政府的官方批准，巴拿马民众绝不会允许美国占有我们的领土。"[67]于是，巴拿马政府出台法律，规定"承认美国拥有使用、占据、控制托尔图圭拉角（Point Tortuguilla）和查格雷斯河河口附近地区，建设运河防卫工事的权利"[68]。如果不得不放弃一部分具有象征意义的重要领土，巴拿马政府能做的事情只能是公布出让地区，宣布领土主权易手。

　　在巴拿马显要人物商谈对策期间，巴拿马驻美大使尤西比奥·A. 莫拉莱斯努力寻求一个更好的解决方案。他希望用查格雷斯港与美国交换巴拿马铁路公司占用的科隆城的土地。因为科隆城建在铁路公司的土地上，因此科隆城的房产所有人只拥有自己的房子，而没有房子下面土地的所有权。莫拉莱斯认为，如果巴拿马放弃它具有历史意义的港口，至少可以换回巴拿马铁路公司占有的一些土地。他态度坚定地说："如果政府……拆除查格雷斯镇而不要求补偿的话，我们就会一无所获，绝对的一无所获。"他提醒政府，只有美国驻巴拿马大使才能在巴拿马代表美国，戈瑟尔斯无权代表美国政府达成协议。[69]可惜的是，让莫拉莱斯极为不满的事情发生了：查格雷斯镇的拆迁工作照旧进行，巴拿马直到 20 世纪 50 年代才得到巴拿马铁路公司的科隆城土地所有权。

除了这些关于查格雷斯政治、历史意义的分歧之外，巴拿马居民——尤其是查格雷斯居民——也不认可运河区当局对于当地自然资源和经济资源价值的看法。戈瑟尔斯认为，那片土地是公共土地，可以很方便地用于运河区的防卫工作。然而，那些生活与查格雷斯河、查格雷斯港密切相关的查格雷斯居民对此的看法则完全不同。他们的沮丧以及不得不接受搬迁的无可奈何在谈判中表现得淋漓尽致。

谈判涉及好几个方面。第一，运河区政府怎样帮助查格雷斯居民建设新城镇。美国人同意找一个占地不小于 25 公顷的地方，清除土地上的草木，排干池沼，平整土地。第二，制定新城镇设计方案。第三，拆除和重建教堂、市政厅、学校，帮助查格雷斯居民运输盖房材料，安装供水设施。第四，铺设便于居民们将货物运到查格雷斯河或加通湖岸边的公路。最后，美国人还答应将圣洛伦索城堡的一些大炮运到巴拿马城。[70]这最后一点也许是人们尝试去维持巴拿马与这座城堡历史联系的最后一搏了。

查格雷斯居民和运河区当局很快就拆迁的经济补偿达成了一致。剩下的争议之处是关于新城镇的选址问题。与运河区当局不同，查格雷斯居民很重视这个问题。在他们眼里，并不是所有海边地区都是一样的。地形、用水、耕作和灌溉是否方便，这些都是未来生存和发展的重要考虑因素。他们对新城镇的位置非常重视，89 位"城镇或农村的房产所有者"签署了一份意向书，表示他们虽然接受了货币补偿金额，但在确定新城镇位置之前，不会领取任何赔偿。[71]

新查格雷斯镇的选址是一个颇为复杂的问题。由巴拿马和美国两国代表组成的正式考察小组乘船从科隆城动身，沿着科隆省西海岸航行，为新查格雷斯镇寻找一个合适的新位置。考察小组成员包括科隆省省长和他的秘书、两个美国军官、两个美国政府官员。他们的第一站是查格雷斯港。在那里，查格雷斯镇的市长、镇议会议长和发言人、法官，以及其他查格雷斯有头有脸的人物加入了这一官方考察小组。查格雷斯居民希望搬迁到皮那河（Piñas River）河口附近。那里已经有了一个"风景如画"的小村子。他们之所以想搬到那里，是因为皮那港有良好的货物装卸条件。虽然不能和查格雷斯相媲美，也能算是个次佳选择。

可惜的是，查格雷斯居民没有如愿。运河区律师弗兰克·福伊乐不看好皮那：那里距离当地美军驻地太近。搬到皮那"很可能导致他们与〔运河区〕美军发生经常性的冲突和矛盾"[72]。查格雷斯居民另有其顾虑。虽然皮那土壤肥沃，但他们意识到不应该选在这里落脚，因为这儿"在将来很可能会被再次扰乱"[73]。作为那条路线上最后一个即将拆迁的重要城镇的居民，查格雷斯居民知道，如果选择一个运河区政府不同意的地方，将来很可能要再次搬迁。加通和利蒙居民的经历已经证明了这一点。

他们乘坐的那条考察船行驶到美国代表认为不错但查格雷斯居民不认可的一个地方。查格雷斯居民之所以不认可，是因为那里无法停靠船只。福伊乐认为他们的顾虑是多余的，运河区政府可以建一条连接新城镇与皮那港的公路。在福伊乐看来，如果美国工程师能建好公路，让查格雷斯民众可以将货物送到另一个港口，那么这个城镇有没有好港口就无关紧要了。巴拿马政府的代表也同意他的看法。然而，查格雷斯居民却不这么看。作为一个拥有 400 年历史的老牌港口城镇的居民，他们不认为港口是小事。因为他们对这个地区的了解远胜于来自运河区和科隆城的那些代表。这些居民建议从拉加托河河口附近另找一个地方。于是，考察小组前往拉加托。那里已经有一个矗立着 100 座房子，生活着 500 位居民的城镇。在那里察看了 40 分钟之后，代表们认为，拉加托河右岸靠近河口的地方是建立新城镇的理想之地。那里地势高，相对干燥，还有徐徐的海风吹过。众人都认为这个位置比先前的选址要好。[74]

一些官方文件对那个位置给予了高度评价。查格雷斯居民在请愿书里说那里是一块"很不错的土地，地势高，地面平坦，海风提供了良好的通风条件，是一个适合生活的地方"[75]。外交部一位官员对这里未来的发展给出了乐观的预测：查格雷斯民众到达拉加托后，会让这个地方成为"有上千人口的活力之城"。那里有大量的象牙果，是"一个风景如画的地方。海风的吹拂加上人们的辛勤劳动，会让那里变得富有繁荣"[76]。

虽然人们的评价很高，但谈判进行得并不顺利。查格雷斯城决定派一个代表团前往巴拿马城与外交部长埃内斯特·T. 勒费夫尔谈判。和巴拿马很多经济界和政治界的精英一样，勒费夫尔浸润美巴两国文化多年。1876 年，他出生在巴拿马，并在旧金山度过了一段童年时光。他先在巴拿马地峡学院（El Colegio del Istmo）读书，后来去美国上了大学。先在宾夕法尼亚州的伯利恒市（Bethlehem）读了预科，之后进入理海大学（Lehigh University）攻读电气工程。他的妻子——奥蒂·阿朗戈（Oderay Arango）是巴拿马知名政治家乔斯·奥古斯汀·阿朗戈（José Agustín Arango）的女儿。1904 年，他的政界人脉、社会地位、电气工程学历让他获得了在巴拿马、科隆两个区经营电话、电气公司的特许权，最终让他聚敛了大笔财富。他还投资了农业和城市地产，进行郊区房地产开发。1912 年，他担任外交部大臣，为波拉斯总统的政府效力，虽然他当时是保守党成员。[77]

　　这位巴拿马白人精英与大多数查格雷斯黑人民众的一个共同之处是，他们都是一个历史上知名港口的公民，都体验过美国政府的出现和伴随而来的压力。我们不知道，他们是否意识到了这种共同之处。但我们知道，查格雷斯居民很愿意花时间和精力去巴拿马城向他反映问题。他们之间交流的文字记录，为我们了解巴拿马政府怎样调解美国与当地民众之间的关系提供了宝贵的机会。[78]

　　查格雷斯的民众代表向勒费夫尔抱怨说，新城镇落脚的地方还没准备好，运河区当局就催促他们快点搬走。随着双方交流的进行，他们的其他顾虑浮出水面。那里"崎岖不平，距离河流太远，灌溉很不方便，骑马出行也很困难"。勒费夫尔提到拉加托港的情况时，居民代表承认，"除了查格雷斯，那个港口是最好的"。说到新镇址的潜力时，居民代表痛苦地说："人们的生计都要依靠耕种，可那里缺水，种不了庄稼。"后来，勒费夫尔提到其他活计，比如海

龟捕捞。代表们说，这确实给他们提供了一部分经济来源，他们还
"靠采摘象牙果生活，不过，因为地势坑洼不平，没法使用马匹"[79]。

无法就新镇址的好处说服居民代表之后，勒费夫尔就开始强调
查格雷斯的搬迁如何不可避免，他们没有其他选择。在交流过程中，
他比较了居民们与巴拿马政府各自所面临的形势。美国曾向巴拿马
政府提出，不许巴拿马警察配备武器，而当时巴拿马政府只有两个
选择，收缴警察武器后获得补偿，或者只收缴武器而没有补偿。查
格雷斯居民的处境也是类似的。他们必须从查格雷斯搬往拉加托，
他们能够做的就是尽量争取一个理想的搬迁条件。居民们确实也是
这样做的。他们利用自己是重要选区的选民这一政治筹码，要求政
府在谈判中帮助他们。[80]

运河区政府认为，新城镇的地皮已经清理出来，为查格雷斯居
民的迁居做好了准备。查格雷斯居民不同意这种看法，认为美国人
所做的就是砍伐和烧掉了那片丛林里的树木，并没有将残余树干清
除出去，也没有做地面的平整工作。勒费夫尔和查格雷斯居民代表
想出了一个解决方案：派一位巴拿马工程师去考察那个地方。因为
他是巴拿马人，所以查格雷斯居民可以信任他，同时因为他是工程
师，所以美国人也能相信他。[81]

巴拿马工程师认为那个地方不错，"比先前的查格雷斯镇更卫
生"。那里划出了 104 块地皮，其中 8 块地皮用于建造一个 "plaza
pública"（西班牙语，意为公共广场）。他还将查格雷斯居民的需
求 "翻译" 成运河区当局能够理解甚至认可的类似 "必不可缺的"
改良措施这类技术术语。查格雷斯居民指出，到了旱季，拉加托附
近的溪流就会断流。那位工程师建议挖一口井来解决旱季的供水问

题。查格雷斯居民还说，拉加托地势崎岖，高低不平，要求在那个城镇的主街上修一座桥，便于人们前往那个准备修建公共建筑的小山。最后，工程师在报告里还讲述了城镇居民最担心的一件事：保证连接拉加托与先前查格雷斯港之间公路的畅通，"因为船只停靠陌生的地方是相当危险的"[82]。他们要求修改《查格雷斯法》（*Chagres Act*），修建"一条连接〔新〕城镇与加通湖的公路，让他们能够将产品运到科隆，还要求改善拉加托港的条件"[83]。

我们很难知道查格雷斯居民对于搬迁的感受，或者离开先前的城镇都有哪些艰难与困苦。从他们留下的为数很少的书面材料中可以看出，最让他们感到难过的是要告别查格雷斯河。那条河流是查格雷斯镇存在的根基。他们很难想象一个没有查格雷斯河的城镇。一个名叫西蒙·昆塔纳（Simón Quintana）的农民描述了离开那条河的痛苦之情。从 1906 年开始，他就一直在查格雷斯河河边耕作。他哀叹说："今天，美国政府要我们离开这里，搬到一个遥远的地方，放弃我们曾经付出诸多汗水、努力和辛劳的家园。"[84] 如同巴拿马城失去了巴拿马港一样，查格雷斯失去了查格雷斯河。迁走查格雷斯是美国从巴拿马手中夺取那条运输线控制权、切断巴拿马中心城市与其水路、港口联系的一系列步骤中的最后一步。

第七章

运河区的新地貌

洪水之谜：作为自然灾难的人口迁移

1962 年，巴拿马作家吉尔·布拉斯·特耶拉（Gil Blas Tejeira）出版了一本书，书名为《失落的城镇》[1]。这本书用令人心碎的笔触描写了巴拿马居民因为运河施工而被迫离开家园的经过。小说描述了冷血的运河警察如何将他们从家中赶走，湖水怎样慢慢淹没周围土地。从那时起，学术作品和大众传说便开始将运河区人口外迁与围筑加通湖而引起的洪水联系在一起。[2]

一开始为写作这本书查找资料之时，我也认为书中的叙述是真实准确的。我以为，城镇戈尔戈纳——那个作为特耶拉小说情节中心的城镇——位于加通湖中心的某个位置。我甚至听说佩戴水下呼吸器的潜水员可以在湖底看到旧教堂的尖顶。然而，经过研究地图和文字材料，我慢慢发现，虽然运河区的老城镇已经消失了，但它们并不在加通湖的水底。如前所述，恩派尔、新加通这两座 1912 年运河区最大的城镇都不在湖水淹没的区域内。甚至连戈尔戈纳这座标志性的水淹城镇也没有完全被湖水侵占。戈尔戈纳根本不在加通湖的中央，而是在加通湖南岸最狭窄的岸边，只有一半街道被湖水淹没。湖中央根本没有教堂的尖顶，只有一片年头很长的公墓。[3] 因此，如果运河当局将住房被淹没的那部分戈尔戈纳居民迁到城镇附近水淹不到的地方，那么戈尔戈纳完全可以留在原处。

为什么洪水的说法掩盖了 20 世纪巴拿马人记忆中最痛苦的被驱逐的经历？和所有的错误认知一样，其中也存在一些现实的依据。加通湖的修建确实淹没了大片土地（大约有 164 平方英里）。[4] 不过，洪水传说之所以如此流行，还有一些其他原因。其中一个是洪水完美地象征了一种人们无法控制的巨大灾难。1912年的人口外迁令确实让成千上万的运河区居民产生了这种感觉。洪水对于运河区人口外迁来说还有一些贴切的象征意义，因为人口外迁进行得非常快。从 1912 年塔夫脱总统颁布人口外迁令到 1916 年查格雷斯人口外迁，中间只有不到四年的时间。像自然灾难一样，人口外迁令是运河区居民无法控制、无法阻止的，人们只能适应形势的变化。更重要的是，洪水传说能够如此流行，是因为讨论围筑加通湖可以让运河相关出版物大谈人口外迁的决策，而避开讨论人口外迁的合理性。在它们看来，运河区景观的所有变化都是修建运河不可避免的结果，无论那些结果是否真的不可避免。

铁路的迁移是一个很好的例子，可以很好地解释如何用杜撰出来的洪水掩盖复杂的运河区人口外迁过程。和运河区的人口外迁一样，巴拿马铁路的迁移并没有在运河历史上占据很多篇幅。[5] 然而，巴拿马铁路迁移到运河东部，远离先前铁路沿线的旧城镇，对运河区南部城镇民众产生的影响和围筑加通湖对运河区北部民众产生的影响一样巨大。运河施工开始之时，运河区政府对那条 19 世纪的巴拿马铁路进行了彻底的翻修和改造，以便更好地满足运河施工需求。当时的这些翻修和改造没有改变铁路线城镇的景观。然而，在 1912—1921 年间，情况发生了变化，因为运河区当局将铁路从旧铁路城镇集中的运河西部改迁到了美国人建设新城镇的运河东部。[6]

这一改变让铁路沿线的城镇失去了存在下去的理由。没有铁路的铁路城镇，就像是没有河流的河流城镇一样，都失去了原本的意义。

为什么要把巴拿马铁路迁离那些沿线城镇？这是运河施工不可避免的结果吗？赛伯特和史蒂文斯在他们发表于 1915 年的有关巴拿马史的著作中认为，将巴拿马铁路整体从运河西部迁到东部，是因为运河区主要港口城市——巴拿马城、科隆城都在运河东侧。不过，巴拿马铁路迁移的历史比较复杂。铁路线的最终走向与人口外迁政策、加通湖围筑的关系同样重要。值得一提的是，1913 年初（当时运河区人口的外迁尚未开始），美利坚国家美术委员会（US Fine Arts Commission）对巴拿马的考察报告发现，迁移巴拿马铁路是加通湖南部城镇不得不搬迁的原因。这份报告说："巴拿马铁路的新位置完全选在运河北部〔原文如此〕意味着，目前的戈尔戈纳、恩派尔和库莱布拉必须迁走。"[7] 在人们还没有用洪水逼近来解释运河区人口外迁的 1913 年初，已经有人在用铁路的迁移来解释人口外迁了。

确实，赛伯特和史蒂文斯的这本书很好地说明了运河区人口外迁和铁路迁移之间的关系是怎样被从运河的叙事中排除出去的。没错，将铁路从即将被加通湖淹没的地方搬离肯定是必要的。可是，加通湖南部那些并不会被湖水淹没且集中了很多铁路沿线城镇（包括恩派尔）的那些地方呢？铁路迁移的决策取决于社会和政治上的考虑。如果美国政府事先没有决定外迁运河区人口，就会对铁路线上不会被湖水淹没的地方采取大不相同的措施。值得一提的是，社会优先级——也就是一个社会认为最值得保全的东西是什么、什么东西不太重要，是制定技术和经济决策的基础。[8] 如果当时铁路线南部的那部分比较受重视的话，它就不会被湖水淹没，其位置也不会有改变，可以继续为戈尔戈纳和恩派尔这两个城镇提供服务。而戈尔戈纳也会继续留在它原来的地方，而只有些即将被湖水淹没的城镇会被迁移到附近的安全之地，这样铁路线的南段仍旧是巴拿马铁路的一部分，它会通过库莱布拉人工渠南端附近的浮旋桥与新铺的铁路相连。

实际上，刚开始，事情确实是这样的。1914 年，约翰·F. 史蒂文斯在他写的运河施工历史作品中说，巴拿马铁路的西部支线仍在使用，它与主铁路连在一起。史蒂文斯猜测："如果没有必要将它保留下来，将来它可能被全部拆走。"⁹ 史蒂文斯没有探讨"必要性"问题，即没有分析那条铁路支线为什么必须"消失"，进而回避了人口外迁问题。他知道，"必要性"意味着巴拿马铁路西段的那些城镇和田地的存在。他也知道，那段铁路会消失，是因为 1912 年塔夫脱的总统令要求那个地方进行人口外迁。书中没有提及这些事实，这就导致后来的读者很难了解人口外迁令的重要影响。恩佩德拉多等城镇当时使用的铁路很快因为人口外迁令而消失，这是一个从流行历史叙事中被抹掉的事实。而西部铁路线的拆除则和洪水的到来混为一谈。在关于运河和其他相关的叙事中，铁路的搬迁是围筑加通湖自然出现的结果，而不是由人口外迁令导致的。

有关 1914 年之后运河城镇建设的新闻报道也对人口外迁问题讳莫如深。这种情况开始于当时运河区的官方报纸——《运河纪事》早期的报道中。有的文章高度赞扬、详细讨论巴尔博亚等新城镇的规划设计，而另外一些文章则提到各种措施，为的是"防止非法占地者进入运河区，防止非法占地者在运河区内流窜，防止运河区居民从居住点迁到丛林里"[10]。虽然都属于同一个历史进程，但是这两种叙事从来没有联系在一起。这让人们忽视了这一事实：新的城镇正在取代运河区原有的生活方式，而且——没有人口外迁令，就不会存在非法占地行为。人口外迁才刚刚开始，那些旧城镇居民就已经不再是即将被从自己的土地上驱逐的人，而是在他人土地上私自盖房的人。《运河纪事》从来没有提及创建运河区模范城市背后的悲剧，而是将新城镇描述成为运河施工的自然结果，而不是1912年12月总统的人口外迁令的自然结果。各种叙事、各种沉默抹掉了巴拿马记忆中的所有有关人口外迁的历史，直到加通湖湖水的逼近成为唯一的解释。

如果运河区的人口外迁是围筑加通湖的结果，那么，这不是因为两者之间存在必然的联系，而是因为围筑加通湖导致的当地景观产生的巨大变化，可以让人们完全将运河区想象成一个可以被从无到有、重新"再造"的地方。洪水可被视为《圣经》中重造新世界的象征。迁移运河区人口，让丛林重新覆盖古老的城镇和农田，ICC借此可以营造出一个直观、具体的印象：巴拿马只是一片等待美国开发和教化的丛林。

一个新世界的出现：永久城镇巴尔博亚、拉博卡

看着今日的运河区，甚至40年前仍处于美国控制下的运河区，人们很难想象到自20世纪初以来这里经历了怎样的巨大变化。人口外迁后的景象让人们觉得这里一直就是这个样子，没有任何痕迹

可以让人们想到那些已经消失了的地方。查格雷斯河沿岸的老城镇已经消失了，一起消失的还有运河西面那条旧铁路沿线的城镇。有的城镇和农田被加通湖淹没了。还有的地方，比如查格雷斯和恩佩德拉多被迫迁到其他地方。热带森林迅速地重新覆盖了那片城镇以及城镇周围开垦出来的农田。先前充满生机的连接戈尔戈纳、恩佩德拉多、巴尔博亚与巴拿马城、科隆城的城市走廊，成为丛林覆盖、人烟稀少的地区。没有了城镇、居民和铁路，运河区西部成了军队进行训练的地方。人口外迁令，以及加通湖的围筑、西部铁路线的拆除、让森林覆盖那个地方的政策，有效地消除了长达若干个世纪的旧景象的痕迹。这种深刻的变化更让人们遗忘了运河区曾经的一切。

美国人想要打造一个能够复制美国文明理念、体现其全球角色的全新城市面貌，而人口被全部迁出的运河区就为美国提供了理想的空间。运河的建设激发了对美国的想象，而毗邻那个年代最为知名的工程项目、位于世界上最具战略意义的地区的运河区新城镇，可谓与运河相得益彰，相辅相成。

因为无需应对人口稠密地区那些纷繁复杂的城市乱象，所以运河区官员着手在运河东侧靠近新铁路线的地方新建一些"永久城镇"。在这个过程中，ICC颠倒了"临时"与"永久"：年头悠久的老城镇成了"临时"城镇，而崭新的新城镇成了"永久"城镇。这些新城镇和先前的城镇大不相同。如果说老城镇可以划分为相对较小的美国人居住区和相对较大的"土人"居住区，那么新城镇则完全是美国人管理的天下，新城镇可以分为两种：一种是美国白人员工生活的城镇，另一种是外国人（主要是黑皮肤的西印度群岛员工）居住的城镇。老城镇有私人房产和个体经济，新城镇两者都没有。美国政府提供了从食品到娱乐的一切；老城镇有酒水出售，新城镇则禁止卖酒；老城镇通过反映该地区历史特色，体现房主的收入、品味、优先度的方式来发展经济，新城镇则通过精心规划来体现美国的城市理念。

　　模范城市巴尔博亚（针对白人员工的城镇）和拉博卡（针对黑人员工的城镇）在规划设计方面体现得最为缜密。两座城市都位于巴拿马运河太平洋一侧靠近巴尔博亚港的地方（参见图 7.1 和 7.2）。[11] ICC 用一系列精心规划和整修的城镇取代了列入 1912 年人口普查统计的 41 个城镇。运河区呈现出一种没有农业、没有私

图 7.1　政府办公楼外的巴尔博亚一景

资料来源：美国国会图书馆，HABS CZ, 1–BALB, 1–19。

图 7.2　拉博卡银工券员工的住处，1920 年

资料来源：美国国家档案馆。图片编号：185–G–26–1/2X–34（Brady 系列）。

人房产、城镇很少的新图景。它从一个熙熙攘攘的、富含历史底蕴的地方变成了一个用来展示以美国的城市理念征服热带地区的城市空间。丛林和加通湖湖水不仅覆盖了先前的图景，还成了新景象的背景。在人们的意识里，这里渐渐成了一个原本如此的空间。[12]

新运河城镇的规划体现了进步时代的美国社会改革理念。其中的很多理念塑造了运河区旧城镇的美国人生活区，不过，那些理念在 1914 年后的新建美国城镇中得到了长久的表现。[13] 在总统西奥多·罗斯福、历史学家弗雷德里克·杰克逊·特纳（Frederick Jackson Turner）等人看来，美国正逐渐失去其力量和刚毅，逐渐落入信奉享乐至上，只关心自己利益，将大众福祉抛之脑后的软弱精英手中。[14]弗雷德里克·杰克逊·特纳认为，边疆的关闭意味着美国坚忍不拔和创新精神的终结。像《弗吉尼亚人》（*The Virginian*）这样的小说也强调了这一点，将边疆地区描绘成为一个集中了粗犷、勇敢、代表真正美国民主精神的硬汉的地方。[15]随着边疆的消失，美国该从哪里重拾果敢、刚毅的民主精神？西奥多·罗斯福等人发现，答案在海外扩张和像巴拿马运河这样的项目中。修建巴拿马运河，克服热带自然条件的挑战，可以证明美国并没有失去开拓精神。讲述运河故事的作家们迎合了他们内心的这种感觉。[16]在巴拿马的美国汉子面对着热带自然条件的种种挑战：蚊子、酷热、暴雨、泥泞、泥石流。身在巴拿马的运河工人"接到一项来自文明世界的……有关人类福祉的任务"，"为了地峡民众和我们国家的利益，为了文明世界的利益"来"维护"巴拿马地峡。[17]

不过，这里有一个问题。生活在运河区城镇里的"英雄"不是西部边疆的牛仔，而是医生、工程师等领薪水的中产技术人士。依托技术专长和奉献精神，为了美国和全世界的荣耀和共同利益，他们克服了技术和地理上的重重困难。在国内关注他们巨大成就的中产者可以引以为同仁，以他们为傲，享受他们的荣耀和声望。如果美国中产能在巴拿马取得成功，那么他们在国内也能取得成功。如果身在巴拿马的美国医生、工程师可以在长期监督来自世界各地的数千名工人干活的过程中战胜黄热病、热带的暴雨、泥石流、湍急的水流，那么美国国内的中产改革者就可以治愈产业贫困、移民、恶劣的城市卫生条件等社会弊病。他们有能力解决信奉享乐主义的精英们无法解决或不愿意解决的社会问题。

新城镇巴尔博亚、拉博卡成为"进步"的社会价值观的具体体现。巴尔博亚向人们展示美国中产改革者怎样看待自己，拉博卡则展示他们认为自己作为改革者和开化者的职责是什么，因此两个城镇都受到了运河区管理者们的高度关注。ICC 希望巴尔博亚成为一个"与其作为极为重要的美国领土统治中心这一职能相称的宏伟城镇"[18]。戈瑟尔斯聘用了权威的建筑设计师和艺术家。美国国会的美术委员会认为，巴拿马运河的象征性作用非常重要，因此，该委员会亲自前往巴拿马，视察那座永久性城镇的设计工作。[19]

巴尔博亚最重要的建筑设计就是巴拿马运河的行政大楼。它位于安孔山西坡上的一个小丘上，这个位置具非常重要。安孔山处在巴拿马城郊外，是那一带最重要的山丘，被人们赋予了深远的象征意义。自从 17 世纪后期以来，安孔山就一直是巴拿马城及其港口的远景。1904 年，随着这座山成为运河区与巴拿马城边界最重要的一部分，它在象征意义上的价值也随之上升。另外，一代又一代巴拿马人将失去安孔山与失去运河区联系在一起。他们用诗人阿米莉亚·丹尼斯·德·伊卡扎（Amelia Dennis de Icaza）发表于 1906 年的一首诗来表达对失去安孔山的愤懑之情："我只能在心里爱着你，因为再无法来你身边哭泣……你已不属于我，我心中挚爱的安孔。"[20]

将巴拿马运河行政大楼建在安孔山西坡，破坏了当地一项长达四百年的传统：将巴拿马港的管理机关设在巴拿马城，临近当地最重要的宗教和政治中心。即使是法国人，也效仿之前的传统将运河办公场所建在巴拿马主广场，正对大教堂。相比之下，安孔山成了政府办公大楼和巴拿马城之间的屏障，从行政大楼里无法看到巴拿马城，从巴拿马城也看不到行政大楼。另外，行政大楼背后对着巴拿马城，大楼宽阔的楼梯口正对着港口、新城镇巴尔博亚、路边栽了棕榈树的林荫大道"埃尔普拉多"（El Prado）。在行政大楼里，可以居高俯视着一个不同于先前的景象。这种景象"认可"了美国在 1904 年表达的立场：太平洋港口拉博卡属于美国，而不属于巴拿马（在此之前，巴拿马政府曾争取过这里）。在美国的统治下，安孔山成为将巴拿马城与其国际港、过境区分开的新政治力量、新运河图景的中心。

作为新运河区具有象征意义的核心设计项目，这座建筑受到了运河区当局的格外关注。他们聘请权威的纽约设计师奥斯汀·W.洛德进行设计，聘请曾经为美国国会图书馆作画的威廉·范·因根（William B. Van Ingen）绘制壁画。行政大楼及内部壁画彰显了人们对技术的荣耀，以及美国中产阶层新出现的英雄人物（即工程师）的崇拜。需要指出的是，运河区最重要的建筑不是军事建筑，也不是政治建筑——总督官邸、市政府大楼——而是行政大楼。行政大楼这一名字显示出：优秀技术专家的重要性超过了民选官员、上级指定的政治和军事官员。它强调了运河区管理人员和工程师们取得的技术成就和付出的艰辛劳动。

行政大楼的设计强化了与传统的背离。这不是美国精英钟情的那种艺术学院式建筑（Beaux Arts building），而是融入了技术人士、中产阶层改革者所喜欢的一种新的审美意识和使命感。这座建筑虽然气势宏大，但风格简洁。戈瑟尔斯要求设计方案注重"简洁"，与巴拿马运河"宏伟的混凝土项目"相一致。[21] 这是一座三层建筑，厚实的墙壁、硕大的窗户、宽阔的楼梯构成了这座建筑的主要特色。戈瑟尔斯不喜欢大楼入口处有任何雕像或浅浮雕。唯一的装饰就是写着"巴拿马运河行政楼，公元 1714 年"的巨大墙板。[22]

范·因根的壁画和这座大楼的总体设计一样重要。虽然壁画位于圆形大厅内的墙板上，但仍让人叹为观止。那些壁画为我们讲述了运河施工的四个关键时刻：加通湖大坝泄洪道的施工、米拉弗洛雷斯船闸侧壁涵洞的施工、船闸闸门的安装、库莱布拉人工渠的挖掘工作。在壁画描述的场景中，恢宏的施工现场和巨大的施工机械让工人显得很渺小。壁画将很多巴拿马作家心中共有的一种情感视觉化了：运河对于美国文化和技术的意义，相当于金字塔对于古代埃及人的意义，两者都体现了那个年代人类最高的技术成就。

除了表现美国在巴拿马的技术成就，范·因根的壁画还改换了这个过境区的历史。从那些壁画中，人们看不到它的过去：里面没有西班牙殖民时代的道路，没有查格雷斯河，没有 19 世纪修建的铁路。运河的历史就是美国安装运河船闸、修建大坝的历史。壁画呈现的这种历史强化了 1914 年之后的城市景观透露的信息。和壁画呈现的方式一样，运河区后来的城市景观中看不到先前的城市功能和传统。运河区城镇被精心地规划在新建的基础设施附近。巴尔博亚镇的名字来自附近的巴尔博亚港口。米拉弗洛雷斯镇位于米拉弗洛雷斯船闸附近。加通镇在加通湖大坝和加通湖船闸附近。运河区很多旧城镇的名字永远地消失了，比如，克鲁塞斯、戈尔戈纳、恩佩德拉多等名字已经不复存在。只有加通还保留着先前的名字。它往往让人们想起早年的运河施工——那时城镇的搬迁并不需要把人们赶出运河区。

巴尔博亚镇正好位于行政大楼可以俯视的地方，与其传递的信息相辅相成。通过他们的生活方式、房屋、城镇，运河区白人居民表达了美国中产阶层对自己及其在拉美的教化职责的认知。巴尔博亚的建筑简洁美观，设计精巧，规划整齐，体现了运河区建设者的高超水平。巴尔博亚的住房突出了中产阶层低调的舒适简洁，与精英阶层的奢华和虚饰不同。这些住房大都是两层楼结构，具有一个共同的核心设计特点：房子前面是连接人行道与房子正门的大楼梯。所有外墙涂着相同的浅颜色，采用同样的红山墙屋顶。这种整齐划一和简洁传递了一个信息：美国给混乱的丛林地区带来了秩序。[23]

巴尔博亚和运河区其他城镇没有私有房产或私有企业。房子都属于公司所有，但不属于私人公司，它们是美国政府的财产。和巴拿马运河、行政大楼一样，这些房子传递的信息是：美国政府及其高效的中产阶层专业技术人员组成的高级管理层可以代表大家共同的利益，可以高效地为一个健康、和谐的社会提供它所需要的一切。[24] 所有中产阶层舒适生活所需要的必需品，从咖啡到美国进口的蔬菜到服装，都可以在储备丰富的运河区城镇的物资供应站找到。恩佩德拉多、戈尔戈纳、新加通等运河区老城镇的那些繁忙喧嚣的商店、银行、餐馆，如今只有在运河区边界外面的巴拿马城、科隆城才能找到。新城镇拥有清洁的自来水，安装有排污系统，拥有修剪整齐的草坪，窗户都装着防蚊丝网，这说明美国给热带地区带来了进步和卫生。运河区城镇不是奢侈和放纵的地方，只允许有益健康的娱乐。饮酒、赌博和卡巴莱①在运河区城镇是禁止的——虽然这些在运河区边界另一边的巴拿马城可以很容易找到。人们可以通过基督教青年会、俱乐部会所、教堂、球类比赛和其他家庭活动进行社交娱乐。在运河区内甚至看不到精英阶层的乡村俱乐部。美国独立日这种假期也体现了运河区这一新颖的生活方式。每逢这些节日到来，人们就在巴尔博亚行政大楼大楼梯口正对着的主街或林荫路上举行庆祝活动。这种时刻，在这些新的景象中，我们看不到运河区先前巴拿马城市历史的任何痕迹。

然而，过去并没有完全消失。从园林设计师威廉·莱曼·菲利普斯（William Lyman Phillips）选用的绿植中，人们可以不经意地看到运河区的农业历史。菲利普斯是一个英格兰人，曾经在马萨诸塞州跟知名的奥姆斯特德兄弟（约翰·查尔斯·奥姆斯特德、弗里德里克·劳·奥姆斯特德）进行过专业学习。学习结束，在欧洲考察各国的花圃和公园之后，他获得了职业生涯里的第一个重大任务：全面设计运河区新城镇的园林景观。[25] 他自诩现代达尔文，热衷于深入观察热带植物，想要向人们展示热带地区不可思议的美丽。在热带地区，他感受到一种"宜人的北部森林鲜为人知的魅力，热带植物的丰裕繁茂与蓬勃生机让他惊奇，那片土地刺眼的阳光让他叹为观止"[26]。

菲利普斯就是为数很少的反对关于热带地区刻板观点的人之一。他非常重视对"温室植物和所谓热带植物令人误解的性质"

---

① 即 cabaret，一种具有戏剧、歌曲、舞蹈及话剧等元素的歌厅式音乐剧，主要在设有舞台的酒馆或夜总会表演。

进行深入观察。[27] 他知道热带地区是一个物种丰富、情况复杂的地方，想澄清这方面常见的一些错误看法。例如，他质疑只有热带雨林或丛林才能代表热带景观这一观点。他深入细致地研究热带地区常见的各种森林。他将热带森林分为四种：滨海林地（littoral woodlands）、热带雨林、干燥落叶林（dry deciduous forests）、人工林（cultural forests）。他说的"人工林"，指的是体现了热带农民辛勤劳动的耕地和林地。在那个有很多人认为椰子树这种热带植物代表着所谓"大自然的慷慨馈赠"和热带人懒惰习性的时代，菲利普斯猛烈抨击椰子树不需要人工培育的观点，认为这种看法是错误的。通过援引"僧伽罗人的信念，'如果不是走近它，与它交谈'，椰子树就不会长得很好"，菲利普斯确信，"椰子林完全是一种人工林。因为它具有极为重要的经济价值，热带民族对它极为崇敬，它密切地融入了热带居民生活的各个方面，无法将它从有关热带的认知中分离出去，不然就人们很难公正地评价椰子在当地的价值"[28]。因此，细心观察热带植物的菲利普斯将先前巴拿马农场里的那些作物收入到新运河区的花园中，也许不是意外。

　　面对运河区城镇"简洁、有序的特点"，菲利普斯设想了一个城市规划方案，用"土著风格"（nativist approach）对规划方案进行必要的改进。[29] 他重视事物的本来面目，强调"运河区的人口外迁导致了当地居民放弃了大量种植农作物和水果的小型种植园"[30]。在这种情况下，多年的果园和农场可以作为一个"土著"元素，融入到本没有给当地农民或当地农业提供空间的新运河区图景里。菲利普斯打算用一排排大王椰子树来作为巴尔博亚法定区域的边界。这倒不是因为他喜欢椰子树——其实他不喜欢——只是因为戈瑟尔

斯认为椰子树是"最适宜种植的树"。他想种植椰子树，是因为他
认为椰子树"是那片土地理想的象征和标志"。

虽然菲利普斯很欣赏热带景观，但他仍然想从北美的审美角度
出发，在热带自然与那些他所熟悉的花园公园设计理念之间寻求一
个折中。和住房、物资供应站、俱乐部会所一样，菲利普斯想利用
他设计的园林给运河区的美国居民带来一种赏心悦目的熟悉感。和
巴尔博亚红色的三角屋顶一样，热带植物也成了一种具有当地历史
特色的装饰性元素，同时还不破坏美国化的景观。菲利普斯喜欢芒
果树和其他阔叶树，因为它们"与某些北方阔叶树种有一定的相似
性"。大多数的北方树种"枝叶盖住了树干，让树木显示出清晰
的外形和轮廓，而在热带，叶子往往很薄，枝干部分更为显眼"。
在他看来，芒果树、酸角树、酸橙树、枇杷树是"明显的例外"。
这些树的树冠呈"球形……布置在港口可以产生很多变化，而且往
往树龄越长就越发漂亮……在需要硬朗、清晰的轮廓时，他就会考
虑这些树"[31]。他还哀叹，热带植被缺少灌木，没有杜鹃那样的
植物，但是木槿可以很好地取代它们。也许就是因为菲利普斯的
影响，芒果树、木槿（现在的巴拿马人称之为"papos"）在旧的
运河区和巴拿马城的花园里随处可见。

与白人城镇巴尔博亚相对应的是黑人城镇拉博卡。运河当局
在拉博卡的规划方面颇为用心，因为这个城镇与巴尔博亚具有同
样重要的象征意义。拉博卡的规划工作开始于 1913 年 4 月，此时
运河区当局批准在运河的太平洋港口附近新建一座城镇，以解决
西印度群岛籍永久银工券劳工的住房问题。[32] 新城镇将建在索萨
山（Sosa Hill）东南巴尔博亚垃圾场——就是 ICC 最初打算迁移

"土著城镇拉博卡"居民的那个位置。针对这个新城镇，运河当局考虑了五个名字：埃斯皮诺萨（Espinosa）、莱塞普（Lesseps）、摩根镇（Morgan Town）、林肯（Lincoln，象征"有色人种的朋友"），以及原来的名字拉博卡。后来戈瑟尔斯决定采用原来的名字。[33]

和土著城镇拉博卡不同，新的拉博卡镇没有破坏巴拿马运河太平洋港口附近地区的象征意义。和附近的巴尔博亚一样，ICC 也利用拉博卡来展示美国人的城市现代性理念。如果巴尔博亚是为了展示美国人有能力在热带地区既舒适又健康地生活，那么拉博卡就是黑人劳工的"模范城镇"。这个城镇建立数年之后，运河区的首席卫生官对这一城市很是自豪：

> 拉博卡尤其是一座模范城市。这里有精心铺就的宽阔街道，有绿树草坪，安装了现代供水排水管道，房屋装了防蚊丝网，有供应品充足的物资供应所、餐馆。通过经常性的管理和培训，运河区当局给这个城市的有色人口提供了有关卫生的深入宣传教育。这一点从这个城镇的面貌和周围环境就可以看出来。这一成就很值得社会阶层和文化品位相对较高的人们效仿。[34]

拉博卡的规划原则是符合现代社会公众健康标准、现代城市设计要求、相关的审美原则，同时提升市民的自豪感，推进居民的文明行为。首席卫生官列出了一长串要求，其中包括安装适当的排水沟，在公共浴池和公共厕所下面的水龙头周围铺上平整的混凝土地面，使用自动闭合的垃圾箱，在防蚊丝网外面安装起防护作用的木头板条，给员工宿舍内墙距离地面 4 英尺高处浅浅地刷一道 18 英寸宽的黑色条纹。[35] 精心铺就的街道和人行道也是标配。虽然戈瑟尔斯认为建水泥人行道过于奢侈，比白人城镇的人行道的成本还要高，但拉博卡规划委员会不同意这种看法："混凝土人行道从卫生角度来看非常必要。如果不弄混凝土路面，到了雨季就遍地是水坑了。"[36] 委员会还高度重视道路以外的其他城镇地面。园林设计师建议在街道两侧种植椰子树，在每幢建筑物周围种 6 棵树——包括果树和装饰用树，在一些位置种植灌木，在庭院里和停车场种草。拉博卡规划委员会同意这一建议，并希望种植工作尽早实施。[37]

如果说运河区当局没有解决土著城镇拉博卡居民的"社交问题"，那么这次他们非常重视新拉博卡居民。和大多数旨在改善穷人生活条件的"进步主义"方案一样，新拉博卡的建设方案也需要着力解决一些当地 "历史遗留"的"民俗"和"陋习"。 如果像阿图罗·埃斯科瓦尔（Arturo Escobar）所说的"城镇开发让人们将社交视为技术问题"，那么 ICC 官员对新拉博卡采取的措施则预示着与后来那些"开发惯例"相伴相生的策略。 巴拿马运河工程师阿曼德·鲁索（Armand Rousseau）的一封信谈到了这种看法：

> 所有的目标就是让拉博卡作为一个试点，来了解让有色人种居民对积极改善生活条件、提升舒适度标准、遵守卫生法规产生兴趣到底有多大的可行性。这至少是一件很困难的事情……然而，在拉博卡城市面貌方面有那么多的积极评价，我觉得起码目前还是值得把这些事办下去，看看我们到底能把拉

博卡的 "模范城市" 建设工作做到什么程度……重要的是，巴拿马运河区要把这个〔城市化的〕标杆、基准确定下来。如果人们不喜欢这个标准，不想支付房租，他们有权搬到巴拿马境内的其他地方去遵循自己的标准。[40]

　　这封信着重讲了两件事：第一，让拉博卡建设成为开化西印度群岛劳工的模范城市；第二，将运河区和巴拿马分成两个风格不同的地方。运河区是一个重视标准和规矩的地方，而后者则专门是收留那些不遵守这些标准而被驱逐的人的地方。

　　为了实现改变西印度群岛劳工生活习惯的目标，鲁索打算让这些劳工来负责新拉博卡的地面维护工作，其中包括清洁和修剪草地和树木。为了鼓励人们积极参与，他还提议弄个月度的 "最佳环境奖"。有人提出反对意见，认为既然西印度群岛劳工支付了房租，就应该有人替他们做这些维护工作。不过，戈瑟尔斯很重视鲁索的建议，他 "强烈要求" 成立一个特别委员会来评估这件事。[41] 后来，该委员会就 "城镇面貌和拉博卡居民的关心程度" 提交了一份评估报告。[42]

　　这份有关拉博卡的评估报告秉持了进步时代改革者们的典型立场，它密切关注了两个因素：运河区政府是否履行了它对西印度群岛员工的责任；是否采取了必要措施来培训和改变他们，使他们成为运河区当局所期望的理想黑人劳工。为了完成调查任务，委员会成员 "深入考察了那座城镇，询问了住在那里的劳工、居民，以及他们的家人"。报告非常重视拉博卡居民的需求和困难，以及运河区政府是否履行了其责任。最后，报告提出了改变西印度群岛籍劳工生活习惯的一些建议。

第一个建议是，让很多尚未安装自来水和污水槽的家庭安装这些设施，没有这些设施会给生活"增加很多不便，甚至连身体强壮的白人也会嫌麻烦而将脏水倒到室外"。报告还建议在那些银工券员工的食堂旁边弄一个"遮阳的棚子"，摆上餐桌和长凳，让员工就餐时可以免受日晒雨淋，还不会招来老鼠。其余的建议包括：不要私搭乱建，以免影响市容；每排洗衣房前的晒衣绳之间应保持"6英尺的距离"，避免随意乱拉晒衣绳的"不规矩行为"。报告建议运河区当局给员工住房配备统一、整洁、有消防设施的厨房，不再使用那些"难看的厨房"；另外，还要提供额外的存储空间，避免人们将东西摆放在门廊里有碍观瞻。报告还鼓励种植可以遮阴的树木、攀缘植物以及绿草。

另外，委员会还设法培养"公民的自豪感"。他们认为，在拉博卡的所有问题中，"缺乏公民自豪感"是"最难克服的问题"。其根本原因是：

> 贫困、拥挤、对城镇缺少责任感和其他形式的经济关怀，缺乏自治精神、公民意识，缺少其他形式参与政治的热情，对能在那里工作和居住多久感到不确定。[43]

评估结论认为，贫困是阻碍人们全面参与政治和构建健康集体社交生活的障碍。特别委员会承认，新运河区缺少美国政治和经济生活的两种基本特质：房产私有制、选举制。他们还意识到，与美国人不同，出生在运河区的西印度群岛籍劳工无法自然获得美国公民权。委员会建议解决这些制约因素。他们的方案分为三个部分：第一，为了鼓励"房间内外的干净整洁"，每个月应提供现金奖励。第二，应鼓励居民种花。出于解决社会问题的目的，委员会对那些反对西印度群岛园艺美学的人没什么耐心，"西印度群岛人对美观的不同看法完全不重要"。委员会的目标是培养拉博卡公民对这个城镇的自豪感，而不"仅仅是让游客觉得好看"。第三，委员会建议拉博卡每个教会选派一个居民代表，组建"居民委员会"，向总督提建议。

在委员会提出的所有建议中，戈瑟尔斯只反对最后一条。他建议用经常性的听证会取代居民委员会，"来了解每一个单独的拉博卡居民的希望与诉求"[44]。众所周知，戈瑟尔斯不喜欢在运河区成立政治组织，他倾向于家长制做法，让员工单独向运河区当局反映问题。[45]1914年12月，"最佳环境奖"的方案开始实施。[46]1916年，实施还不到两年的方案中止，因为每年得奖的都是同一批家庭。后来，运河区后勤部雇专人打扫公共区域，他们认为这样做比发奖的效率更高，还可以节省资金。[47]

认为西印度群岛员工缺少公民自豪感的判断，没有考虑到他们组织请愿的长期传统，这项传统非常重要，以至于运河区官员会尽量避免可能导致西印度群岛员工签名请愿的行为。[48]事实上，拉博卡居民并没有被动地等待运河区政府提供他们承诺的城市基础设施。1915年，62位拉博卡居民签署了一份请愿书，要求运河区当局给尚未安装上下水系统的住房安装这些设施。他们说，每天给家里提水是一个很重的负担，尤其是在运河工地上忙碌了一天之后。另外，他们巧妙地利用了运河区官员在卫生方面的担忧来说服对方。他们拐弯抹角地说，"要从那么远的地方提水回来"，他们"很不舍得"用水来解决"卫生问题"。[49]

虽然运河区当局在提供相关基础设施方面存在一些不足和延误，但他们仍然严格地监管着拉博卡的西印度群岛劳工的生活习惯。卫生巡视官们不厌其烦地描述了一些居民如何不注意保持清洁的生活环境。一位卫生巡视官说，有的女人将泔水倒在屋外路边的排水沟里，而不是倒在公共厕所里，随意丢弃剩饭剩菜，而不扔到垃圾箱。[50] 运河区当局还因为一件事情与一些工人矛盾不断，这些工人不喜欢去运河工地的食堂吃饭，而喜欢自己做饭吃。按照运河区的规章，"只有在指定的设有厨用木屋的地方"才可以生火做饭，其他地方是不可以生火做饭的，因为不卫生。然而，运河区当局并没有给劳工提供"符合规定的厨用木屋"，理由是"巴拿马运河工地的食堂提供了价格低廉的饭菜"。西印度群岛工人不喜欢这些饭菜的口味，继续自己做饭吃。运河当局还要求警方协助他们纠正劳工的这一习惯。[51] 关于正确卫生行为的严格要求与一个事实相冲突：这就是，运河区当局不愿意或没有能力投资基础设施，来培养劳工的"正确"卫生行为。一位西印度群岛劳工对于拉博卡女人将泔水倒到排水沟这一习俗的辩护，很好地体现了运河区当局对西印度群岛居民的要求与其提供的服务之间的矛盾。那位劳工问卫生巡视官："她为什么不能把泔水倒在排水沟里？提到公共厕所那里太远了。"[52]

虽然存在这些矛盾冲突，但拉博卡依然成了运河区其余黑人城镇的榜样。1915 年，运河区首席健康官提议，鉴于拉博卡的示范作用，应该在米拉弗洛雷斯船闸附近为银工券劳工建一个居住区。他说："拉博卡可以有力地证明，黑人城镇也可以做到清洁、体面、美观；黑人也可以拥有尊严；在收取合理房租的同时也可以提供维修和维护服务；还能证明巴拿马运河区可以在不付出太多成本的情况下为很多黑人劳工提供体面的住房。"[53]

1915 年 6 月，运河挖掘部门的很多劳工生活住在帕拉伊索一带，住在汉密尔顿山、牙买加镇、西班牙镇①的私人出租房里。当时替换掉这些私人出租房的方案和处理拉博卡这样的黑人城镇的方案是类似的，因为"运河区的私人出租房与巴拿马运河所有政策和最新形势格格不入"[54]。虽然如此，拆除运河区所有出租房，代之以黑人劳工模范城镇需要再等上好几年。运河区高管知道，只要运河施工不结束，就要让运河区城镇的出租屋存在下去。有人甚至后悔在库莱布拉人工渠竣工之前就将恩派尔镇迁走。[55] 后来，运河区政府还建了一系列黑人城镇。这些黑人城镇和白人城镇分散在运河区各地。城镇中有政府精心规划和管理的相互分隔的居民区。[56] 对于运河区的面貌来说，这些黑人城镇和白人城镇一样重要，因为它们提供了美国将文明带给了热带居民的视觉证据。

西方文明的景象

拆掉土著城镇拉博卡，建设新的巴尔博亚和拉博卡都是大规模

---

① 帕拉伊索曾是运河挖掘部门的总部，后来挖掘部门的美国员工被转移到佩德罗米格尔，而帕拉伊索成为银工券员工居住的城镇，其居民区被划分为汉密尔顿山（Hamilton Hill）、牙买加镇（Jamaica Town）和西班牙镇（Spanish Town）三部分。

改造热带景观、彻底终结过去的运河区城市生活方式、切断运河区
与巴拿马历史联系的重要组成部分。这些新城镇的设计规划将它们
与另外一种历史叙事联系在一起，即美国进步和技术开发的历史。
巴拿马运河的太平洋入口取代了格兰德河；美国的巴尔博亚港取代
了巴拿马城及其国际港；新拉博卡取代了土著城镇拉博卡；巴尔博
亚取代了巴拿马城成为地峡路线的行政中心。今天的大多数巴拿马
人甚至不知道在运河的太平洋一侧曾经有一条河。只有"拉博卡"
这个名字仍然保留着先前城市景象的一丝剪影。

　　然而，在运河区景象的这种巨大变化背后是另一种叙事：有关
运河区"进步时代"改革失败和矛盾的叙事。一方面，运河区为有
关"好政府"的进步理念提供了一个试验场。社会改革者、媒体人
和评论人士密切关注巴拿马的美国劳工和社会政策。[57] 另一方面，
运河区当局根本没有为 1912 年居住在运河区的 61,000 人提供现代
住房条件的资金预算。要想获得足够的资金，需要一个完全不同的
经济模式，需要和巴拿马建立完全不同的关系。运河区的人口外迁
政策解决了这一矛盾。它催生了一个跨越美巴边界的工人阶层城镇
住房方案，将除少数住在那里的永久劳工之外的其他所有居民迁出
运河区。失业工人和临时员工不得不搬到科隆城、巴拿马城那些已
经过度拥挤的出租房里。于是，在 1913 年和 1914 年，当运河区人
口外迁政策迫使先前住在运河区出租房里的人们搬到巴拿马城、科
隆城之时，巴拿马著名的居住区埃尔科尔里略（El Chorrillo）规模
迅速扩大。[58] 实际上，像埃尔科尔里略、马拉尼翁（Marañon）、
库伦杜（Curundú）、好莱坞（Hollywood）这样的贫民区就是巴
拿马城与运河区分界的标志。

　　运河区人口外迁完成之后，美国与巴拿马之间的边界成了一个非常显眼的空间。在那里，美国模范城市与巴拿马贫民窟比邻而立。巨大的反差让人们很自然地感觉到美国是象征进步、先进、舒适的国度，而巴拿马是一个永远需要跟上时代、需要技术援助的落后地区。这一新出现的景象可以解读为西方文明意识形态在空间上的体现。和西方的其他历史一样，这一景象通过抹掉西方文明与热带地区在19—20世纪共同经历的历史，来突出西方文明与"落后的"热带地区之间的差异。一部出版于1915年关于巴拿马城的作品用非常悲观的笔触描写了巴拿马的落后与美国的文明之间的对比："全世界没有任何城市比巴拿马城更让人沉闷。土人和外国人趿拉着鞋，神色忧郁地穿过街道。我们不知道，品味高雅的美国白人怎么能在这样糟糕的地方待上六个星期而不发疯。"[59]巴拿马与运河区的这种对比有助于抹去它们作为全球工业化参与者这一共有的特点。这种对比还会淡化巴尔博亚、拉博卡、巴拿马城在很多方面仍旧是一个统一的城市空间这一事实。如果不是将绝大多数运河劳工从运河区赶到巴拿马城的出租房，运河区美观整齐的城镇就不存在。如果没有巴拿马城的夜生活和商业，运河区"健康的"、不许饮酒的生活方式就不可能成为现实。

　　巴拿马和运河区在语言上的巨大差异冲淡了巴拿马城与运河区城镇之间的很多相似之处。巴尔博亚高地的红色山墙屋顶在巴拿马新出现的拉埃克斯穆尔（La Exposición）也可以看到。按照总统贝利萨里奥·波拉斯的规划，这个社区是新的政府办公场所和上层阶层生活区所在地，也是新建的现代化医院——圣托托玛斯医院（Santo Tomás Hospital）所在地。如果说巴尔博亚展示了美国征服热带地区并推进其现代化进程的能力，那么拉埃克斯穆尔就是挑战美国文明叙事、美国干预巴拿马主权的尝试。它竭力维护巴拿马作为一个和美国相同的文明国家的历史地位。[60] 即使是巴尔博亚的中学，巴拿马也有"国家学院"（Instituto Nacional）与之相媲美。这个学院坐落于一个新古典主义风格的高大建筑里，数十年来一直是巴拿马声誉最好的中学。两所中学都位于安孔山的对面，都建于20世纪初，一所中学象征着美国能够让处于热带的巴拿马实现现代化，另一所中学标志着巴拿马能够靠自己的力量实现现代化。无需奇怪的是，两所学校分别成为巴拿马在20世纪50年代和60年代收回运河、美国反对这一行动的象征。 在20世纪60年代有关巴拿马控制运河及运河区主权的冲突背后，是1904年巴拿马是否有权利、有能力继续留住其国际港的问题：巴拿马是否实现了足够的文明，巴拿马运河是否是巴拿马历史的一部分。

　　运河区新景象帮助美国人引入了一种历史进步论。这种历史进步论不承认工业化在美国和拉美同时发生，其影响随处可见。作为临近拉丁美洲工农结合的香蕉种植园和南美洲现代采矿区的地区，巴拿马并没有被工业化的历史纳入其中，因为巴拿马运河完全是美国的。在人们心目中，巴拿马的贫困与其"落后的"历史密切相关。想要解决这种贫困，就得始终寄望于将来要实现的现代化。然而这种未来要实现的现代化一直没有到来，因为巴拿马早就已经将其实现了。

后 记

每次我们驱车行驶到佩德罗米格尔，父亲就会说：

别人都可以回到他们的城镇，可是我回不去，因为我的城镇被淹没在水下。

——丹尼洛·佩雷斯·乌里奥拉（Danilo Pérez Urriola）

2016 年 12 月 18 日

新查格雷斯的遗迹

2013 年，我准备去旧运河区及其边界看看，寻找关于旧日失落景观的记忆。这一次，我已经不是一个孩子，而是一个开着（租来的）车的成年女性。不论是运河还是我，都已今非昔比。这时的运河区已经重回巴拿马，而我已经是一个地地道道的美国人。在 1977 年签订《托里霍斯－卡特条约》（*Torrijos-Carter Panama Canal Treaty*）之后，将运河区归还巴拿马的缓慢过程开始了。这个过程正式开始于 1979 年，到 2000 年最后一批运河建筑和军事基地被移交给巴拿马结束。在运河区成为巴拿马领土的同时，我逐渐成为美国的一分子。1994 年，我离开巴拿马去美国攻读历史方向的博士学位。后来，我在那里生活和工作。从此，美国和美国的生活方式对我来说不再神秘。美国人成了我的朋友、同事、学生和家人。我在克里夫兰海茨（Cleveland Heights）的房子建于 1915 年，大约也就是运河区那些永久城镇出现的时间。我可以明显地看出，我的房子与运河区那些旧木头房子之间有明显的相似之处，带有运河区房屋试图让北美设计风格适应热带地区而显现出的特点。虽然运河区和我都发生了很大的变化，但历史的痕迹依然如昔。美国对运河区的管理结束 30 多年后，他们在 1914 年之后营造的景观仍然很难抹去，其后续影响很难消失。

2013 年 12 月，我驱车前往新恩佩德拉多和新查格雷斯。这是两个位于运河区边界之外分别根据两个外迁城镇命名的城镇。我不知道会有什么样的发现，这两个地方不在我经常走的路线上。和运河区的老城镇不同，这两个城镇不在巴拿马的主干道沿线，也不在我需要去的任何地方的途中。不过，我很好奇，很想知道一百年前那些被迫搬迁的居民的儿女或孙辈是否知道父辈或祖辈当年的经历。

作为一个习惯与落满灰尘的旧档案打交道的历史学家，我发现去敲陌生人的门是一件恐怖的事情。我肯定不适合从事口述历史的整理和记述。我请一位性格外向的老朋友做我的助手。有人在身边，我就胆大了很多，敢去敲门了。这时候，我明白了为什么耶和华见证会信徒要两人结伴才能出行。

我们考察的第一个城市是新查格雷斯。我很熟悉查格雷斯的城堡，1979 年，当时我还是一个孩子的时候就去过那里。那时候，巴拿马在正在举国庆祝运河区的回归。我的父母决定前往运河区，参观西班牙殖民时代修建的圣洛伦索城堡，以此庆贺（见图 E.1）。

图 E.1　1979 年，作者一家人在查格雷斯的圣洛伦索城堡野餐

资料来源：作者收藏。

　　这座城堡位于查格雷斯河河口的悬崖上，被丛林环绕，与周围的世界隔绝。在通往城堡的小路上，可以听到猴子的嘶叫。如果幸运的话，还可以看到蛇蠕动着穿过人迹罕至的林间小径。那个曾经位于城堡脚下的查格雷斯镇，现在已经看不到任何踪迹。我们抵达那里的时候，整个城堡里只有我的家人和我。坐在古老的西班牙大炮上，我们吃着随身带来的三明治，当时感觉十分魔幻。上大学读历史专业以后，我又去过这个城堡几次，从来没有认真想过这个城镇以及曾经生活在城堡附近的人们经历了什么。2013 年，从巴拿马城驾车到新查格雷斯需要三个钟头，远远超过驱车去圣洛伦索城堡（也就是查格雷斯镇最初的位置）的时间。我们不得不一路向北，向科隆城方向行驶，之后向西穿过巴拿马运河的加通船闸。在一小段临时公路上，我们继续向西行驶，沿着与那条知名公路相反的方向，向加勒比海海滩东部进发。

　　与摆放着锈迹斑斑的西班牙大炮、矗立着断壁残垣的圣洛伦索城堡遗址相比，新查格雷斯更是一片废墟。说这个城镇是废墟，不是说它荒芜失修，恰恰相反，我们去的时候那里的房子刚刚粉刷过不久，公园和街道都维护得很好。这是一种安·斯托勒（Ann Stoler）意义上的废墟。[1] 城镇的景象和查格雷斯居民的记忆讲述了那些年被毁掉的一切，以及因为被从旧查格雷斯赶出来所损失的一切。

　　游客一到新查格雷斯就会迎面感受到当地记忆的力量，感受到这个城镇不愿意忘记其前世——一个画着圣洛伦索城堡（虽然城堡距离新城镇有好几英里）的牌子上，写着"新查格雷斯欢迎您"。查格雷斯居民被从圣洛伦索城堡附近的老城镇赶走的一百年之后，那座城堡一直是查格雷斯镇的主要特色，是查格雷斯居民将失去的旧景观注入新景观的众多方式之一。

朋友和我四处走动，想找一个愿意与我们交谈的人。街道上行人寥寥，也许是因为当时正值下午两点钟，是一天里最热的时候。后来，我们看到一位老妇人，她正惬意地坐在门廊里的摇椅上。我们走了过去，但她说过去的事情她什么也不记得了。也许，她只是不想与我们这些陌生人讲话。她的孙子建议我们去问邻居，说那位邻居先前是那个城镇的镇长。我们找到了他说的邻居，他邀请我们坐在一个茅草覆盖的小粮房（joron）里。在那里，我们可以感受到加勒比海上徐徐吹来的海风。他给我们讲述了那个城镇的历史。当地记忆与我前不久在档案馆里看到的那些文件之契合程度让我吃惊，他清楚地记得那个城镇与美国人谈判的过程，以及他们不得不搬迁的原因。不过，查格雷斯居民讲的内容很多是档案文件所没有披露的。慢慢地，经过多次走访之后，我们获得了当地的牧师和一位与这里关系密切的非政府组织成员的帮助，经过他们的介绍，其他查格雷斯居民对我们的态度热情了起来，欢迎我们进入他们的门廊，开始向我们讲述他们的经历。

其中的一位就是多明戈·贝塞拉（Domingo Becerra），曾在20世纪70年代担任城镇代表。他从祖母那里听说了很多搬迁时的经历，他告诉我，在被迫搬离旧查格雷斯时，祖母已经成家并有了两个女儿。祖母的名字叫莱奥纳尔多·维莱拉兹（Leonarda Villalaz），她的父亲是西班牙人，母亲是查格雷斯人。我问他，祖母是否说过她最怀念旧查格雷斯的什么，他沉吟片刻，说她很想再看一看"她的城堡"，以及那条河下游的"萨拉班德舞"

（zarabanda）。

并不意外的是，他们最怀念的是查格雷斯河及其支流。远离了那条河是让他们感到最痛苦的损失。他们怀念查格雷斯河河畔的黑土地，它比新查格雷斯镇的红土地要肥沃得多，他们怀念在河边捕鱼的日子，还怀念查格雷斯河一条支流那甘甜的河水。

查格雷斯居民怀念先前旧城镇靠近科隆城的便利条件。搬迁到新址之后，他们将农产品运到科隆城要费劲得多。相较于旧查格雷斯，新城镇与科隆城的距离将近前者的三倍。用另一个查格雷斯居民的话说："他们总是去科隆城，那条河曾是他们生活的全部。"

人们也怀念旧查格雷斯在政治和历史上的重要性。他们经常谈论的话题是旧查格雷斯先前的地位——他们往往将它与巴拿马加勒比海沿岸另一个重要殖民港口波托贝洛相比较。后者以其防御工事、西班牙治下商业中心的历史而闻名。贝塞拉说："只有查格雷斯和波托贝洛有宗教节日。" 在另一个下午，我也听说了一段类似的历史。一个查格雷斯女人坐在门廊上，就着牛奶吃着可口的米饭。她跟我讲，查格雷斯过去和波托贝洛的地位一样重要，他们的圣徒——圣洛伦索当年吸引的朝拜者和本地人的"康茄舞"（congos）表演，与波托贝洛黑人基督雕像吸引来的人流不相上下。我感到很伤感，因为和很多巴拿马人一样，我在波托贝洛见过很棒的康茄舞表演，但从来没有在查格雷斯见过这种表演。

贝塞拉还回忆并讲述了旧查格雷斯的政治史。在"千日战争"期间，这个城镇的居民拥护保守党，每次自由党军队进攻这个城镇时，人们就会逃到森林里。他告诉我，镇里有头有脸的人住的都是木头结构和镀锌屋顶的房子，穷人们住的则是茅草屋顶的木屋。对于他来说，查格雷斯和波托贝洛一样，是一个满载历史、政治、文明底蕴的城镇。他说："旧查格雷斯的搬迁将文明带到了这里。"和1912年搬迁到这里的先人一样，他驳斥这座城镇没有历史、没有文明的观点。他们根本不是需要开化的群体，而是文明的推动者。

除了因为被从查格雷斯河河口的旧城镇赶出来而失去的一切，更多的记忆集中于那些没有兑现的诺言。贝塞拉记得，他的奶奶曾告诉他，查格雷斯居民根本不愿意离开旧查格雷斯，他们是在压力下离开的。"美国佬"给了他们每幢房子1,000美元的补偿金，承诺新城镇和旧城镇一样好，答应平整新查格雷斯坑洼不平的地面。然而，这些诺言从来都没有兑现过。另一个邻居回忆说，他们还承诺给新城镇建设基础设施，针对这里夏季水源奇缺的情况解决用水问题。然而，直到20世纪70年代这些承诺也没有兑现。另一个邻居也说美国人毫无信用。他们曾承诺将会把新查格雷斯"建设成为一个很棒的城镇，但却没有采取任何措施"。

虽然无法将圣洛伦索城堡或查格雷斯河带到新的落脚处，但查格雷斯居民还是带走了一些"碎片"——另一种形式的纪念。他们从旧城堡带了一门大炮、圣人塑像、老教堂的一口钟——这些都是城镇身份的象征，与城镇的历史及其政治、宗教核心紧密相连。2014年1月我看到那门大炮时，大炮已经破烂不堪。关于那门大炮后来的事情，我听到了很多版本。一个版本是，每逢圣洛伦索敬拜日，查格雷斯居民就会用那门炮鸣炮庆祝。然而，20世纪80年代，在一次鸣炮时，大炮的炮膛发生爆炸，碎片散落在城镇各地。也许，大炮的碎片——以及那口破钟——也是一种象征，象征着查格雷斯居民与他们的历史、身份和旧地之间的关联已经再也无法挽回了。

其他的"碎片"不是从旧查格雷斯带出来的纪念物，而是一些遗物（ruins），为的是取代那些无法取代的东西。当地教堂那幅突出展现圣洛伦索城堡的主壁画就属于这种情况。一位天主教圣母圣心孝子会（Claretian）的神父在解放神学（Liberation Theology）的启迪下创作了那幅壁画。壁画将旧查格雷斯城镇的历史与黑人为奴的历史联系在一起，将耶稣被钉十字架上的痛苦与非洲人为奴的痛苦相提并论。查格雷斯人在教堂做礼拜时，那幅壁画不仅会提醒人们耶稣的苦难，还会提醒查格雷斯的旧址。最后，也可以将位于加勒比海岸边拉加托河附近的新查格雷斯镇视为一种"遗物"。新查格雷斯镇虽然和旧查格雷斯镇一样也距离某条河的河口不远，但是拉加托河与查格雷斯河毫无可比之处。狭窄的拉加托河可以视为宽阔浩瀚的查格雷斯河的"遗物"，一种试图取代无法取代之物的尝试。

1977 年《托里霍斯－卡特条约》条约签订之后，运河区开启了缓慢回归巴拿马的进程，查格雷斯居民开始想办法要回先前他们生活的那片地方。美国交还给巴拿马的地方也包括圣洛伦索城堡。1979 年，城堡回到了巴拿马手中。在三代人的时间里，查格雷斯居民一直保持着有关旧查格雷斯的记忆和联系。一位名叫贝尔纳多·加尔文（Bernardo Galván）的居民保存着有关那个城镇被迫搬迁的历史文件。凭借这些文件，查格雷斯居民向总统阿里斯蒂德斯·罗约（Aristides Royo）请愿，要求重获圣洛伦索城堡的管辖权。如果巴拿马要收回运河区，为什么不能把旧查格雷斯重新交给他们？多明戈·贝塞拉说，在他担任地区代表的时候，就曾提出让"我们的城堡"成为新查格雷斯地区的一部分。在查格雷斯居民看来，随着美国人的离开，他们恢复与城堡的历史联系是顺理成章的事情。然而，很可惜，他们的请求并没有被批准。巴拿马中央政府根本没有考虑查格雷斯居民的意愿，便决定将圣洛伦索城堡建成一个国家公园。一位居民抱怨说，他们造访自己曾经生活过的旧城镇居然还需要获得政府的许可。一片军事用地变成了历史遗址，在查格雷斯居民看来，这二者没有什么区别。他们依然被排除在自己曾经生活的城镇之外，他们的身份继续与一个无法回去的地方联系在一起。

新恩佩德拉多的碎片空间

在我访问新查格雷斯的那几个星期里，我和朋友还去了新恩佩德拉多。为了去那里，我们先从巴拿马城驾车半小时前往乔里拉镇，然后拐上一条向北的小路，最终抵达了新恩佩德拉多的主广场。与前往新查格雷斯之前一样，我不知道在新恩佩德拉多会有什么发现。首先让我惊讶的是，那里有很多属于典型运河区建筑风格的木头房屋。人口外迁令颁布一百多年后，这些房子让这里与巴拿马乡村地区的其他城镇截然不同。一位新恩佩德拉多居民回忆说："几年前，所有房子都是木头的，它们来自那儿〔旧恩佩德拉多〕。"这个城镇与运河区历史之间的联系仍然是明显、具体且直接的。

那些老房子是新恩佩德拉多居民无法回去的那个老家的物质碎片，也是他们已经失去的中心感（centrality）的碎片。旧恩佩德拉多——英文叫做"Empire"（恩派尔）——是一个地理位置极好的城镇，而且曾是运河区第二大城镇。而新恩佩德拉多却地处偏僻，且距离巴拿马交通要道很远。但新恩佩德拉多并非一无是处，当戈尔戈纳、恩佩德拉多居民被迫离开老家时，他们选择这里（当时叫作"帕亚"）是因为此处具有两个重要优势：一个是肥沃的土地，二是靠近运河区的西部边界，距离旧恩佩德拉多不远。另外，更重要的是，它位于当时连接巴拿马城、运河区与巴拿马西部各省的恩佩德拉多－乔里拉公路旁边。[2] 虽无法再居住在地峡走廊的中间地带，但帕亚适宜耕作，还处于交通要道的中心。然而，这种"中心感"转瞬即逝。随着 1932 年新拉博卡渡口（La Boca Ferry）的出现并取代佩德罗米格尔渡口，新拉博卡公路成为连接巴拿马城、运河区与巴拿马西部各省的主要公路。在 20 年里两次失去中心感之后，帕亚居民只能求助于历史。1948 年，一个叫做"进步行动协会"（Acción Progresista Society）的当地团体积极奔走，呼吁将城镇名字由"帕亚"改为新恩佩德拉多，希望先前的旧城镇也许能将它的繁华传给新城镇。[3]

除了过去的恩佩德拉多－乔里拉公路，没有什么能更好地代表地峡走廊旧城镇的废墟了。今天看到它，你怎么也不会想到它昔日的辉煌。2014 年，我驱车沿着那条公路行驶时，公路的尽头只有一片墓地和一道铁丝网。那道铁丝网标志着旧运河区的边界，不过现在这里由巴拿马环境保护部门严加看管，而这背后是有原因的。之前的数十年，旧恩佩德拉多周围一带一直被美军用作训练场地。在到处是暗雷的地方走动是一件很危险的事情。墓地和废弃的军事训练场无疑是这个破碎、无法重建的旧有地貌最好的象征。旧恩佩德拉多变成一个到处是暗雷的训练场，这种转变象征着生活在边界城市的脆弱性。毗邻一个强大得多的邻居——就像那些遗留下来的炸弹，随时可能爆炸并结束他们的生命——很多居民会产生一种无力感，觉得无法控制自己的命运。

　　虽然新恩佩德拉多没有旧恩佩德拉多的"中心感"，但它仍然与运河区经济保持着密切的关系。这是一个真正的边界城市。它与运河区的联系存在于我采访的每个人的记忆中。有人回忆说："那时候，人们都在运河区干活。"他们的工作各式各样，从安装工到厨师、司机。另一个人说，新恩佩德拉多是运河区的"睡城"，大巴车将这里与运河区连接在一起。不过，人们也保留着与边界另一边实力强大的邻居关系紧张的大量记忆。旧恩佩德拉多成为军营后，美国兵就穿过边界，"来〔新恩佩德拉多〕城镇里的两个小酒馆里取乐"。不过，"取乐"是单向的，只有那些有实力的人才有资格享受这种消遣。有人回忆说，美国兵以向巴拿马人乘坐的在运河区内穿行的公交车射击为乐。他们并不真的瞄准，只是吓唬一下。据讲述者回忆，这件事发生在他中学毕业的那一天，当时一辆美军坦克向他们乘坐的公交车开火。他回忆这件事时不无沮丧：原本一个很有纪念意义的日子却发生了那样一件令人扫兴的事情。

　　同时，我还隐约发现了人们对于旧时代的怀旧之情，那时运河区依然存在，很多城镇居民在那里工作。回忆起沿佩德罗米格尔船闸或乘渡船穿过运河的岁月时，人们的脸上露出了笑容。一个人谈起去运河区的美国物资供应所采购东西的那些日子，他们能以划算的价格买到高质量的商品。一个女人甚至拿出了一根多年前在运河区买到的粗绳子来证明她的观点。也许，这只是喜欢怀旧的老人在回忆年轻的时光。不过，那些回忆还揭示了这个群体的一些困难，他们之中的每个人都不得不适应剧烈的环境变化：首先是离开恩佩德拉多，目睹 1912 年前城镇景象的终结；接着，新修的巴拿马 – 乔里拉公路取代了旧乔里拉公路，但这条路却绕过了他们的城镇，这让他们失去了中心感；最后，很多人曾经为其工作、很多人努力去适应的美国运河区，已经不复存在了。[4]

在我听到的所有经历中，最让我震惊的是有关 7 月 4 日的故事。我采访的两个人回忆说，在他们小时候，一些黑皮肤的西印度群岛人每年 7 月 4 日都从科隆城赶到新恩佩德拉多，在一个名叫"卡萨布兰卡"的小酒馆里待上一天，到了傍晚时分再返回科隆城。寥寥数语，我听了之后很震撼。那些每年 7 月 4 日从科隆城赶来的西印度群岛人是什么来历？他们为什么要这么做？为什么非要选择那一天？跟我讲这件事的那个人也不知道，他当时只是远远地看着他们。他还告诉我，那些人不与外人交流。不难想象，他们是旧恩佩德拉多的老住户。他们每年来到新恩佩德拉多，用一天的时间重建他们失去的社区。他们无法回到先前的老城镇，于是就前往距离那里不远的同名城镇。7 月 4 日的纪念活动是一场为了缺憾和回忆而举行的仪式——无法归乡的缺憾，以及不可被遗忘的回忆。

1865 年，哈佛大学教授路易斯·阿加西（Louis Agassiz）前往巴西，研究那里的黑人、土著和混血巴西人。根据那个时代的科学知识，他认为，记录非白人的正确方法是给他们拍裸照。裸露身体是一个复杂的问题。和那个时代的很多欧洲人、美国人一样，阿加西将穿衣服与文明联系在一起，将裸体与野蛮联系在一起。根据这种观点，玛瑙斯（Manaus）的巴西人处于一个什么样的位置？他们同样穿裤子和衬衣，衣着与 19 世纪美洲其他农村地区居民无异，也把在公众面前赤身裸体视为一件丢人、猥琐的事情。虽然如此，阿加西还是成功地劝说他们在拍照之前脱去衣服。通过这种方式，他不仅脱去了那些农民的衣服，同时也剥夺了他们作为 19 世纪巴西社会成员的历史和身份，将他们变成欧洲人想象中的永远赤身裸体的野蛮人。[5]

　　巴拿马地峡走廊也发生了同样的事情。1904 年运河工程开始之际，巴拿马和美国人想象的丛林毫无共同之处。巴拿马运河区根本不是人迹罕至的热带丛林，而是一个具有鲜明 19 世纪现代化痕迹的地方，而运河不过是后来才添上去的附加品。16 世纪以来，穿越运河区的骡队古道推动了当时的国际贸易，19 世纪中叶的铁路取代了那些骡道。19 世纪法国人没有完成的运河工程和留在那里的机器设备给运河区留下了鲜明的印记。运河区遍布着城镇和农场，其中生活着在地峡走廊数百年的运输经济中辛苦劳作的劳工移民的后代。美国政府下令外迁运河区人口，任由丛林重新吞没老城镇、公路、田地，就相当于"脱去"了运河区的外衣，就像阿加西脱去了巴西农民的衣服一样，不折不扣地将那里"改换"成了美国人先前想象的丛林。这种"改换"如此有效，以至于 1944 年一本名为《我们的丛林民主》（Our Jungle Diplomacy）的书信心满满地否定了地峡走廊悠久的城镇自治历史，说美国管理下运河区为期三年的城镇运作是美国人搞的一个小小的政治试验，它肯定要结束。其作者威廉·富兰克林·桑兹（William Franklin Sands）认为，"丛林中的运河区城市……并不存在，也从来没人想让它们存在过。"那些城市的起源，完全是因为一个叫"鲁弗斯·莱恩"（Rufus Lane）的理想主义者。

他对那份差事十分上心，着手实施创建城市的任务……丛林巴拿马人……完全听命于莱恩……他们砍伐和清理了茅屋周围的丛林，用崎岖的步行小径将各个居住区连接在一起。他们建设了规模很小的发电厂……他们按照原始的新英格兰建设方案召开城镇会议。他们开辟了一个小型集市，买卖野生水果和人工种植的蔬果。逐渐地，他们将 20 万比索存入城镇银行，作为丛林城市的现金储备。在我看来，莱恩做的事情是美国人在巴拿马做得最好的事情之一，是一个原始民族在自我治理方面一个很好的示范……不过，这被一个前来考察的国会委员会给废止了。[6]

上面的描述抹掉了巴拿马城镇自治的漫长历史。运河区的美国城镇不是巴拿马共和制民主政府下悠久城镇传统的继承者，而是一个心血来潮、想向"原始人"传授自治原则的美国人在丛林里搞的一个小闹剧。认为这样的一个实验可以成功，也只有不理解现实情况的"理想主义者"才做得出来。

本书尝试给运河区重新"穿上衣服"。为什么要这样做？为什么要记住那些已经消失的旧日景象、那些再也无法回去的老地方？为什么新查格雷斯、新恩佩德拉多的居民总是回想起他们的旧城镇？这是因为，记住运河区的景象以及那些旧城镇，就是记住巴拿马人、西印度群岛人以及各地移民用各种方式共同书写的运河区的历史。

给运河区"穿上衣服"就是在挑战美国和欧洲一直在讲述的历

史—— 一部关于它们自己和其他国家的历史，一部欧美是宪政共和、代表制民主、工业化、全球资本主义等历史变革唯一主角的历史。在这种历史中，世界其他地区的民众没有在 19 世纪的历史变革中扮演积极角色。他们只是历史变革被动的接受者——至于是受益者还是牺牲品，则取决于其他国家推行的那些变革的性质。他们模仿、照搬、适应，却从来没有主动创新。

要让这种历史想象具有说服力，就必须用某种方式来书写世界其他地区扮演的角色，必须将这些地方描述成原始传统的地域，并将其民众的生活方式写得很落后。将世界分为文明地区和原始地区这一观点是由 19 世纪的游客推广开来的。他们在游记中大肆渲染欧美游客的现代性与当地"土人"落后、古怪生活方式之间的对比。他们讲述的经历可能发生在中东、中国、拉美等地。具体地方并不重要，但故事的大致内容是一样的。[7] 这套非常有效的叙事——目前仍旧盛行于好莱坞的电影中——成功地让任何现代化的东西在欧美之外都显得格格不入，不管是铁路还是立宪政府。热带居民从来没有被描述或想象成 19 世纪社会、政治和技术巨变的共同书写者或参与者。要让这种历史观有说服力，就必须忘掉欧洲与世界其他地区之间的历史共性，强调文明之间的不同和发展程度的差异。

虽然这种历史观来头不小，盛行一时，但也不是没有受到任何质疑。早在 19 世纪，欧洲之外的思想家和作家就开始质疑这一观点：欧洲早已经进入"文明时代"，世界其他地区仍旧处于蒙昧时代。中国知识分子顾维钧提醒欧洲人说："中国在 18 世纪和 19 世纪上半叶推行的刑法，并不比英格兰同时期的刑法更为严苛。"[8]他说这些话意在告诉欧洲人，在 19 世纪法律改革之前，欧洲法律与他们所批评的中国法律没什么两样。并且，当时的中国和英格兰一样，也处在一个变革的时期。他含蓄地质疑当时的中国和欧洲处于不同历史阶段这一观点。顾维钧这位支持中国法律改革的法律专家是在照搬欧洲理念？还是在践行在19世纪对欧洲内外所有人都很新颖的先进理念？

这个问题很关键。19世纪那些关于进步和文明的理念只是欧洲理念？还是世界各国很多改革者都信奉的、在过去的两百年里塑造了这个世界的新理念？答案至关重要。加勒比海地区的知识分子很久之前就发现，只有积极推动和参与历史塑造的群体，才能获得政治自决，拥有决定自己命运的权利。他们早已知道，如果一个民族没有参与塑造过去的历史，就不能决定未来的走向。我们是否对我们生活的这个世界的未来有发言权，取决于我们是否参与缔造了这个世界。为什么在来自加勒比海地区的一些最具权威性的历史著作中，作者会深入研究当今世界的两大历史主题：资本主义与共和制，这就是其中的原因。

C. L. R. 詹姆斯（C. L. R. James）、埃里克·威廉姆斯（Eric Williams）分别于1938年和1944年发表的两部著作，将此前不被认为处于同一进程的国家和历史联系在了一起。在詹姆斯发表《黑色雅各宾人》（*The Black Jacobins*）之前，主流观点一直认为海地革命和法国大革命是毫无共同性的两个事件。法国大革命标志着现代共和理念的诞生，而海地革命是野蛮的奴隶暴动，是人类龌龊残暴本性的再现，海地与任何现代或文明相关的事物都是对立的。詹姆斯极为专业地反驳了这些想法。他明确提出，海地黑人和法国革命者都是彻底的雅各宾派，法国人、海地人都属于同一个历史和政治世界。这两场革命密切相连，抛开其中的一场革命就无法全面理解另一场革命。两场革命相辅相成，共同为一个由众多独立共和国组成的世界播下了火种。作为非洲殖民地独立的支持者，詹姆斯非常清楚，非洲国家要想实现独立，就必须知道——这段催生了一个由现代独立共和国组成的世界的历史，也是他们的历史。直到今天，黑人学生和拉美学生对这本书依然感慨万千。这是因为他们意识到，他们所生活的这个政治世界的历史也是他们的历史。

类似地，埃里克·威廉姆斯将之前被视为各自独立的两个体系联系在一起。在《资本主义和奴隶制》（*Capitalism and Slavery*）一书中，他用翔实的论据证明，书名中的两个主题，脱离开一个就无法正确理解另一个。他认为，英国商人在大西洋奴隶贸易中赚取的利润为本国的工业投资提供了所需的资金。另外，没有美国南方奴隶种植的棉花，英格兰工业革命时期著名的曼彻斯特纺织厂就无法存在。他不仅仅是在厘清事实。认为资本主义和奴隶制是同一段历史的两个组成部分，也是在质疑这一假设——人类社会的进步和文明分为两个阶段：一个是先进阶段，发生在英国，即工业革命兴起的国家；另一个是落后阶段，发生在加勒比海地区，即实施种植园和奴隶制的地区。通过将这两方面融入同一个历史进程，威廉姆斯质疑这一观点：先进地区对落后地区有天然的照管职责。如果大西洋沿岸的所有地区都对工业革命的历史有所贡献，那么这些地区的所有居民都是那个现代工业时代的成员，对其未来发展有平等的发言权。

虽然 20 世纪初期的巴拿马政治家和外交官没有如此深入论证

这一点，但是他们心里很清楚，如果被剥夺了现代文明世界的成员资格，就会遭受极其惨重的损失。在一个明确区分文明国家与不文明国家、只将国际法规定的平等主权授予那些"文明国家"的世界，一个国家是否可以获得平等主权，取决于这个国家的民众属于"土人"还是文明人。顾维钧意识到，"在中国的外国人之所以能够享受治外法权"，是因为西方人认为中国的法律残酷野蛮，因而"有理由"从中国手中夺走其领土上的全部法律控制权。巴拿马人也意识到，他们是否能够控制本国经济和财产，取决于他们是否被认为是和美国民众处于同一个历史时代的地位平等的成员。如果他们被认为是"文明世界"的房产所有者，他们就和其他文明世界的房产所有者一样，有权享受平等的经济补偿标准。与此类似，巴拿马是否有权继续控制之前运营了 400 年的港口，取决于外界是否认为他们的文明程度达到了控制 20 世纪最重要的两个全球港口的水平。

查格雷斯和新恩佩德拉多的居民也认为自己是文明人，并推翻了外界讲述的有关他们的历史。他们的文明不是外界带给他们的，恰恰相反，他们是被外界赶入荒野的文明人。一位新恩佩德拉多女性后来回忆说："这里是荒野，谁愿意住在这里？"新查格雷斯居民强调他们作为 19 世纪巴拿马主要历史群体（historic parties）的历史和政治相关性。他们保存着自己的历史文献，因为他们知道，控制其旧城堡和旧城镇的权力取决于外界是否认为他们的"文明"达到了这种程度，而他们的文明程度是否达到了这种程度，取决于如何解读他们过去的历史。可惜的是，正如 20 世纪早期美国政府认为巴拿马根本没有能力控制巴拿马运河的港口，20 世纪后期和

21 世纪初的巴拿马政府认为查格雷斯居民根本不可能成为圣洛伦索城堡这一重要历史遗迹的守护人（现在也是如此）。

为什么要记住过去？为什么现代运河区景象残留的碎片很重要？这就是其中的原因。但这也是这些记忆让某些人感到非常不舒服的原因。如果告诉巴拿马精英，巴拿马的黑人很早就进入了文明时代，在这个国家的所有重要事件中都扮演了重要角色，他们会倍感不适。就像告诉欧洲人，加勒比海地区的奴隶种植园也和曼彻斯特的工厂一样促进了资本主义的发展；法国大革命只是缔造现代共和体制众多事件中的一个；世界上第一个共和国是美国，而不是法国；法国短暂的共和制实验的精神被 19 世纪的美国和西属美洲共和国所继承和发扬，他们也会很不舒服。还有，美国并不是带领世界走向自由的先驱，它在其他所有美洲共和国废除奴隶制之后才废除奴隶制。承认全球都参与了 18—19 世纪缔造我们当今世界的巨大变革也会让一些人感到不舒服，因为承认这一点会动摇全球的等级秩序，赋予所有人有关未来全球事务的公平发言权。这会让一些人失去他们自诩拥有的照管其他人的权利，无论是国与国之间的照管，还是拉丁美洲精英或中产阶层——不管来自右翼还是左翼——对穷人的照管。很多人会感到不舒服，因为这让大家明白，某些民族和地区虽然贫穷但不落后；他们无法赶上现代化的列车，是因为他们往往已经实现了现代化。[9]

在哈佛大学怀德纳图书馆（Widener Library）写完这本书的最后几页时，我在思考，自从西奥多·罗斯福、威廉·莱曼·菲利普斯入学哈佛后，他们的思想发生了哪些变化。我经常想，如果他们知道一个巴拿马女性"土著"在他们当年求学的地方写了一本有关他们的运河的历史作品，并作为 W.E.B. 杜波依斯研究所的研究员，站在罗斯福——那个曾"占据巴拿马"的人的画像旁做演讲的话，不知道他们会作何感想。也许，才智过人的他们可以感受到其中的荒诞。也许，他们会理解我的渴望——撰写自己的历史。

致　谢

　　这本书的调查研究和写作开始于 2011 年夏，结束于 2018 年夏。在这期间，我欠下了很多个人和机构的人情。一开始，我以凯斯西储大学（Case Western Reserve University）教授的身份开始这本书的撰写工作。凯斯西储大学的同事约翰·布罗伊希（John Broich）、丹·科恩（Dan Cohen）、肯·莱德福（Ken Ledford）、米莉安·莱文（Miriam Levin）、爱兰·罗克（Alan Rocke）、乔纳森·萨多斯基（Jonathan Sadowsky）、皮特·舒尔曼（Peter Shulman）、泰德·斯坦伯格（Ted Steinberg）、吉莉安·韦斯（Gillian Weiss）、朗达·威廉姆斯（Rhonda Williams）对该项目初期阶段的工作提供了非常重要的反馈意见。这里尤其要感谢傅家晨（Jia-Chen Fu 音译）。我和傅曾经共同给一个班的学生讲授中国与拉美的比较发展史。这段经历迫使我用完全不同的方式来思考全球历史。

　　我尤其要感谢美国学术团体协会（American Council of Learned Societies）、国家人文科学中心（National Humanities Center）的支持。他们的支持让我得以在国家人文科学中心度过 2013—2014 学年的时光，极大地受益于那个专注于人文科学的思考、阅读和写作的氛围。我还要特别感谢路易斯·卡卡莫·休查特（Luis Carcamo-Huechante）、朱莉·葛林（Julie Greene）、辛迪·哈哈莫维奇（Cindy Hahamovitch）、让·希伯拉德（Jean Hebrard）、玛莎·琼斯

（Martha Jones）、贝琪·克鲁斯（Betsy Krause）、安娜·克里洛娃（Anna Krylova）、提摩西·马尔（Timothy Marr）、查尔斯·麦戈文（Charles McGovern）、乔斯林·奥尔高特（Jocelyn Olcott）、诺拉·费希尔·欧娜（Norah Fisher Onar）、安娜·克里斯蒂娜·索伊（Anna Christina Soy）、马丁·萨摩斯（Martin Summers）的友谊和宝贵建议。

我还要感谢哈佛大学哈钦斯中心（Hutchins Center）W.E.B. 杜波依斯研究所。2015 年秋天在那里担任研究员期间，我完成了该书最后一部分的写作。在那里，我有机会与来自世界各地各领域的一流专家学者分享我的研究结果，为这本书赋予了崭新的、丰富的研究方向。我还要特别感谢文森特·布朗（Vincent Brown）、克里斯蒂安·克劳奇（Christian Crouch）、道恩－伊莉莎·费舍尔（Dawn-Elissa Fischer）、玛西亚·利马（Márcia Lima）、英格丽·蒙森（Ingrid Monson）、洛雷娜·里佐（Lorena Rizzo），当然还要感谢亚历杭德罗·德拉富恩特（Alejandro de La Fuente）、小亨利·路易斯·盖茨（Henry Louis Gates Jr.），感谢他们为我营造了一个极为热情向上的研究环境。在剑桥期间，我还有机会参与哈佛全球法律与政策研究所（Harvard Institute for Global Law and Policy）举办的名为 "Author（is）ing the South" 的研讨会。我要感谢利林娜·奥布雷贡（Lilina Obregón）邀请我参加那次研讨会。那次研讨会给本书带来了显著的影响。在波士顿，我有幸结识巴拿马爵士乐音乐家达尼洛·佩雷（Danilo Pérez）和他的妻子兼同事帕特里夏·佩雷（Patricia Pérez）。他们介绍我认识了达尼洛的父亲达尼洛·佩雷·乌里奥拉（Danilo Pérez Urriola）。后者热情地给我讲述了有关运河区人口外迁的一些家庭记忆。我还要感谢哈佛地理分析中心（Harvard's Center for Geographic Analysis）的杰弗瑞·布洛瑟姆（Jeffrey Blossom），热情耐心地给我分析了运河区的很多历史地图，并绘制了一幅消失的运河区图景的地图。

在巴拿马，我还要特别感谢新恩佩德拉多、新查格雷斯的居民。他们热情地向我敞开大门，向我讲述他们的经历。我还要感谢吉列尔莫·卡斯特罗（Guillermo Castro）、丹尼尔·霍尔尼斯（Daniel Holness）、卢尔德·洛萨诺（Lourdes Lozano）、托马斯·门迪扎巴（Tomás Mendizábal），感谢他们向我讲述有关运河区地理和环境的知识。还要感谢巴拿马的历史学家阿什利·卡斯（Ashley Carse）、克里斯蒂娜·凯纳（Christine Keiner）、诺埃尔·毛勒（Noel Maurer）、艾姆·麦吉尼斯（Aims McGuinness）、梅根·雷比（Megan Raby）、布雷克·斯科特（Blake Scott）、保罗·萨特（Paul Sutter），感谢他们针对本书初稿提出的宝贵意见。感谢尼古拉斯·利亚科普洛斯（Nicolas Liakopulos），他热情地将他积累的研究资料提供给我使用。感谢安娜·桑切斯（Ana Sánchez）、里卡多·洛佩兹-阿里亚斯（Ricardo López-Arias）允许我使用他们收藏的很棒的历史图片。

在我从事教学的哥伦比亚国立大学，同事康斯坦萨·卡斯特罗（Constanza Castro）、亚历克西斯·德格里夫（Alexis De Greiff）、麦克斯·海灵（Max Hering）、克劳迪娅·利尔（Claudia Leal）、卡特琳娜·姆诺斯（Catalina Muñoz）、弗朗西斯科·奥特加（Francisco Ortega）、安娜·玛利亚·奥特罗（Ana María Otero）、阿马达·佩雷（Amada Pérez）、斯蒂芬·波尔（Stefan Pohl）、卡罗·托尼亚托（Carlo Tognato）、保罗·维尼奥洛（Paolo Vignolo）和哥伦比亚籍同事南希·阿普尔鲍姆（Nancy Appelbaum）、詹姆斯·桑德斯（James Sanders）阅读了一些章节的手稿，并提出了宝贵建议。

我要向居住在华盛顿特区大都市区的表亲们致以最衷心的感谢。在我多次前往那里查阅档案和图书馆资料时，他们向我敞开了家门。我要感谢妹妹露西娅（Lucia），我在巴拿马做调研期间，她招待我住在她的家里。我还要感谢我的朋友和家人。他们一直陪伴着我，给我提供了至关重要的关爱、饮食、言语交流和欢乐。不管是否提及他们的名字，他们都是我生活中最重要的一部分。

历史研究工作离不开图书管理员和档案管理员的帮助。为了完成这个项目，我走访了美国、巴拿马、哥伦比亚的很多图书馆和档案馆。我对上述所有图书馆和档案馆的管理人员都心怀感激，尤其要感谢的是学院公园市（College Park）国家档案馆（National Archives）的帕特里斯·布朗（Patrice Brown）指导我查阅有关巴拿马运河的各种文件资料。感谢埃内斯托卡斯蒂莱罗图书馆（Biblioteca Ernesto Castillero）的马里奥·哈德森（Mario Hudson），他向我详细介绍了 20 世纪早期的巴拿马音乐。

最后，我要感谢我的编辑托马斯·勒比恩（Thomas LeBien）。他坚定地看好这本书，并在我写作的各个阶段提供了最宝贵的建议。还要感谢参与匿名评审的同行，感谢他们深入、专业、详细的意见。本书因他们而更加完美。

注　释

AGN　Archivo General de la Nación, Colombia 哥伦比亚国家档案馆

AMRE　Archivo del Ministerio de Relaciones Exteriores de Panamá 巴拿马外交部档案馆

ICC　Isthmian Canal Commission 地峡运河委员会

NAE　The National Archives, Kew, England 英国基尤国家档案馆

NARA　National Archives and Records Administration 美国国家档案馆

前言

1. 1912年运河区人口普查结果显示，当时运河区人口是 62,810。根据 1940年引述的 1920年人口统计数字，1920年的运河区人口是22,858，其中巴尔博亚区（Balboa District）人口是 14,350，克里斯托瓦尔区（Cristobal District）人口是 8,508。*Census of the Canal Zone* (Mount Hope, Canal Zone: ICC Press, 1912); *Panama Canal Zone Population* (Washington, DC: Government Publishing Office, 1941)。

2. Omar Jaén Suárez, *La población del Istmo de Panamá: Estudio de Geohistoria* (Madrid: Ediciones Cultura Hispánica, 1998). Suáez 认为，1911年运河区人口是 90,000，但是这一数字的来源并不清楚。

3. 文学报道方面，参见 Gil Blas Tejeira, *Pueblos Perdidos* (Panama: Impresora Panamá, 1962)，修建加通湖对环境产生的影响以及被湖水淹没的城镇，

参见 Ashely Carse, *Beyond the Big Ditch: Politics, Ecology, and Infrastructure at the Panama Canal* (Cambridge, MA: MIT Press, 2014), 93–119.

4.　这本书建立在对大量的有关巴拿马运河书籍的研究和分析基础之上。其 中 包 括 Guillermo Castro, *El agua entre los mares* (Panama: Editorial Ciudad del Saber, 2007); Michael Conniff, *Black Labor on a White Canal: Panama, 1904–1981* (Pittsburgh: University of Pittsburgh Press, 1985); Julie Greene, *The Canal Builders: Making America's Empire at the Panama Canal* (New York: Penguin, 2009); John Lindsay-Poland, *Emperors in the Jungle: The Hidden History of the U.S. in Panama* (Durham, NC: Duke University Press, 2003); John Major, *Prize Possession: The United States and the Panama Canal, 1903–1979* (Cambridge: Cambridge University Press, 1993); Alexander Missal, *Seaway to the Future: American Social Visions and the Construction of the Panama Canal* (Madison: University of Wisconsin Press, 2008).

5.　Darcy Grimaldo Grisby, *Colossal: Engineering the Suez Canal, Statue of Liberty, Eiffel Tower, and Panama Canal* (Pittsburgh: Periscope, 2012), 122–151.

6.　Greene, *The Canal Builders,* 180–225.

7.　Missal, *Seaway to the Future.*

8.　Theodore P. Shonts, "The Railroad Men at Panama," *North American Review* 199, no. 699 (1914): 228–231.

9.　在此处及整本书中，笔者都用"现代性"一词来表示工业技术、资本主义经济、代议政治、共和制、宪政兴起的历史节点。

10.　关于管控和组织运河劳动力的庞大任务，参见 Greene, *The Canal Builders*。

11.　Daniel Rodgers, *Atlantic Crossings: Social Politics in the Progressive Age* (Cambridge, MA: Harvard University Press, 1998).

12.　我通过如下领域的一些作品夯实了我自己在历史和理论上的洞察力，

这些领域包括：拉丁美洲城市历史、非洲城市变化与殖民行为之间的
关系、发展叙事和热带观念的"历史化"（historicization）、从文化
角度来理解美国—拉美关系、"进步时代"的历史、空间与历史之间
关系的理论的作品。上述作品具体包括：Arturo Escobar, *Encountering
Development: The Making and Unmaking of the Third World* (Princeton, NJ:
Princeton University Press, 1995); Brodwyn Fischer, *A Poverty of Rights:
Citizenship and Inequality in Twentieth-Century Rio de Janeiro* (Redwood
City, CA: Stanford University Press, 2010); Greg Grandin, *Fordlandia: The
Rise and Fall of Henry Ford's Forgotten Jungle City* (New York: Metropolitan,
2009); Peter Guardino, "Democracy in the Other America: Citizenship
in Mexico and the United States in Early Nineteenth-Century Spanish
America" (presentation, "Roots and Future of the Democratic Tradition
in Latin America," Yale University, New Haven, CT, December 2–3, 2011);
Amy Kaplan and Donald Pease, eds., *Cultures of United States Imperialism*
(Durham, NC: Duke University Press, 1993); Gilbert M. Joseph, Catherine
C. LeGrand, and Richard Salvatore, eds., *Close Encounters of Empire:
Writing the Cultural History of U.S.–Latin American Relations* (Durham,
NC: Duke University Press, 1999); Jeffrey Needell, *A Tropical Belle Epoque:
Elite Culture and Society in Turn-of- the- Century Rio de Janeiro* (Cambridge:
Cambridge University Press, 1987); Mark Overmeyer-Velazquez, *Visions
of the Emerald City* (Durham, NC: Duke University Press, 2006); Edward
Soja, *Postmodern Geographies* (New York: Verso, 1989); Gwendolyn Wright,
The Politics of Design in French Colonial Urbanism (Chicago: University of
Chicago Press, 1991); James Scott, *Seeing Like a State: How Certain Schemes
to Improve the Human Condition Have Failed* (New Haven, CT: Yale
University Press, 1999).

13. David McCullough, *The Path between the Seas: The Creation of the Panama
Canal, 1870–1914* (New York: Simon & Schuster, 1978).

14. Marixa Lasso, "From Citizens to 'Natives': Tropical Politics of Depopulation at the Panama Canal Zone," in Ashley Carse et al., "Panama Canal Forum: From the Conquest of Nature to the Construction of New Ecologies," *Environmental History* 21 (2016): 206–287.

15. James Sanders, *Vanguard of the Atlantic World: Creating Modernity, Nation, and Democracy* (Durham, NC: Duke University Press, 2014).

16. Cited by Sanders, *Vanguard of the Atlantic World*, 83.

17. Sanders, *Vanguard of the Atlantic World*, 176–224.

18. John Charles Chasteen, *Americanos: Latin America's Struggles for Independence* (Oxford: Oxford University Press, 2008), 185.

19. Meltem Ahiska, "Occidentalism: The Historical Fantasy of the Modern," *South Atlantic Quarterly* 102, nos. 2–3 (Spring / Summer 2003): 354.

20. 关于对拉美地区现代性的压制和抹除，参见 M. R. Trouillot, *Silencing the Past: Power and the Production of History* (Boston: Beacon Press, 1995); Fernando Coronil, "Beyond Occidentalism: Toward Nonimperial Geohistorical Categories," *Cultural Anthropology* 11, no. 1 (February 1996): 51–87。有关反驳这种历史的著作, 参见 Alejandra Osorio, *Inventing Lima: Baroque Modernity in Peru's South Sea Metropolis* (New York: Palgrave, 2008); Sanders, *Vanguard of the Atlantic;* Mauricio Tenorio-Trillo, *I Speak of the City: Mexico City at the Turn of the Twentieth Century* (Chicago: University of Chicago Press, 2012); John Tutino, Making a New World: Founding Capitalism in the Bajío and Spanish North America (Durham, NC: Duke University Press, 2011); Mark Thurner, "Historical Theory through a Peruvian Looking Glass," *History and Theory* 53 (2015): 27–45; Jorge Cazares-Esguerra and Bradley J. Dixon, "The Oversight of King Henry VII," in *The World of Colonial America: An Atlantic Handbook,* ed. Ignacio Gallup-Diaz (New York: Routledge, 2017), 39–58; Lina Del Castillo, *Crafting a Republic for the World: Scientific, Geographic,*

and Historiographic Inventions of Colombia (Lincoln: University of Nebraska Press, 2018)。

21. David Arnold, *The Tropics and the Traveling Gaze: India, Landscape, and Science* (Seattle: University of Washington Press, 2006); Randall M. Packard, "The Invention of the 'Tropical Worker,'" *Journal of African History* 34, no. 2 (1993): 271–292; Nancy Stepan, *Picturing Tropical Nature* (London: Reaktion Books, 2001). For Panama, see Robert Aguirre and Megan Raby, *American Tropics: The Caribbean Roots of Biodiversity Science* (Chapel Hill: University of North Carolina Press, 2017); Paul S. Sutter, "Nature's Agents or Agents of Empire? Entomological Workers and Environmental Change during the Construction of the Panama Canal," *ISIS* 98 (2007): 730–732; Paul Sutter, "Tropical Conquest and the Rise of the Environmental Management State: The Case of U.S. Sanitary Efforts in Panama," in *Colonial Crucible: Empire in the Making of the Modern American State,* ed. Alfred W. McCoy and Francisco A. Scarano (Madison: University of Wisconsin Press, 2009), 317–328; Paul S. Sutter, "'The First Mountain to be Removed': Yellow Fever Control and the Construction of the Panama Canal," in Ashley Carse et al., "Panama Canal Forum: From the Conquest of Nature to the Construction of New Ecologies," *Environmental History* 21 (2016): 206–287; Stephen Frankel, "Jungle Stories: North American Representations of Tropical Panama," *Geographic Review* 86, no. 3 (July 1996): 317–333; and "Geographic Representations of the 'Other': The Landscape of the Panama Canal Zone," *Journal of Historical Cartography* 28, no. 1 (January 2002): 85–99.

22. Robert Aguirre, *Mobility and Modernity: Panama in the Nineteenth-Century Anglo-American Imagination* (Columbus: Ohio State University Press, 2017); Mary Louise Pratt, *Imperial Eyes: Travel, Writing, and Transculturation* (New York: Routledge, 1992); Stepan, *Picturing Tropical*

Nature; Arnold, *The Tropics and the Traveling Gaze.*

23. Michael Adas, *Machines as the Measures of Men: Science, Technologies and Ideas of Western Dominance* (Ithaca, NY: Cornell University Press, 1990); Héctor Pérez-Brignoli, "El fonógrafo en los trópicos: sobre el concepto de Banana republic en la obra de O. Henry," *Iberoamericana* 6, no. 23 (2006): 127–142; Michael Gobat, "The Invention of Latin America: A Transnational History of Anti-Imperialism," *American Historical Review* 118, no. 5 (December 2013): 1345–1375; Jason M. Colby, "Race and Tropicality in United Fruit's Central America," in *Making the Empire Work,* ed. Daniel E. Bender and Jana K. Lipman (New York: New York University Press, 2015), 295.

24. Edward Said, *Orientalism* (New York: Vintage, 1979); Ernest Gellner, "Introduction," in *Europe and the Rise of Capitalism,* ed. Jean Beachler, John Hall, and Michael Mann (Oxford: Blackwell Press, 1988), 2; Gregory Blue, "China and Western Social Thought in the Modern Period," and Timothy Brook, "Capitalism and the Writing of Modern History in China," in *China and Historical Capitalism: Genealogies of Sinological Knowledge,* ed. Timothy Brook and Gregory Blue (Cambridge: Cambridge University Press, 1999), 57–109, 110–157.

25. 质疑这些观点的作品包括：Catherine Le- Grand, "Living in Macondo: Economy and Culture in a United Fruit Company Banana Enclave in Colombia," in Joseph, LeGrand, and Salvatore, *Close Encounters of Empire,* 333–368; John Soluri, *Banana Cultures: Agriculture, Consumption, and Environmental Changes in Honduras and the United States* (Austin: University of Texas Press, 2005), 128–160, 193–215。关于 20 世纪 70 年代之前有关拉美社会是封建社会还是资本主义的学术讨论，参见 Ernesto Laclau, "Feudalism and Capitalism in Latin America," *New Left Review* 1 / 67 (May–June 1971)。关于劳动关系和克服"封建"划分的新文学

分析，参见 Alan Knight, "Mexican Peonage: What Was It and Why Was
It?," *Journal of Latin American Studies* 18, no. 1 (May 1986): 41–74。

26. J.Dorsey Forrest, *The Development of Western Civilization: A Study in
Ethical, Economic, and Political Evolution* (Chicago: University of Chicago
Press, 1907), 2.

27. Gilbert Allardyce, "The Rise and Fall of the Western Civilization
Course," *American Historical Review* 3 (1982): 695–725. Chris GoGwilt,
"True West: The Changing Idea of the West from the 1880s to the 1920s,"
37–62; Silvia Federici, "The God That Never Failed: The Origins and
Crisis of Western Civilization," 63–90; and Martin Bernal, "Greece:
Aryan or Mediterranean? Two Contending Historiographical Models,"
1–12; all in *Enduring Western Civilization: The Construction of the Concept
of Western Civilization and Its "Others,"* ed. Silvia Federici (Westport, CT:
Praeger Publishers, 1995).

28. 关于海地，参见 C. L. R. James, *The Black Jacobins: Toussaint L'Ouverture
and the San Domingo* (New York: Vintage, 1989); David Geggus, *A
Turbulent Time: The French Revolution and the Greater Caribbean*
(Bloomington: Indiana University Press, 2003); Trouillot, *Silencing the
Past;* Malick Ghachem, *The Old Regime and the Haitian Revolution* (New
York: Cambridge University Press, 2012); Lauren Dubois, *Avengers of the
New World: The Story of the Haitian Revolution* (Cambridge, MA: The
Belknap Press of Harvard University Press, 2005)。关于西属美洲律师，参
见 Lilliana Obregón, "Construyendo la región americana: Andrés Bello y
el derecho internacional, in *La idea en el pensamiento ius internacionalista
del siglo XXI: Estudios a propósito de la conmemoración de los bicentenarios
de las independencias de las repúblicas latinoamericanas,* ed. Yolanda
Gamarra Chopo (Zaragoza: Institución Fernando el Católico, 2010), 65–86;
and "Haiti and the Cosmopolitan Imagination," in *Cosmopolitanism*

in Enlightenment Europe and Beyond, ed. Mónica García-Salmones and
Pamela Slotte (Brussels: Peter Lang, 2013), 59–179。

29. See, for example, Goerge A. Miller, *Prowling about Panama* (New York: The
Abingdon Press, 1919), 15–16; Thomas Graham Grier, *On the Canal Zone*
(Chicago: The Wagner and Hanson Co., 1908), 7.

30. Frederick Cooper and Randall Packard, "Introduction," and Frederick
Cooper, "Modernizing Bureaucrats, Backward Africans and the
Development Concept," in *International Development and the Social
Sciences: Essays on the History and Politics of Knowledge,* ed. Frederick
Cooper and Randall Packard (Berkeley: University of California Press,
1997), 1–41, 64–92; Escobar, *Encountering Development;* Timothy Mitchell,
Rule of Experts: Egypt, Techno-Politics, Modernity (Berkeley: University of
California Press, 2002).

31. 关于巴拿马在开创基于威斯特伐利亚主权体系的国际关系中的重要
性，参见 Noel Maurer and Carlos Yu, *The Big Ditch: How America Took,
Built, Ran, and Ultimately Gave Away the Canal* (Princeton, NJ: Princeton
University Press, 2011), 4–5。

32. 关于古巴和巴拿马在 20 世纪初的比较研究，参见 Mariola Espinosa,
Epidemic Invasions: Yellow Fever and the Limits of Cuban Independence
(Chicago: University of Chicago Press, 2009), 73–116

33. Eric Hobsbawm and Terence Ranger, eds., *The Invention of Tradition*
(Cambridge: Cambridge University Press, 1983); Trouillot, *Silencing the
Past;* Matthew Restall, *Seven Myths of the Spanish Conquest* (Oxford:
Oxford University Press, 2003). 关于 19 世纪的哥伦比亚，参见 Del Castillo,
Crafting a Republic for the World。

34. Soja, *Postmodern Geographies;* Henri Lefebvre, *The Production of Space*
(Oxford: Blackwell, 1991); Wright, *The Politics of Design in French Colonial
Urbanism.*

第一章　港口与城市

1. Ramón M. Valdés, *Geografía del Istmo de Panamá,* 2nd ed. (New York: Appleton y Cia., 1905), 10.

2. Valdés, *Geografía del Istmo de Panamá,* 49.

3. Gaspard Théodore Mollien, *Viaggio alla Reppublica di Colombia eseguito nell'anno 1823 dal signor Mollien,* vol. 2, trans. Gaetano Barbieri (Naples: R. Marotta e Vanspondch, 1831), 91–92.

4. Valdés, *Geografía del Istmo de Panamá,* 41.

5. *Notes on Panama* (Washington, DC: Government Publishing Office, November 1903), 145.

6. *Notes on Panama,* 145.

7. John H. Kemble, "Pacific Mail Service between Panama and San Francisco, 1849–1851," *Pacific Historical Review* 2 (1933): 4, 409–410.

8. *Notes on Panama,* 146.

9. *Notes on Panama,* 147.

10. *Memorias dirigida a la asamblea nacional de 1906 por el secretario de Gobierno y Relaciones Exteriores* (Panama: Tip de Torre e Hijos, 1907), 210.

11. *Memorias dirigida a la asamblea nacional de 1906,* 231.

12. Salvador Camacho Roldán, *Notas de Viaje,* vol. 1 (Bogota: Publicaciones del Banco de la República, 1973), 225.

13. Office of the Isthmian Canal Commission, *Circular No.2* (Washington, DC: Government Printing Office, June 25, 1904).

14. 我认同 Sanders, *Vanguard of the Atlantic World* 中的观点，即 19 世纪中叶的西属美洲是大西洋世界的政治先锋。

15. Mauricio Nieto, Paola Castañ, and Diana Ojeda, "El influjo del clima sobre los seres organizados y la retórica ilustrada en el Semanario del Nuevo Reyno de Granada," *Historia Critica* 30 (2005): 91–114; Nancy Appelbaum, *Mapping the Country of Regions: The Chorographic Commission*

of *Nineteenth-Century Colombia* (Chapel Hill: University of North Carolina Press, 2016); Felipe Martínez Pinzón, *Una cultura de invernadero: trópico y civilización en Colombia* (Madrid: Iberoamericana-Vervuert, 2016).

16. Carlos A. Mendoza, *El Pensamiento de Carlos A. Mendoza: Documentos, Escritos, Discursos* (Panama: Biblioteca Cultural Shell, 1995), 78–94.

17. Justo Arosemena, "La Cuestión Americana," *El Neogranadino,* June 15, 1856; Justo Arosemena, *Estudios constitucionales sobre los gobiernos de la América Latina* 1 (1878): 503–504; Aims McGuinness, "Searching for 'Latin America' :Race and Sovereignty in the Americas in the 1850s," in *Race and Nation in Modern Latin America,* ed. Karin Alejandra Rosemblatt et al. (Chapel Hill: University of North Carolina Press, 2003), 87–107.

18. Justo Arosemena, "La Cuestión Americana," *El Neogranadino,* June 15, 1856; Justo Arosemena, *Estudios constitucionales sobre los gobiernos de la América Latina* 1 (1878): 503–504; Aims McGuinness, "Searching for 'Latin America' :Race and Sovereignty in the Americas in the 1850s," in *Race and Nation in Modern Latin America,* ed. Karin Alejandra Rosemblatt et al. (Chapel Hill: University of North Carolina Press, 2003), 87–107.

19. Justo Arosemena, "El Estado Federal de Panamá," in *Estudios Historicos y Jurídicos: Seleccion y Reseñ de la Historia Cultural de Panamá,* ed. José de la Cruz Herrera (Buenos Aires: W. M. Jackson, 1945), 51.

20. Alfredo Castillero Calvo, "El Movimiento Anseatista de 1826: la primera tentativa autonomista de los istmeños después de la anexión a Colombia," *Tareas* 4 (1960): 3–25; Alfredo Figueroa Navarro, *Dominio y Sociedad en el Panamá Colombiano (1821-1903)* (Panama: Editorial Universitaria, 1982), 243–244.

21. David Bushnell, *The Making of Modern Colombia: A Nation in Spite of Itself* (Berkeley: University of California Press, 1993), 142–143.

22. Eusebio A. Morales, *Ensayos, Documentos y Discursos,* vol. 2 (Panama:

Editorial La Moderna, 1928), 73–75; Ernesto A. Morales, *El Dr. Eusebio A. Morales ante la historia: apuntaciones y comentarios* (Panama: Imp. El Heraldo, 1929).

23. Eusebio A. Morales, "The Political Situation of Colombia," *North American Review* 175 (1902): 347–360, 550.

24. 关于巴拿马脱离哥伦比亚，历史学界争论颇多。有人将巴拿马的独立完全看作是美国干预的结果，还有人将巴拿马独立视为波哥大疏忽的结果。这一论题仍需更多研究来深入讨论。不过，想要了解巴拿马如何独立，显然必须考虑上述所有因素。欲简要深入了解巴拿马的独立，参见 Fernando Aparicio, "La independencia de Panamá de Colombia: entre el nacionalismo y el imperialismo," in *Panamá: Historia Contemporánea,* ed. Alfredo Castillero Calvo (Spain: Mapfre / Taurus, 2014), 146–161。

25. Mendoza, *El Pensamiento,* 138–139; Morales, *Ensayos, Documentos y Discursos,* 1:43–59.

26. Watt Stewart, "The Ratification of the Thomson-Urrutia Treaty," *Southwestern Political and Social Science Quarterly* 10, no. 4 (1930): 416–428.

27. Arnulf Becker Lorca, *Mestizo International Law: A Global Intellectual History, 1842–1933* (Cambridge: Cambridge University Press, 2014), 136.

28. Cited by GoGwilt, "True West," 52.

29. Cited by Greene, *The Canal Builders,* 27.

30. Cited by Greene, *The Canal Builders,* 28.

31. Caitlin Fitz, *Our Sister Republics: The United States in the Age of American Revolutions* (New York: Norton, 2016), 194–239.

32. Gilbert Allardyce, "The Rise and Fall of the Western Civilization Course," *American Historical Review* 3 (1982): 695–725; GoGwilt, "True West," 37– 62. Martin Bernal, "Greece: Aryan or Mediterranean? Two

Contending Historiographical Models"; Silvia Federici, "The God That Never Failed: The Origins and Crisis of Western Civilization," both in *Enduring Western Civilization: The Construction of the Concept of Western Civilization and Its "Others,"* ed. Silvia Federici (Westport, CT: Praeger Publishers, 1995), 1–12, 63–90.

33. Becker Lorca, *Mestizo International Law,* 39–140.

34. Tomás Arias to John Barret, Panama, July 28, 1904, in *Memorias dirigida a la asamblea nacional de 1906,* 219.

35. Arias to Barret, in *Memorias dirigida a la asamblea nacional de 1906,* 219.

36. Tomás Arias to José Domingo de Obaldía, Panama, July 12, 1904, in *Memorias dirigida a la asamblea nacional de 1906,* 216.

37. J. D. de Obaldía (written by Eusebio A. Morales), "Exposición presentada al Secretario de Estado de los Estados Unidos de América," *Memorias dirigida a la asamblea nacional de 1906,* 234.

38. de Obaldía, "Exposición presentada al Secretario de Estado de los Estados Unidos de América," 231. Emphasis in original.

39. Tomás Arias a José Domingo de Obaldía, Panama, July 12, 1904, in *Memorias dirigida a la asamblea nacional de 1906,* 216.

40. de Obaldía, "Exposición presentada al Secretario de Estado de los Estados Unidos de América," 231.

41. Morales, *Ensayos, Documentos y Discursos,* 1:62.

42. Morales, *Ensayos, Documentos y Discursos,* 1:62–63.

43. Morales, *Ensayos, Documentos y Discursos,* 1:64.

44. Morales, *Ensayos, Documentos y Discursos,* 1:66–68.

45. de Obaldía, "Exposición presentada al Secretario de Estado de los Estados Unidos de América," 234.

46. Héctor Pérez-Brignoli, "El fonógrafo en los trópicos: sobre el concepto de Banana republic en la obra de O. Henry," *Iberoamericana* 6, no. 23 (2006):

127–142.

47. Paul A. Kramer, "Race, Empire, and Transnational History," in *Colonial Crucible: Empire in the Making of the Modern American State,* ed. Alfred W. McCoy and Francisco Scarano (Madison: University of Wisconsin Press, 2009), 204.

48. Kramer, "Race, Empire, and Transnational History," 201–206.

49. Alejandro de La Fuente and Matthew Casey, "Race and Suffrage Controversy in Cuba, 1898–1901," in MacCoy and Scarano, *Colonial Crucible,* 223–224.

50. Governador George W. Davis to Secretario de Estado Tomás Arias, Ancón, July 11, 1904, *Memorias dirigida a la asamblea nacional de 1906,* 212–213.

51. Governador George W. Davis to Secretario de Estado Tomás Arias, Ancón, July 11, 1904.

52. Davis to Arias, Ancón, July 11, 1904.

53. Rogelio E. Alfaro, "El Convenio Taft y el Tratado de 1926," in *La Cuestión Canalera, de 1903 a 1936,* ed. Diógenes A. Arosemena (Panama: [s.n.], 1975), 42–47.

54. Office of the Isthmian Canal Commission, *Circular No. 4* (Washington, DC: Government Printing Office, December 30, 1904).

55. Maurer and Yu, *The Big Ditch,* 4–5.

56. Maurer and Yu, *The Big Ditch,* 2–7.

第二章　1904 年的运河区

1. "Itinerario que manifiesta las distancias entre los distritos parroquiales expresadas en leguas, con exclusión del territorio del Darién," Archivo General de la Nacion-Colombia, Ministerio de Interior y Relaciones Exteriores, tome 59, folio 163; Ramón M. Valdés, *Geografía del Istmo de Panamá: Texto adoptado oficialmente para la enseñnza en las escuelas de la*

nación, 2nd ed. (New York: Appleton y Cia., 1905), 74.

2. Lady Emmeline Stuart Wortley, *Travels in the United States, etc., during 1849 and 1850,* 3 vols. (London: Richard Bentley, 1851), 2:283.

3. Valdés, *Geografía del Istmo,* 74.

4. "Map of Gorgona showing area in which the Commission has authorized the licensing of saloons," NARA, RG 185, General Correspondence 1905–1915, Box 353, File 59-B-1/A; Library of Congress, ICC, December 1908.

5. *Interim Report of the Joint Commission* (Panama: Government Publishing Office, 1914), 31.

6. NARA, RG 185, General Correspondence 1905–1915, Box 353, File 59-B-1/A.

7. Capt. H. C. Hale, *Notes on Panama* (Washington, DC: Government Publishing Office, 1903), 154.

8. Gaspard Théodore Mollien, *Viaggio alla Reppublica di Colombia eseguito nell'anno 1823 dal signor Mollien,* vol. 2, trans. Gaetano Barbieri (Naples: R. Marotta e Vanspondch, 1831), 180.

9. Mollien, *Viaggio alla Reppublica di Colombia,* 2:183.

10. Wortley, *Travels,* 2:251.

11. Wortley, *Travels,* 2:245.

12. Wortley, *Travels,* 2:255.

13. 类似的文字记述非常多，例如 J. M. Letts, *California Illustrated: Including a description of the Panama and Nicaragua Routes* (New York: R. T. Young, 1853), 13–27, 38。

14. 克鲁塞斯只有一个奴隶，而附近位于连接波托贝洛与巴拿马城的骡马路中间位置的城镇圣胡安（San Juan）有 40 个奴隶。"Cuadro que Manifiesta el número de esclavos que hay en el Cantón de Panamá en 31 de agosto de 1846," Archivo General de la Nacion-Colombia, Ministerio de Interior y Relaciones Exteriores, tome 59, folio 163.

15. Jorge Juan and Antonio de Ulloa, *Relación Histórica del viaje a la América Meridional*, vol. 1 (Madrid: Fundación Universitaria Española, [1748] 1978), 126–131.

16. 莫利昂认为，1811 年，巴拿马的房租收入远远超过了哥伦比亚其他任何一个省份：巴拿马的房租收入是 80 万皮阿斯特。相较而言，房租收入第二多的卡塔赫纳（Cartagena）为 60 万皮阿斯特，圣塔菲（Santa Fe）仅为 18 万皮阿斯特。Mollien cites Pombo's statistics. Mollien, *Viaggio alla Reppublica di Colombia*, 1:216.

17. Aims McGuinness, *Paths of Empire: Panama and the California Gold Rush* (Ithaca, NY: Cornell University Press, 2008); Alfredo Castillero-Calvo, *La Ruta Interoceánica y el Canal de Panamá* (Panama: Instituto del Canal de Panama, 1999).

18. Mollien, *Viaggio alla Reppublica di Colombia*, 2:183–184. 根据莫利昂的说法，在 1823 年，来自牙买加的英国人垄断了地峡的贸易，据说他们总共在那里运送了价值 200 万皮阿斯特的商品。Ibid., 2:89; Mary Seacole, *Wonderful Adventures of Mrs. Seacole in Many Lands* (Oxford: Oxford University Press, [1867] 1988), 37.

19. Mollien, *Viaggio alla Reppublica di Colombia*, 2:182–183.

20. William Wheelwright, "Report on the Isthmus of Panama," in William Wheelwright, *Report on Steam Navigation in the Pacific with an account of coal mines of Chile and Panama* (1843), 26.

21. Wheelwright, "Report on the Isthmus of Panama," 26.

22. Letts, *California Illustrated*, 13.

23. Wortley, *Travels*, 2:255.

24. 关于淘金热对巴拿马的影响，参见 McGuinness, *Paths of Empire*。

25. Letts, *California Illustrated*, 28; Wortley, *Travels*, 2:283–291.

26. Seacole, *Wonderful Adventures*, 16.

27. Wortley, *Travels*, 2:266.

28. Seacole, *Wonderful Adventures*, 53–54.

29. Valdés, *Geografía del Istmo de Panamá*, 74.

30. *Interim Report of the Joint Commission* (Panama: Government Publishing Office, 1914), 31.

31. Wortley, *Travels*, 2:319

32. Alfredo Castillero Calvo, "El transporte transístmico y las comunicaciones," in *Historia General de Panama*, ed. Alfredo Castillero Calvo, vol. 1, tome 1 (Panama: Comité Nacional del Centenario de la República, 2004), 374.

33. 关于殖民时期的道路整修，参见 Castillero Calvo, "El transporte transístmico y las comunicaciones regionales," 387; 关于哥伦比亚对道路的整修，参见 "Tomás Herran to seññr secretario de Relaciones Exteriores y Mejoras Internas," Panama, February 24, 1848, Archivo General de la Nacion-Colombia, Ministerio de Interior y Relaciones Exteriores, tome 59, folio 854。

34. Castillero Calvo, "El transporte transístmico y las comunicaciones," 374.

35. Wortley, *Travels*, 2:272.

36. Castillero Calvo, "El transporte transístmico y las comunicaciones," 377.

37. 关于殖民政府对查格雷斯河的维护，参见 Castillero Calvo, "El transporte transístmico y las comunicaciones regionales," 387; 关于哥伦比亚对查格雷斯河的维护，参见 "Tomás Herran to señr secretario de Relaciones Exteriores y Mejoras Internas," Panama, February 24, 1848, AGN-Colombia, Ministerio de Interior y Relaciones Exteriores, tome 59, folio 854。

38. Wheelwright, "Report on the Isthmus of Panama," 25–26; Wortley, *Travels*, 2:257–258.

39. Wheelwright, "Report on the Isthmus of Panama," 25–26; Wortley, *Travels*, 2:257–258.

40. Juan and Ulloa, *Relación Histórica*, 148; Wheelwright, "Report on the

Isthmus of Panama," 26.

41. Juan and Ulloa, *Relación Histórica*, 148.

42. Juan and Ulloa, *Relación Histórica*, 148.

43. Juan and Ulloa, *Relación Histórica*, 148.

44. Letts, *California Illustrated*, 13.

45. Wortley, *Travels*, 2:258–259, 269–270.

46. Seacole, *Wonderful Adventures*, 20–21.

47. Seacole, *Wonderful Adventures*, 20.

48. Wortley, *Travels*, 2:246–247.

49. "Acuerdo sobre aplicaciones de terrenos para el ferrocarril del Istmo de Panamá," Gorgona, November 6, 1852, NARA, RG 185, Record of the Joint Land Commission, Land Files of the Panama Railroad Company, Box 2, File 1.

50. "Acuerdo sobre aplicaciones de terrenos para el ferrocarril del Istmo de Panamá," November 6, 1852.

51. No title, April 28, 1851, NARA, RG 185, Record of the Joint Land Commission, Land Files of the Panama Railroad Company, Box 2, File 1.

52. Marixa Lasso, *Myths of Harmony: Race and Republicanism in the Age of Revolution, Colombia 1795–1831* (Pittsburgh: University of Pittsburgh Press, 2007).

53. Alfredo Figueroa Navarro, *Dominio y Sociedad en el Panamá Colombiano (1821–1903)* (Panama: Impresora Panamá, 1978); Lasso, *Myths of Harmony;* McGuinness, *Paths of Empire;* James Sanders, *Contentious Republicans: Popular Politics, Race, and Class in Nineteenth-Century Southwestern Colombia* (Durham, NC: Duke University Press, 2004).

54. Nancy Leys Stepan, *Picturing Tropical Nature* (London: Reaktion Books, 2001).

55. Seacole, *Wonderful Adventures*, 43.

56. Seacole, *Wonderful Adventures,* 45.

57. Seacole, *Wonderful Adventures,* 51–52

58. Wortley, *Travels,* 2:251.

59. Seacole, *Wonderful Adventures,* 44.

60. Willis J. Abbot, *Panama and the Canal in Picture and Prose* (New York: Syndicate Publishing Company,1914), 107.

61. Harry A. Frank, *Zone Policeman 88: A Close Study of the Panama Canal and Its Workers* (New York: The Century Co., 1920), 18.

62. *Census of the Canal Zone* (Mount Hope, Canal Zone: I.C.C. Press, 1912), 16. 63. "List of native villages in the Canal Zone which are now being extended or are likely to be extended in the near future," May 20, 1908, NARA, RG 185, General Correspondence ICC, Building Regulations Canal Zone General, Box 88.

63. "List of native villages in the Canal Zone which are now being extended or are likely to be extended in the near future," May 20, 1908, NARA, RG 185, General Correspondence ICC, Building Regulations Canal Zone General, Box 88.

64. Valdés, *Geografía del Istmo de Panamá,* 74.

65. Guy L. Edie to Chief of Staff, US Army, December 23, 1903, NARA RG 185, Box 321, File 47-I- 53.

66. Frank, *Zone Policeman 88,* 22.

67. Frank, *Zone Policeman 88,* 28.

68. Frank, *Zone Policeman 88,* 32.

69. "Memorandum regarding Isthmian Canal Commission and Panama Railroad Townsites," May 27, 1910, NARA, RG 185, Box 317, File 47-E- 1.

70. "International Banking Corporation," *La Estrella de Panamá,* July 13, 1913.

71. G. Johnson to Rufus H. Lane, November 30, 1906, NARA, RG 185, General

Correspondence 1905–14, Box 352, File 59-A- 3.

72. Greene, *The Canal Builders,* 172–178; Frank, *Zone Policeman 88,* 40–50.

73. Frank, *Zone Policeman 88,* 40.

74. F. N. Otis, *Isthmus of Panama: History of the Panama Railroad and the Pacific Steamship Company* (New York: Harpers Publishers, 1867), 95–96.

75. Valdés, *Geografía del Istmo de Panamá,* 87.

76. John F. Stevens to Jackson Smith, July 16, 1906, NARA, RG 185, General Correspondence, ICC, Box 973, File 47-E- 12/45.

77. Jackson Smith to J. F. Stevens, July 14, 1906, NARA, RG 185, General Correspondence, ICC, Box 973, File 47-E- 12/45.

78. Ward to Smith, July 12, 1906, NARA, RG 185, General Correspondence, ICC, Box 973, File 47-E- 12/45.

79. Division Engineer to Acting Chief Engineer, July 2, 1906, NARA, RG 185, General Correspondence, ICC, Box 973, File 47-E- 12/45.

80. J. A. Le Prince, Chief Sanitary Inspector, to Col. W. C. Gorgas, Chief Sanitary Officer, October 12, 1909, NARA, RG 185, General Correspondence, Isthmian Canal Commission, Box 88.

81. J. A. Le Prince to W. C. Gorgas, April 17, 1907, NARA, RG 185, General Correspondence, ICC, Box 88.

82. NARA, RG 185, General Records, 1914–1934, Box 974, File 47-E- 12/72 September 1, 1914.

83. NARA, RG 185, General Records, 1914–1934, Box 974, File 47-E- 12/72 September 1, 1914.

84. Frank, *Zone Policeman 88,* 70.

85. *The Canal Record,* September 4, 1907, 2–3; *The Canal Record,* January 15, 1908, 157–158; *The Canal Record,* March 18, 1908, 226.

86. *The Canal Record,* July 15, 1908, 362. 87. Grisby, *Colossal,* 122–151.

87. Grisby, *Colossal,* 122–151.

88. 很多出版物和照片都遵循了这种模式。例如，Willis J. Abbot, *Panama and the Canal in Picture and Prose* (New York: Syndicate Publishing Co., 1913), 57, 60, 68–70, 111–113, 176–177。

89. Tracy Robinson, *Panama: A Personal Record of Forty-Six Years* (Panama: Star and Herald Company, 1907), 179.

90. Robinson, *Panama*, 200

91. Michael Hardt, "Jefferson and Democracy," *American Quarterly* 59, no. 1 (2007): 41–78.

92. Robinson, *Panama*, 200.

93. Robinson, *Panama*, 244.

94. A. S. Barlett, E. S. Berghoon, and R. Berger, "Fossil Maiz from Panama," *Science* 165 (1969): 389; Dolores Piperno, "Fitolitos, arqueología y cambios prehistóricos de la vegetación de la isla de Barro Colorado," in *Ecologia de un bosque tropical: Ciclos estacionales y cambios a largo plazo* (n.p.: STRI, 1990); Marixa Lasso, "El pasado agrícola de la zona transístmica: Del ferrocarriltransístmico a la creación de la zona del canal," *Revista Universidad* IV, época no. 51 (1994): 167; Francisco Javier Bonilla, "An Environmental History of the Rio Grande in the Panama Canal Zone, 1521–1950" (master's thesis, University of Louisville, 2016), 25, 27.

95. "Informe del Juzgado Politico de Buena Vista al Secretario de Gobierno," Bohío, April 10, 1894, 2, personal collection of Nicolas Liakopulos.

96. 17 世纪，这一地区有超过 6,000 头牛。到了 18 世纪末，这个数字减少到 2,000。从 18 世纪末到 19 世纪末，这一地区牛的数量的一直没有超过 2,000。也许是因为地峡路线地区土地稀缺且昂贵，不适合经营巴拿马的那种大型牧牛场，而适合经营港口城市和地峡城镇畅销的农产品。Alfredo Castillero Calvo, "Niveles de vida y cambios de dieta a finales del periodo colonial en América," *Anuario de Estudios Americanos*

44 (1987): 427-476.

97. Lasso, "El pasado agrícola de la zona transístmica," 173-174.

98. Mollien, *Viaggio alla Reppublica di Colombia,* 2:91, 183.

99. Wheelwright, "Report on the Isthmus of Panama," 26.

100. John Haskell Kemble, "Pacific Mail Service between Panama and San Francisco, 1849-1851," *Pacific Historical Review* 2, no. 4 (1933): 415-416.

101. "Informe del Juzgado Politico de Buena Vista al Secratario de Gobierno," Bohio, April 10, 1894, 2; and "Informe del Juzgado Politico de Gatun," Gatún, December 30, 1893, 1, personal collection of Nicolas Liakopulos.

102. Archivo Nacional de Panamá, Notaria 2, no. 246, 1888.

103. Robinson, *Panama,* 200.

104. Lasso, "El pasado agrícola de la zona transístmica," 175.

105. Alan Krell, *The Devil's Rope: A Cultural History of Barbed Wire* (London: Reaktion Books, 2002).

106. "Cuadro desmostrativo de los alambiques existentes en la Provincia de Panamá, con expresión de su dueñ, clases y numero de litros que miden," *Gaceta de Panama,* May 4, 1892.

107. *Annual Report of the Isthmian Canal Commission for the Year Ending December 1, 1905* (Washington, DC: Government Publishing Office, 1905), 46.

108. NARA, RG 185, Records of the Land Commission, Docket Files, 1913-19, Box 1, docket 4.

109. John Soluri, *Banana Cultures: Agriculture, Consumption, and Environmental Change in Honduras and the United States* (Austin: University of Texas Press, 2006), 104-127.

110. *Annual Report of the Isthmian Canal Commission for the Year Ending December 1, 1905* (Washington, DC: Government Publishing Office,

1905), 8.

111. Ibid.

112. Acting Subsistence Officer to Chairman and Chief Engineer, Cristobal, April 16, 1909, NARA, RG 185, General Correspondence of the Isthmian Canal Commission, Box 88.

113. Omar Jaen Suarez, *La Población del Istmo de Panamá del siglo XVI al siglo XX* (Panama: Impresora de la Nación, 1979), 25.

114. *Annual Report of the Isthmian Canal Commission for the Year Ending December 1, 1905, 7–8.*

115. Hugh H. Bennett and William A. Taylor, *The Agricultural Possibilities of the Canal Zone* (Washington, DC: Government Publishing Office, 1912),47. For the impact of this report on ICC agricultural policies, see Carse, *Beyond the Big Ditch,* 131–142.

116. Bennett and Taylor, *The Agricultural Possibilities,* 5.

117. *Fifteenth Annual Report of the Secretary of the Maine Board of Agriculture for the year 1870* (Augusta, ME: Sprague, Owen & Nach, 1871), 275.

118. Bennett and Taylor, *The Agricultural Possibilities,* 12. 对于工具和技术在定义人和社会方面日益增长的重要性，参见 Michael Adas, *Machines as the Measure of Men: Science, Technology, and Ideologies of Western Dominance* (Ithaca, NY: Cornell University Press, 1989); and Leo Marx, "Technology: The Emergence of a Hazardous Concept," *Technology and Culture* 51, no. 3 (2010): 561–577。

119. James C. Scott, *Seeing Like a State: How Certain Schemes to Improve the Human Condition Have Failed* (New Haven, CT: Yale University Press, 1998), 262–306.

120. 这类叙述的例子数不胜数，与巴拿马相关的两个有名的例子是 Otis, *Isthmus of Panama,* 107–108; and Robert Tomes, *Panama in 1855: An Account of the Panama Railroad* (New York: Harpers, 1855), 180。

121. Bennett and Taylor, *The Agricultural Possibilities,* 12.

122. Bennett and Taylor, *The Agricultural Possibilities,* 12.

123. Bennett and Taylor, *The Agricultural Possibilities,* 12–15.

124. Bennett and Taylor, *The Agricultural Possibilities,* 42.

125. Bennett and Taylor, *The Agricultural Possibilities,* 14–15.

126. Bennett and Taylor, *The Agricultural Possibilities,* 7, 15.

127. Bennett and Taylor, *The Agricultural Possibilities,* 20.

128. Williams, *Capitalism and Slavery.*

129. Bennett and Taylor, *The Agricultural Possibilities,* 45.

130. Bennett and Taylor, *The Agricultural Possibilities,* 46.

131. Bennett and Taylor, *The Agricultural Possibilities,* 29.

132. Bennett and Taylor, *The Agricultural Possibilities,* 47.

133. *La Estrella de Panamá,* June 22, 1913.

134. Stephen Frankel, "Jungle Stories: North American Representations of Tropical Panama," *Geographic Review* 86, no. 3 (July 1996): 317–333; and "Geographical Representations of the 'Other': The Landscape of the Panama Canal Zone," *Journal of Historical Cartography* 28, no. 1 (January 2002): 85–99; Paul S. Sutter, "Nature's Agents or Agents of Empire? Entomological Workers and Environmental Change during the Construction of the Panama Canal," *ISIS* 98 (2007): 730–732; Héctor Pérez-Brignoli, "El fonógrafo en los trópicos: sobre el concepto de Banana republic en la obra de O. Henry," *Iberoamericana* 6, no. 23 (2006): 127–142; Paul Sutter, "Tropical Conquest and the Rise of the Environmental Management State: The Case of U.S. Sanitary Efforts in Panama," in *Colonial Crucible: Empire in the Making of the Modern American State,* ed. Alfred W. McCoy and Francisco A. Scarano (Madison: University of Wisconsin Press, 2009), 317–328.

135. I am inspired by Eric Wolf's classic *Europe and the People without*

History (Berkeley: University of California Press, 1982); Said, Orientalism; Michel-Rolph Trouillot, Silencing the Past: Power and the Production of History (Boston: Beacon Press, 1997), 70–106; and Fernando Coronil, "Beyond Oc cidentalism: Toward Nonimperial Geohistorical Categories," Cultural Anthropology 11 (1996): 51–87.

136. A shorter version of this argument was published in Marixa Lasso, "From Citizens to 'Natives': Tropical Politics of Depopulation at the Panama Canal Zone," in Ashley Carse et al., "Panama Canal Forum: From the Conquest of Nature to the Construction of New Ecologies," Environmental History 21 (April 2016): 240–249.

第三章　运河区老城镇的新制度

1. Bierd to Gorgas, February 15, 1907, NARA, RG 185, Box 88, General Correspondence, ICC.

2. Bierd to Gorgas, February 15, 1907; Chief Sanitary Officer to J. F. Stevens, February 5, 1907, NARA, RG 185, Box 88, General Correspondence, ICC.

3. George W. Goethals, Government of the Canal Zone (Princeton, NJ: Princeton University Press, 1915), 46.

4. Theodore P. Shonts, "The Railroad Men at Panama," North American Review 199 (February 1914): 228–231.

5. "Temporary Authority of Alcaldes," Act No. 5, August 22, 1904, in Isthmian Canal Commission, Laws of the Canal Zone (Washington, DC: Government Publishing Office, 1906), 21–22.

6. "The Right of Expropriation," Act No. 6, August 27, 1904, Laws of the Canal Zone, 22–28.

7. "Municipal Governments," Act No. 7, September 1, 1904, Laws of the Canal Zone, 29–52.

8. "Municipal Governments," Act No. 7, Laws of the Canal Zone, 29–52.

9. 在 1905 年，安孔的市长是内拉（月薪 100 美元），布恩维斯塔（Buenavista）市长是鲁道夫·阿亚萨（Rodolfo Ayar–za）（月薪 50 美元）；克里斯托瓦尔市长是麦克尼尔（MacNeil）（月薪 150 美元）；恩佩德拉多市长是加尔松（Garzon）（月薪 60 美元）；戈尔戈纳市长为帕雷德斯（Paredes）（月薪 75 美元）。五名市长中只有一人不是巴拿马人。克里斯托瓦尔市长是美国人，月薪达到了 150 美元。

10. Rafael Neira to Rufus A. Lane, November 21, 1906, NARA, RG 185, Box 88, General Correspondence, ICC.

11. "Municipal Governments, Act No. 7," *Laws of the Canal Zone,* 29–52; "Ordinance No. 4," NARA, RG 185, General Correspondence, 1905–1914, Box 352, File 59-A- 3.

12. "Municipal Governments, Act No. 7," *Laws of the Canal Zone,* 29–52.

13. Tomás Arias to Secretario de Estado en el despacho de Instruccion Publica y Justicia, September 29, 1904, in *Memorias dirigida a la asamblea nacional de 1906 por el secretario de Gobierno y Relaciones Exteriores* (Panama: Tip de Torre e Hijos, 1907), 200–201.

14. Nicolás Victoria Jaén to Secretario de Gobierno y Relaciones exteriores, August 26, 1904; Corte Suprema de Justicia, Panama, January 20, 1905, in *Memorias dirigida a la asamblea nacional de 1906,* 199–200, 203–205; Morales, *Ensayos, Documentos y Discursos,* 1:66–68.

15. Resolución Número 164, República de Panamá—Poder Ejecutivo Nacional—Departamento de Política Interior—Panamá, November 9, 1904, in *Memorias dirigida a la asamblea nacional de 1906,* 60.

16. "Manifiesto de Separación de Panamá y Mensaje dirigido por la Junta de Gobierno provisional a la Convención Constituyente de 1904," in Morales, *Ensayos, Documentos y Discursos,* 1:56.

17. *Memorias dirigida a la asamblea nacional de 1906,* xxxv.

18. Valdés, *Geografía del Istmo de Panamá,* 45.

19. Goethals, *Government of the Canal Zone*, 46.

20. Valdés, *Geografía del Istmo de Panamá*, 45.

21. "Municipal Governments, Act No. 7," *Laws of the Canal Zone*, 29–52.

22. John F. Stevens to W. C. Gorgas, February 9, 1907, NARA, RG 185, Box 88, General Correspondence, ICC.

23. Chief Sanitary Inspector to Chief Sanitary Officer, September 28, 1906,NARA, RG 185, Box 88, General Correspondence, ICC.

24. Chief Sanitary Officer to Stevens, February 5, 1907, NARA, RG 185, Box 88, General Correspondence, ICC.

25. James B. Clow & Sons, "Statement Made to Brigadier General Charles F. Humphreys, USA, with regard to the Sanitary Conditions existing on the Isthmus of Panama," NARA, RG 185, Box 321, File 47-I-53.

26. Guy L. Edie to U.S. Army Chief of Staff, December 23, 1903, NARA, RG 185, Box, 321, File 47-I-53.

27. H. D. Reed to W. C. Gorgas, June 16, 1905, NARA, RG 185, Box 88, General Correspondence, ICC, Building Regulations Canal Zone General.

28. Kalala Ngalamulume, "Keeping the City Totally Clean: Yellow Fever and the Politics of Prevention in Colonial Saint-Louis- du- Sénégal, 1850–1914," *Journal of African History* 45, no. 2 (2004): 183–202; Andrea Patterson, "Germs and Jim Crow: The Impact of Microbiology on Public Health Policies in the Progressive Era American South," *Journal of the History of Biology* 42, no. 3 (2009): 529–559; Stanley K. Shultz and Clay McShane, "To Engineer the Metropolis: Sewers, Sanitation, and City Planning in Late-Nineteenth- Century America," *Journal of American History* 65, no. 2 (September 1978): 389–411; Frank Snowden, *The Conquest of Malaria, Italy 1900–1962* (New Haven, CT: Yale University Press, 2006), 27–52.

29. "Building Regulations for the Canal Zone," NARA, RG 185, General

Correspondence, 1905-1914, Box 88; Chief Sanitary Officer to Head of Department of Civil Administration, Canal Zone, October 23, 1908, NARA, RG 185, General Correspondence, 1905-1914, Box 88.

30. G. W. Goethals to Secretary of War, Canal Zone, January 14, 1910, NARA, RG 185, General Correspondence, 1905-1914, Box 88; Chief Sanitary Officer to the Governor of the Canal Zone, January 21, 1905, NARA, RG 185, Box 124.

31. G. W. Goethals to W. C. Gorgas, Canal Zone, September 26, 1907; Sanitary Department to Head of Department of Civil Administration, October 23, 1908, NARA, RG 185, General Correspondence, 1905-1914, Box 88.

32. David Arnold, *Colonizing the Body: State Medicine and Epidemic Disease in Nineteenth-Century India* (Berkeley: University of California Press, 1993); Philip Curtin, "The End of the 'White Man's Grave'? Nineteenth-Century Mortality in West Africa," *Journal of Interdisciplinary History* 21 (1990): 63- 88; Philip Curtin, "Medical Knowledge and Urban Planning in Tropical Africa," *American Historical Review* 90 (1985): 594-613; Randall M. Packard, "The Invention of the 'Tropical Worker,'" *Journal of African History* 34 (1993): 271-292.

33. David Arnold, *Colonizing the Body: State Medicine and Epidemic Disease in Nineteenth-Century India* (Berkeley: University of California Press, 1993); Philip Curtin, "The End of the 'White Man's Grave'? Nineteenth-Century Mortality in West Africa," *Journal of Interdisciplinary History* 21 (1990): 63- 88; Philip Curtin, "Medical Knowledge and Urban Planning in Tropical Africa," *American Historical Review* 90 (1985): 594-613; Randall M. Packard, "The Invention of the 'Tropical Worker,'" *Journal of African History* 34 (1993): 271-292.

34. "Map of Gorgona Showing Area in which the Commission has Authorized the Licensing of Saloons, ICC, Office of Chief Engineer," December 1908,

Library of Congress.

35. Le Prince to Gorgas, April 15, 1907, NARA, RG 185, General Correspondence, 1905–1914, Box 88.

36. "Building Regulations for the Canal Zone," NARA, RG 185, Box 88, General Correspondence, 1905–1914.

37. Tomes, *Panama in 1855*, 56–58.

38. Chief Sanitary Inspector to Chief Sanitary Officer, September 29, 1906, NARA, RG 185, Box 88, General Correspondence, 1905–1914.

39. Chief Sanitary Inspector to Chief Sanitary Officer, September 29, 1906.

40. Le Prince to Gorgas, Ancón, April 17, 1907, NARA, RG 185, Box 88, General Correspondence, ICC.

41. "Guideline Regulations for Canal Zone: in Proposed New Towns, Remodeling of Old Towns, Collections of Houses, the following regulations shall be followed." No date, but next to the 1906 correspondence with mayors, NARA, RG 185, Box 88, General Correspondence, ICC.

42. Mayor of Gorgona to Rufus A. Lane, November 11, 1906, NARA, RG 185, Box 88, General Correspondence, 1905–1914.

43. Mayor of Gorgona to Rufus A. Lane, November 11, 1906.

44. George Johnson to Rufus Lane, Canal Zone, November 13, 1906, NARA, RG 185, Box 88, General Correspondence, ICC.

45. Cited by Shultz and McShane, "To Engineer the Metropolis," 389.

46. Shultz and McShane, "To Engineer the Metropolis," 395. Shultz and McShane, "To Engineer the Metropolis," 395.

47. Mayor of Gorgona to Rufus A. Lane, November 11, 1906.

48. Order of the President, Dividing the Canal Zone into Administrative Districts, March 13, 1907, in *General Index: Minutes of the Meeting of the Isthmian Canal Commission* (Washington, DC: Government Publishing Office, 1908), 50; Goethals, *Government of the Canal Zone*, 47–48.

49. Le Prince to Gorgas, December 8, 1906, NARA, RG 185, Box 88, General Correspondence, ICC.

50. Arturo Escobar, *Encountering Development: The Making and Unmaking of the Third World* (Princeton, NJ: Princeton University Press, 1995); Timothy Mitchell, *Rule of Experts;* Scott, *Seeing Like a State.*

51. Order of the President, March 13, 1907, Dividing the Canal Zone into Administrative Districts, in *General Index*, 50.

52. Goethals to Gorgas, August 21, 1908, NARA, RG 185, Box 89, File 13-A- 4/v.

53. Hiram J. Slifer to William L. Sibert, Division Engineer, and L. K. Rourke, Acting Division Engineer, June 17, 1909, NARA, RG 185, Box 89, File 13-A- 4/v C.S.I.

54. "Circular No 453," February 24, 1910, signed by J. A. Le Prince, Chief Sanitary Inspector, NARA, RG 185, Box 89, File 13-A- 4/v C.S.I.

55. Herman Caufrild to Mr. Harry E. Bovay, March 29, 1910, NARA, RG 185, Box 89, File 13-A- 4/v.

56. "Memorandum in reference to house of Took Woo Chong, Old Empire," June 29, 1911; Chief Sanitary Inspector to V. A. Holden, June 28, 1911, and District Sanitary Inspector to Chief Sanitary Inspector, August 18, 1911, NARA, RG 185, Box 89, File 13-A- 4/v.

57. Sergeant #10 J. N. Shaw to Captain George R. Shanton, May 15, 1908, NARA, RG 185, Box 89, File 13-A- 4/v.

58. British Vice-Consul to C. S. Blackburn, Head of Department of Civil Administration, Panama, July 3, 1908, and C. S. Blackburn to Judge Rerdell and Mr. Holocombe, NARA, RG 185, Box 89, File 13-A- 4/v.

59. Sergeant #10 J. N. Shaw to Captain George R. Shanton, May 15, 1908.

60. V. B. Miskimon, Inspector, to Acting Chairman, March 23, 1909, NARA, RG 185, Box 89, File 13-A- 4/v; Chief Sanitary Officer to Chairman, April 2, 1909, NARA, RG 185, Box 89, File 13-A- 4/v.

61. Land Agent to Judge Feuille, April 19, 1910, NARA, RG 185, Box 89, File 13-A- 4/v.

62. David Carrillo to Honorable H. D. Reed, July 30, 1907; Herman Caufield, Assistant Chief Sanitary Inspector, to W. C. Gorgas, August 6, 1907; Daniel Quayle, Sanitary Inspector, to Chief Sanitary Inspector, Bohio April 20, 1909; Mcintyre & Rogers to Tom M. Cook, Empire, March 16, 1910; G. W. Goethals to W. C. Gorgas, March 11, 1910, NARA, RG 185, Box 89, File 13-A- 4/v.

63. De Phillips to Acting Chief Sanitary Inspector, June 17, 1910; Felicia Armiens to Chief Sanitary Inspector, June 13, 1910; Sanitary Inspector to John L. Phillips, August 23, 1910, NARA, RG 185, Box 89, File 13-A- 4/v.

64. Division Engineer to G. W. Goethals, February 26, 1910, NARA, RG 185, Box 89, File 13-A- 4/v.

65. Sutter, "Nature's Agents or Agent of Empire," 724–754, and "The First Mountain to Be Removed," 250–259.

66. W. C. Gorgas to Governor of the Canal Zone, Sept. 29, 1909, NARA, RG 185, General Correspondence, ICC, Box 123, File 13-Q- 1.

67. Manager to John F. Stevens, September 30, 1905, NARA, RG 185, General Correspondence, ICC, Box 123, File 13-Q- 1.

68. J. A. Le Prince to Dr. H. R. Carter, December 6, 1905, Box 89; W. C. Gorgas to Governor of the Canal Zone, March 15, 1906, Box 88; H. D. Reed to John F. Stevens, March 20, 1906, NARA, RG 185, Box 124, General Correspondence, ICC.

69. H. D. Reed to John F. Stevens, March 20, 1906, Box 124; W. M. Belding to C. C. McCulloch, May 14, 1907, NARA, RG 185, Box 89, General Correspondence, ICC.

70. W. C. Gorgas to John F. Stevens, February 11, 1907, NARA, RG 185, Box 89, General Correspondence, ICC.

71. W. C. Gorgas to John F. Stevens, February 11, 1907.

72. H. R. Carter to Chief Sanitary Officer, February 2, 1907, NARA, RG 185, Box 89, General Correspondence, ICC.

73. Unknown to Chief Sanitary Officer, March 21, 1907, NARA, RG 185, Box 89, General Correspondence, ICC.

74. W. M. Belding to Dr. H. R. Carter, June 24, 1907, NARA, RG 185, Box 89, General Correspondence, ICC.

75. W. M. Belding to C. C. McCulloch, May 14, 1907, NARA, RG 185, Box 89, General Correspondence, ICC.

76. R. E. Noble, Acting Chief Sanitary Officer to Chairman ICC, November 30, 1908, NARA, RG 185, Box 89, General Correspondence, ICC.

77. Chief Quartermaster to Colonel Jno. L. Phillips, Culebra, June 28, 1909, NARA, RG 185, Box 89, General Correspondence, ICC.

78. Chief Quartermaster to Colonel Jno. L. Phillips, June 28, 1909; Office of the Chief Sanitary Officer, Circular No. 323, October 22, 1908, NARA, RG 185, Box 89, General Correspondence, ICC.

79. Constructing Quartermaster to Major Devol, July 17, 1909, NARA, RG 185, General Correspondence, ICC

80. W. C. Gorgas to Chairman and Chief Engineer, July 27, 1909, NARA, RG 185, Box 89, General Correspondence, ICC.

81. G. W. Goethals to Chief Quartermaster, August 9, 1909, NARA, RG 185, Box 89, General Correspondence, ICC.

82. "Memorandum to Chairman," July 17, 1909, NARA, RG 185, Box 89, General Correspondence, ICC.

83. "Memorandum to Chairman," July 17, 1909.

84. "Memorandum to Chairman," July 17, 1909.

85. Chief Sanitary Officer to Chairman and Chief Engineer, April 4, 1911, NARA, RG 185, Box 89, General Correspondence, ICC.

86. August 5, 1911, NARA, RG 185, Box 89, General Correspondence, ICC.

87. My summary of the debate over grass cutting draws on Sutter, *Nature's Agents or Agents of Empire?*, 747–753.

第四章　没有巴拿马人的运河区

1. McCullough, *The Path between the Seas;* Greene, *The Canal Builders;* Carse, *Beyond the Big Ditch.*

2. Le Prince, Chief Sanitary Inspector, to Colonel Phillips, August 24, 1910; and A. McGown to Colonel D. D. Gaillard, August 25, 1910, NARA, RG 185, General Correspondence, 1905–1915, Box 317, File 47-E12/ 6.

3. Rafael Neira, November 30, 1906, NARA, RG 185, General Correspondence, 1905–1914, Box 352, File 59-A-3; Chief Sanitary Officer to Governor of the Canal Zone, January 21, 1905, NARA, RG 185, Box 124.

4. Tom M. Cooke to Head of Department of Civil Administration, March 31, 1911, NARA, RG 185, General Correspondence, 1905–1915, Box 317, File 47-E12/ 6.

5. A. McGown, August 25, 1910, NARA, RG 185, General Correspondence, 1905–1915, Box 317, File 47-E12/6.

6. George W. Goethals to D. D. Gaillard and S. B. Williamson, January 28,1911, NARA, RG 185, General Correspondence, 1905–1915, Box 317, File 47-E12/6.

7. "Memorandum Regarding Isthmian Canal Commission and Panama Railroad Townsites in the Canal Zone," NARA, RG 185, Box 317, File 47-E- 1; *Canal Record,* no. 32, April 8, 1908, 249.

8. George W. Goethals to Mr. M. H. Thatcher, November 11, 1910, NARA, RG 185, General Correspondence, 1905–1915, Box 317, File 47-E12/ 6

9. Tom M. Cooke to Head of Department of Administration Colonel W. C. Gorgas, Lieutenant Colonel D. D. Gaillard, Mr. S. B. Williamson, Mr. H.

H. Rousseau, Mr. Frank Feuille, Major T. C. Dickson, January 14, 1911, NARA, RG 185, General Correspondence, 1905–1915, Box 317, File 47-E12/ 6.

10. Tom M. Cooke to Head of Department of Administration Colonel W. C. Gorgas, Lieutenant Colonel D. D. Gaillard, Mr. S. B. Williamson, Mr. H. H. Rousseau, Mr. Frank Feuille, Major T. C. Dickson, January 14, 1911.

11. Head of Department of Civil Administration to Tom M. Cooke, January 24, 1911, N ARA, RG 185, General Correspondence, 1905–1915, Box 317, File 47-E12/ 6.

12. H. O. Cole to S. B. Williamson, January 25, 1911, NARA, RG 185, General Correspondence, 1905–1915, Box 317, File 47-E12/ 6.

13. W. C. Gorgas to George W. Goethals, November 1, 1910, NARA, RG 185, General Correspondence, 1905–1915, Box 317, File 47-E12/ 6.

14. Richard Rogers to George W. Goethals, April 27, 1907, NARA, RG 185, General Correspondence, 1905–1914, File 59-A- 3, Box 352.

15. D. D. Gaillard to Tom M. Cooke, January 24, 1911, NARA, RG 185, General Correspondence, 1905–1915, Box 317, File 47-E12/ 6; emphasis added.

16. Committee on Interoceanic Canals, NARA, RG 46, 63A-F12, Box 95; Panama Canal Memorial and Statues, NARA, RG 66, Box 140.

17. D. D. Gaillard to Tom M. Cooke, January 24, 1911, NARA, RG 185, General Correspondence, 1905–1915, Box 317, File 47-E12/ 6.

18. D. D. Gaillard to Tom M. Cooke, January 24, 1911.

19. D. D. Gaillard to Tom M. Cooke, January 24, 1911.

20. D. D. Gaillard to H. H. Rousseau, January 31, 1911, NARA, RG 185, General Correspondence, 1905–1915, Box 317, File 47-E12/ 6.

21. S. B. Williamson to Mr. Tom M. Cooke, January 26, 1911, NARA, RG 185, General Correspondence, 1905–1915, Box 317, File 47-E12/ 6.

22. S. B. Williamson to Mr. Tom M. Cooke, January 26, 1911.

23. Tom M. Cooke to George W. Goethals, January 31, 1911, NARA, RG 185, General Correspondence, 1905–1915, Box 317, File 47-E12/ 6.

24. H. F. Hodges to M. H. Thatcher, February 23, 1911, NARA, RG 185, General Correspondence, 1905–1915, Box 317, File 47-E12/6.

25. Townsite Committee to Chairman and Chief Engineer, March 1, 1911, NARA, RG 185, General Correspondence, 1905–1915, Box 317, File 47-E12/ 6; Tom M. Cooke to Head of Civil Administration, March 6, 1911, NARA, RG 185, General Correspondence, 1905–1915, Box 317, File 47-E12/ 6.

26. D. D. Gaillard to G. W. Goethals, March 15, 1911, NARA, RG 185, General Correspondence, 1905–1915, Box 317, File 47-E12/ 6.

27. George W. Goethals to M. H. Thatcher, March 9, 1911, NARA, RG 185, General Correspondence, 1905–1915, Box 317, File 47-E12/ 6.

28. Tom M. Cooke to Head of Department of Civil Administration, March 31,1911, NARA, RG 185, General Correspondence, 1905–1915, Box 317, File 47-E12/6.

29. Tom M. Cooke to Head of Department of Civil Administration, March 31, 1911.

30. George W. Goethals to M. H. Thatcher, April 6, 1911, NARA, RG 185, General Correspondence, 1905–1915, Box 317, File 47-E12/ 6.

31. S. B. Williamson to George W. Gorgas, November 29, 1910, NARA, RG 185, General Correspondence, 1905–1915, Box 317, File 47-E12/ 6.

32. Cooper and Packard, "Introduction," and Cooper, "Modernizing Bureaucrats, Backward Africans and the Development Concept," in Cooper and Packard, *International Development and the Social Sciences*, 1–41, 64–92; Escobar, *Encountering Development*; Mitchell, *Rule of Experts*.

33. 关于"钢铁世界"给欧美带来的社会问题，进步主义思想有一些讨论，对此的研究参见 Rodgers, *Atlantic Crossings*, 8–75。

34. Goethals, *Government of the Canal Zone;* NARA, *The Panama Hearings before the Committee on Interstate and Foreign Commerce,* 62nd Congress, 2nd Session, House of Representatives, document no. 680 (Washington, DC: Government Publishing Office, 1912).

35. NARA, *The Panama Hearings,* 274; emphasis added.

36. NARA, *The Panama Hearings,* 250.

37. William F. Sands, Our Jungle Diplomacy (Chapel Hill: University of North Carolina Press, 1944), 31.

38. NARA, *The Panama Hearings,* 241–243.

39. NARA, *The Panama Hearings,* 259–275.

40. Goethals, *Government of the Canal Zone,* 57–69.

41. Goethals, *Government of the Canal Zone,* 57.

42. Goethals, *Government of the Canal Zone,* 58–62.

43. Goethals, *Government of the Canal Zone,* 66.

44. Goethals, *Government of the Canal Zone,* 69.

45. Goethals, *Government of the Canal Zone,* 67.

46. Goethals, *Government of the Canal Zone,* 65.

47. Carolyn Merchant, "Shades of Darkness: Race and Environmental History," *Environmental History* 8 (2003): 380–394; Monica Quijada, "La Ciudadanización del 'Indio Bárbaro' : Políticas Oficiales y Oficiosas hacia la Población Indígena de la Pampa y la Patagonia, 1870–1920," *Revista de Indias* 59 (1999): 217, 675–704; Louis S. Warren, *The Hunter's Games: Poachers and Conservationists in Twentieth-Century America* (New Haven, CT: Yale University Press, 1997); Richard White, *"It's Your Misfortune and None of My Own": A New History of the American West* (Norman: University of Oklahoma Press, 1991).

第五章 大水之后

1. Rush of Tourists to Panama Canal All Eager to Inspect the Big Ditch before the Water Is Turned into It," *New York Times*, February 14, 1912, 12.

2. Frederic J. Haskin, *The Panama Canal* (New York: Doubleday, 1913), 34; McCullough, *The Path between the Seas*, 489.

3. "Petition," Jose I. Vega et al. to The Honorable Deputies to the National Assembly, *La Prensa*, October 19, 1912, translation in NARA, RG 185, May 29, 1913, Alpha Files, Box 132, Folder 47-E / New Gorgona, Part 1.

4. "A Resolution of the Executive," *La Estrella de Panamá*, May 29, 1913; "Petition," Jose I. Vega et al. to The Honorable Deputies to the National Assembly.

5. "A Resolution of the Executive"; "Petition," Jose I. Vega et al. to The Honorable Deputies to the National Assembly.

6. "Tax List," NARA, RG 185, Alpha Files, Box 132, Folder 47-E / New Gorgona, Part 1.

7. McCullough, *The Path between the Seas*, 489.

8. "Hamlets and Towns Whose Sites Will Be Covered by Gatún Lake," *Canal Record*, December 6, 1911, cited by Carse, *Beyond the Big Ditch*, 113.

9. "Hamlets and Towns Whose Sites Will Be Covered by Gatún Lake," cited by Carse, *Beyond the Big Ditch*, 113.

10. Cited by Carse, *Beyond the Big Ditch*, 111.

11. Law 37 of December 9, 1912, *Official Gazette*, Panama, December 18, 1912, in NARA, RG 185, Alpha Files, Box 132, Folder 47-E / New Gorgona, Part 1.

12. Law 37 of December 9, 1912, *Official Gazette*.

13. *La Prensa*, June 14, 1913.

14. "A Resolution of the Executive"; "Petition," Jose I. Vega et al. to The Honorable Deputies to the National Assembly.

15. NARA, RG 185, Alpha Files, Box 132, Folder 47-E / New Gorgona, Part 1.

16. E. T. Lefevre to Richard L. Metcalfe, August 26, 1913, and Frank Feuille to G. W. Goethals, Ancón, August 30, 1913, NARA, RG 185, Alpha Files, Box 132, Folder 47- E / New Gorgona, Part 1.

17. Frank Feuille to George W. Goethals, August 28, 1913, NARA, RG 185, Alpha Files, Box 132, Folder 47-E / New Gorgona, Part 1.

18. Frank Feuille to George W. Goethals, August 5, 1913, NARA, RG 185, Alpha Files, Box 132, Folder 47-E / New Gorgona, Part 1.

19. W. J. Showalter, "The Panama Canal," *National Geographic Magazine* 23, no. 2 (1912): 195.

20. George W. Goethals to John D. Patterson, August 8, 1913; R. & F. A. & P. C. to John D. Patterson, August 16, 1913, NARA, RG 185, Alpha Files, Box 132, Folder 47-E / New Gorgona, Part 1.

21. Frank Feuille to Captain Barber, Chief of Police, July 30, 1913, NARA, RG 185, Alpha Files, Box 132, Folder 47-E / New Gorgona, Part 1.

22. Letter of July 22, 1913, NARA, RG 185, Alpha Files, Box 132, Folder 47-E / New Gorgona, Part 1.

23. General Superintendent to C. H. Mann, July 22, 1913; George W. Goethals to John D. Patterson, July 22, 1913, NARA, RG 185, Alpha Files, Box 132, Folder 47-E / New Gorgona, Part 1.

24. Frank Feuille to John D. Patterson, July 18, 1913, NARA, RG 185, Alpha Files, Box 132, Folder 47-E / New Gorgona, Part 1.

25. R. & F. A. & P. C. to John D. Patterson, August 16, 1913, NARA, RG 185,Alpha Files, Box 132, Folder 47-E / New Gorgona, Part 1. R. & F. A. & P. C. to John D. Patterson, August 16, 1913.

26. George W. Goethals to J. D. Patterson, August 8, 1913, NARA, RG 185, Alpha Files, Box 132, Folder 47-E / New Gorgona, Part 1.

27. "Information desired by D. W. Ogilvie," June, 21, 1913, NARA, RG 185, Alpha Files, Box 132, Folder 47-E / New Gorgona, Part 1.

28.   "Panamanian Commission of Claims before the Canal Zone Government," no. 90, September 8, 1913, NARA, RG 185, Alpha Files, Box 132, Folder 47-E / New Gorgona, Part 1.

29.   "Memorandum for the Chief of Division," August 13, 1913, NARA, RG 185, Alpha Files, Box 132, Folder 47-E / New Gorgona, Part 1.

30.   "Memorandum for the Files," September 4, 1913, NARA, RG 185, Alpha Files, Box 132, Folder 47-E / New Gorgona, Part 1.

31.   George W. Goethals to R. L. Metcalfe, September 3, 1913, NARA, RG 185, Alpha Files, Box 132, Folder 47-E / New Gorgona, Part 1.

32.   "Memorandum to Chairman," September 16, 1913, NARA, RG 185, Alpha Files, Box 132, Folder 47-E / New Gorgona, Part 1.

33.   Frank Feuille to George W. Goethals, Ancón, September 20, 1913, NARA, RG 185, Alpha Files, Box 132, Folder 47-E / New Gorgona, Part 1.

34.   George W. Goethals to B. Porras, July 12, 1913, NARA, RG 185, Alpha Files, Box 132, Folder 47-E / New Gorgona, Part 1.

35.   George W. Goethals to B. Porras, July 12, 1913. 36. "Memorandum for Chief of Division," August 17, 1913, NARA, RG 185, Alpha Files, Box 132, Folder 47-E / New Gorgona, Part 1.

36.   "Memorandum for Chief of Division," August 17, 1913, NARA, RG 185, Alpha Files, Box 132, Folder 47-E / New Gorgona, Part 1.

37.   "Memorandum for Chief of Division," August 17, 1913.

38.   *La Estrella de Panama,* June 17, 1913.

39.   Frank Feuille to J. D. Patterson, July 18, 1913, NARA, RG 185, Alpha Files,Box 132, Folder 47-E / New Gorgona, Part 1.

40.   Virginia Arango, "La inmigración prohibida en Panamá," *Anuario de Derecho,* Ano XX 20 (1992): 45–84.

41.   "Ley 20 del 31 de Enero de 1913 sobre tierras baldias e indultadas y en el decreto 33 del 1ro de Julio de 1913 en desarrollo de la Ley 37 de 1912 sobre

la poblacion de Nueva Gorgona," *La Prensa,* August 1, 1913.

42. "Law 37 of December 9, 1912," *Official Gazette,* Panama, December 18, 1912, NARA, RG 185, Alpha Files, Box 132, Folder 47-E / New Gorgona, Part 1.

43. Various Victims to George W. Goethals, September 30, 1914, NARA, RG 185, Alpha Files, Box 132, Folder 47-E / New Gorgona, Part 2.

44. "Memorandum to Governor," October 16, 1914, NARA, RG 185, Alpha Files, Box 132, Folder 47-E / New Gorgona, Part 2.

45. "Memorandum to Governor," October 16, 1914.

46. "Notice to Persons Having Title or Claim to Canal Zone Lands," Joint Land Commission, March 8, 1913, NAE, Colonial Office Records, 318 / 331, 46E, 3W1574, 9056381, courtesy Julie Greene.

47. 1905 年，联合土地委员会中代表巴拿马的成员是费德里科·博伊德、卡洛斯·A. 库克（Carlos A. Cooke）。1907 年，会员还有拉蒙·阿里亚斯（Ramon Arias）、塞缪尔·刘易斯医生（Dr. Samuel Lewis）。阿里亚斯后来被斯坦丁诺·阿罗塞梅纳（Constantino Arosemena）取代了。1908 年，联合土地委员会中代表巴拿马的成员是希尔·庞塞（Gil Ponce）、胡利奥 J·法夫雷加医生（Dr.Julio J. Fabrega）。1913 年，他们被费德里科·博伊德、塞缪尔·刘易斯医生取代。*Final Report of the Joint Commission* (Canal Zone: Panama Canal Press, 1920), 3–10.

48. *Final Report of the Joint Commission,* 3–10.

49. *Final Report of the Joint Commission,* 5–7.

50. See, for example, their advertisement in *La Prensa,* Panama, June 2, 1913.

51. *Final Report of the Joint Commission,* 3–10.

52. Sanders, *Vanguard of the Atlantic World;* Constanza Castro, " 'As a Citizen of This City': The Urban Reform of Radical Liberalism: Bogotá 1848–1880" (PhD diss., Columbia University, 2015).

53. Frank Safford, *The Ideal of the Practical: Colombia's Struggle to Form a Technical Elite* (Austin: University of Texas Press, 1976).

54. *Interim Report of the Joint Commission* (Panama: Government Printing Office, 1914), 30.

55. NAE, Colonial Office Records, 318 / 331, 46E, 3W1574, 9056383.

56. Frank Feuille to Umberto Vaglio, August 15, 1913; E. T. Lefevre to Richard L. Metcalfe, August 26, 1913, NARA, RG 185, Alpha Files, Box 132, Folder 47-E / New Gorgona, Part 1.

57. *Interim Report of the Joint Commission,* 34.

58. *Interim Report of the Joint Commission,* 38; emphasis in original.

59. *Interim Report of the Joint Commission,* 38.

60. *Daily Star and Herald,* June 5, 1913.

61. *Interim Report of the Joint Commission,* 36–38.

62. 对于这些权利的认可，参见 Frank Feuille to G. W. Goethals, October 20, 1913, NARA, RG 185, Alpha Files, Box 132, Folder 47-E / New Gorgona, Part 2。

63. NAE, Colonial Office Records, 318 / 331, 46E, 3W1574, 9056381.

64. NAE, Colonial Office Records, 318 / 331, 46E, 3W1574, 9056381.

65. NAE, Colonial Office Records, 318 / 331, 46E, 3W1574, 9056381.

66. NAE, Colonial Office Records, 318 / 331, 46E, 3W1574, 9056381.

67. NAE, Colonial Office Records, 318 / 331, 46E, 3W1574, 9056381.

68. *Final Report of the Joint Commission.* 69. Frank Feuille to G. W. Goethals, October 20, 1913, NARA, RG 185, Alpha Files, Box 132, Folder 47-E / New Gorgona, Part 2.

69. Frank Feuille to G. W. Goethals, October 20, 1913, NARA, RG 185, Alpha Files, Box 132, Folder 47-E / New Gorgona, Part 2.

70. NAE, FO 288 / 161, 36E, 4E131, 90530.

71. *Final Report of the Joint Commission.*

72. Various Victims to George W. Goethals, September 30, 1914, NARA, RG 185, Alpha Files, Box 132, Folder 47-E / New Gorgona, Part 2.

73. Various Victims to George W. Goethals, September 30, 1914.

74. E. T. Lefevre to R. Metcalfe, August 26, 1913, NARA, RG 185, Alpha Files, Box 132, Folder 47-E / New Gorgona, Part 1.

75. Various Victims to George W. Goethals, September 30, 1914, NARA, RG 185, Alpha Files, Box 132, Folder 47-E / New Gorgona, Part 2.

76. I first developed these arguments in Marixa Lasso, "A Canal without a Zone: Conflicting Representations of the Panama Canal," *Journal of Latin American Geography* 14, no. 3 (October 2015): 157–174.

77. Various Victims to George W. Goethals, September 30, 1914.

78. *Discography of American Historical Recordings*, s.v. "Victor matrix XVE-58784. Coge el pandero que se te va / Grupo Istmeno," http://adp .library .ucsb .edu /index .php /matrix /detail /800029508 /XVE -58784 -Coge el _ pandero que se te va,accessed April 13, 2017.

79. 这段歌词是笔者翻译的。

80. *Daily Star and Herald,* June 26, 1913.

第六章　失落的城镇

1. Frank Feuille to Colonel Chester Harding, January 26, 1915, NARA, RG 185, General Records 1914–1934, Box 974, File 47-E- 12/72.

2. A. Preciado to the General Superintendent of the PRR, May 28, 1914, NARA, RG 185, General Records 1914–1934, Box 974, File 47-E- 12/72.

3. George W. Goethals to A. Preciado, Culebra, June 8, 1914, NARA, RG 185, General Records 1914–1934, Box 974, File 47-E- 12/72.

4. G. Wells to E. H. Chandler, December 19, 1914, NARA, RG 185, General Records 1 914–1934, Box 974, File 47-E- 12/72.

5. "Private Water Connections in Canal Zone," March 1, 1915, NARA, RG 185, General Records 1914–1934, Box 974, File 47-E- 12/72.

6. Frank Feuille to Chester Harding, March 10, 1915, NARA, RG 185, General

Records 1914–1934, Box 974, File 47-E- 12/72.

7. George W. Goethals to Reverend S. Witt, April 17, 1915, NARA, RG 185, General Records 1914–1934, Box 974, File 47-E- 12/72.

8. Frank Feuille to George W. Goethals, April 16, 1915, NARA, RG 185, General Records 1914–1934, Box 974, File 47-E- 12/72.

9. Memorandum for Major Grove, July 31, 1915; D. Ewright to E. H. Chandler, Balboa Heights, August 4, 1915, NARA, RG 185, General Records 1914– 1934, Box 974, File 47-E- 12/72.

10. W. W. Wilson to Colonel Chester Harding, September 18, 1915; District Quartermaster to Chief Quartermaster, October 5, 1915, NARA, RG 185, General Records 1914–1934, Box 974, File 47-E- 12/72.

11. District Sanitary Inspector to Acting Chief Health Officer, May 12, 1916; E. E. 974, File 47-E- 12/72.

12. Frank Feuille to Colonel Chester Harding, January 26, 1915.

13. Frank Feuille to Captain H. D. Mitchell, October 1, 1915; Frank Feuille to H. D. Mitchell, April 7, 1916, NARA, RG 185, General Records 1914–1934, Box 974, File 47-E- 12/72.

14. "Circular no. 256," December 31, 1915, NARA, RG 185, General Records 1914–1934, Box 974, File 47-E- 12/72.

15. H. H. Morehead to All Concerned, June 16, 1916, NARA, RG 185, General Records 1914–1934, Box 974, File 47-E- 12/72.

16. "Buildings—Nonemployees, at New Gatún," June 15, 1916, NARA, RG 185, General Records 1914–1934, Box 974, File 47-E- 12/72.

17. Yee Ranling, Tai Woo, Lois Solis, and Yee Wo to Chester Herding, June 23, 1916, NARA, RG 185, General Records 1914–1934, Box 974, File 47-E- 12/72.

18. Frank Feuille to Colonel Chester Harding, June 30, 1916, NARA, RG 185, General Records 1914–1934, Box 974, File 47-E- 12/72.

19. H. H. Morehead to All Concerned, June 16, 1916, NARA, RG 185, General Records 1914–1934, Box 974, File 47-E- 12/72.

20. "Memorandum for the Acting Governor," August 8, 1916, NARA, RG 185, General Records 1914–1934, Box 974, File 47-E- 12/72.

21. H. O. Chalkley to Colonel Chester Harding, May 31, 1915, NARA, RG 185, General Records 1914–1934, Box 974, File 47-E- 12/72.

22. Frank Feuille to Colonel Chester Harding, May 26, 1915, NARA, RG 185, General Records 1914–1934, Box 974, File 47-E- 12/72; Chester Harding to H. O. Chalkley, British Consul, May 26, 1915, NARA, RG 185, General Records 1914–1934, Box 974, File 47-E- 12/72.

23. Frank Feuille to Colonel Chester Harding, May 26, 1915; Chester Harding to H. O. Chalkley, British Consul, May 26, 1915.

24. Frank Feuille to Colonel Chester Harding, June 9, 1915, NARA, RG 185, General Records 1914–1934, Box 974, File 47-E- 12/72.

25. Frank Feuille to Colonel Chester Harding, June 9, 1915.

26. Murray to Morrow, February 11, 1916; Frank Feuille to J. J. Morrow, February 18, 1916; Frank Feuille to George W. Goethals, April 7, 1916, NARA, RG 185, General Records 1914–1934, Box 974, File 47-E- 12/72.

27. Frank Feuille to C. F. Mason, July 28, 1915, NARA, RG 185, General Records 1914–1934, Box 974, File 47-E- 12/72.

28. Carse, *Beyond the Big Ditch,* 133–144.

29. 对于对新利蒙搬迁的精彩记述，参见 Carse, *Beyond the Big Ditch,* 122–130。

30. "Canal Zone Boundaries," September 12, 1914, Law Library of U.S. Congress, 38 Stat. 1893; Treaty Series 610.

31. M. H. Thatcher to Federico Boyd, March 20, 1911, AMRE, OTRP, vol. 3, Zona Del Canal-1936.

32. Agrimensor Oficial de Colón, October 15, 1914, AMRE, OTRP, vol. 3,

1908–1936, expedientes 8–14.

33. Vecinos del Pueblo de Limón to Presidente de la Honorable Asamblea Nacional,October 15, 1914, AMRE, OTRP, vol. 3, 1908–1936, expedientes 8–14.

34. Gobernador de la Provincia de Colón to Secretario de Estado en el despacho de Gobierno y Justicia Colón, October 20, 1914, AMRE, OTRP, vol. 3, 1908–1936, expedientes 8–14.

35. Vecinos del Pueblo de Limón to Presidente de la Honorable Asamblea Nacional, October 15, 1914.

36. E. T. Lefevre to C. H. McIlvaine, October 15, 1914, AMRE, OTRP, vol. 3, 1908–1936, expedientes 8–14.

37. Vecinos del Pueblo de Limón to Presidente de la Honorable Asamblea Nacional, October 15, 1914.

38. Roberto Iglesias et al. to Secretario de Relaciones Exteriores, Colón, October 13, 1914, AMRE, OTRP, vol. 3, 1908–1936, expedientes 8–14.

39. Roberto Iglesias et al. to Secretario de Relaciones Exteriores, Colón, October 13, 1914.

40. Gobernador de la Provincia de Colón to Secretario de Estado en el despacho de Gobierno y Justicia, October 20, 1914.

41. Vecinos del Pueblo de Limón to Presidente de la Honorable Asamblea Nacional, October 15, 1914.

42. Roberto Iglesias et al. to Secretario de Relaciones Exteriores, October 19, 1914, AMRE, OTRP, vol. 3, 1908–1936, expedientes 8–14.

43. Ernesto T. Lefevre to Richard Metcalfe, December 11, 1913; Richard Metcalfe to Ernesto T. Lefevre, December 31, 1913; and Ernesto T. Lefevre to Richard Metcalfe, February 16, 1914, AMRE, OTRP, Correspondencia Zona del Canal, Octubre-Diciembre 1913.

44. Carlos A. Mendoza, E. Verlad, and N. Delgado to Sres. Diputados Panama,

November 23, 1914, AMRE, OTRP, vol. 3, 1908–1936, expedientes 8–14.

45. Hamilton to E. T. Lefevre, March 8, 1915, and McIlvaine to E. T. Lefevre, April 14, 1915, AMRE, OTRP, vol. 3, 1908–1936, expedientes 8–14.

46. Alfredo Castillero-Calvo, *La Ruta Interoceánica y el Canal de Panamá* (Panamá: Imprenta de la Universidad de Panamá, 1999), 36–37; Alfredo Castillero-Calvo, *Portobelo y San Lorenzo del Chagres: Perspectivas Imperiales, Siglos XVI–XIX* (Panama: Editora Novo Art SA, 2016); Bonifacio Pereira, *Biografía del Río Chagres* (Panama: Imprenta Nacional, 1964).

47. Mollien, *Viaggio alla Reppublica di Colombia,* 2:182–183.

48. McGuinness, *Path of Empire.*

49. "Conferencia efectuada el día 23 de mayo de 1916, en la Secretaría de Relaciones Exteriores, entre los comisionados de Chagres y el señr Secretario del Ramo," AMRE, Zona del Canal 1936, expedientes 1–3.

50. Executive Secretary to Secretary of Foreign Relations, January 28, 1916, AMRE, Zona del Canal 1936, expedientes 1–3.

51. "Al Señr presidente de la República," April 5, 1915, AMRE, Zona del Canal 1936, 1909–1935, no. 4, correspondencia relacionada con la ocupación y traslado del pueblo de Chagres.

52. "Al Señr presidente de la República," April 5, 1915.

53. "Al Señr presidente de la República," April 5, 1915.

54. President Porras to Don Alejandro Galván, Panama, April 24, 1915, AMRE, Zona del Canal 1936, 1909–1935, no. 4, correspondencia relacionada con la ocupación y traslado del pueblo de Chagres.

55. E. T. Lefevre to W. P. Copeland, May 18, 1915, AMRE, Zona del Canal 1936, 1909–1935, no. 4, correspondencia relacionada con la ocupación y traslado del pueblo de Chagres.

56. Alejandro Galván, al Secretario de Relaciones Exteriores, Mayo 31,

1915.AMRE, Zona del Canal 1936, 1909–1935, no. 4, correspondencia relacionada con la ocupación y traslado del pueblo de Chagres.

57. George W. Goethals to President Belisario Porras, December 8, 1915, AMRE, Zona del Canal 1936, no. 3a.

58. Colonel Chester Harding to E. T. Levefre, May 27, 1915, AMRE, Zona del Canal 1936, 1909–1935, no. 4, correspondencia relacionada con la ocupación y traslado del pueblo de Chagres.

59. George W. Goethals to President Belisario Porras, December 8, 1915.

60. Colonel Chester Harding to E. T. Levefre, May 27, 1915.

61. E. T. Lefevre to Eusebio A. Morales, December 28, 1915, AMRE, Zona del Canal 1936, 1909–1935, no. 4, correspondencia relacionada con la ocupación y traslado del pueblo de Chagres.

62. "Acta," Chagres, January 31, 1916, AMRE, Zona del Canal 1936, expedientes 1–3.

63. José B. Calvo to E. T. Lefevre, Panama, February 2, 1916, AMRE, Zona del Canal 1936, fol. 4, expedientes 1–3.

64. E. T. Lefevre to Eusabio A. Morales, December 28, 1915, AMRE, Zona del Canal 1936, 1909–1935, no. 4, correspondencia relacionada con la ocupación y traslado del pueblo de Chagres.

65. George W. Goethals to E. T. Lefevre, December 28, 1915, AMRE, Zona del Canal 1936, expedientes 1–3.

66. To Ernesto T. Lefevre, June 25, 1915, AMRE, Zona del Canal 1936, no. 3a; Belisario Porras to Ernesto T. Lefevre, December 11, 1915, AMRE, Zona del Canal 1936, no. 3a.

67. Belisario Porras to Ernesto T. Lefevre, July 3, 1915, AMRE, Zona del Canal 1936, no. 3a.

68. Porras to Lefevre, July 3, 1915, and Juan Blanco to Secretario de Relaciones Exteriores, July 26, 1915, AMRE, Zona del Canal 1936,no. 3a.

69. Eusebio A. Morales to Ernesto T. Lefevre, February 29, 1916, AMRE, Zona del Canal 1936, expedientes 1–3.

70. To President Belisario Porras, January 26, 1916, AMRE, Zona del Canal 1936, expedientes 1–3TK.

71. No title, signed by "duenos de propiedades urbanas y rurales, naturales y residentes del distrito de Chagres," January 3, 1915, AMRE, Zona del Canal 1936, expedientes 1–3.

72. José B. Calvo to E. T. Lefevre, February 2, 1916, AMRE, Zona del Canal 1936, fol. 2, expedientes 1–3.

73. "Acta," Chagres, January 31, 1916.

74. José B. Calvo to E. T. Lefevre, February 2, 1916.

75. "Acta," Chagres, January 31, 1916.

76. "Lo de Chagres," AMRE, Zona del Canal 1936, expedientes 1–3.

77. Enrique Lefevre, *Mas Alla del Olvido: Ernesto Lefevre y el Imperialismo Yanqui* (San José: Editorial Texto, 1972), 102–123.

78. "Conferencia efectuada el día 23 de mayo de 1916, en la Secretaría de Relaciones Exteriores, entre los comisionados de Chagres y el señor Secretario del Ramo," AMRE, Zona del Canal 1936, expedientes 1–3.

79. "Conferencia efectuada el día 23 de mayo de 1916."

80. Alcadía Municipal del distrito de Colón to Ernesto Lefevre, Colón,May 22, 1916, AMRE, Zona del Canal 1936, expedientes 1–3.

81. "Conferencia efectuada el día 23 de mayo de 1916."

82. Leopoldo Arosemena to Secretario de Relaciones Exteriores, June 19, 1916,AMRE, Zona del Canal 1936, expedientes 1–3.

83. "Acta," Chagres, January 31, 1916.

84. Simon Quintana to Secretario de Relaciones Exteriores, May 20, 1916, AMRE, Zona del Canal 1936, expedientes 1–3.

第七章　运河区的新地貌

1. Gil Blas Tejeiria, *Pueblos Perdidos* (Panama: Impresora Panamá, 1962).

2. McCullough, *The Path between the Seas*, 488–489, 586–588; Carse, *Beyond the Big Ditch*, 122–130.

3. Tomás Enrique Mendizábal, "Informe de Monitoreo arquelógico en Gorgona," Evaluación Técnica, no. 32, 2015, unpublished document submitted to the Panama Canal Authority.

4. McCullough, *The Path between the Seas*, 489.

5. McCullough, *The Path between the Seas*, 489.

6. William L. Sibert and John F. Stevens, *The Construction of the Panama Canal* (New York: Appleton and Company, 1915), 52–53; Tomás Mendizábal, Juan Guillermo Martín, and John Griggs, "Informe de Inspección Arqueológica a dos drenajes en el antiguo cerro Paraíso Canal de Aproximación del Pacífico 3, (CAP3) del Canal de Panamá," Evaluación Técnica, no. 16, 2010, unpublished document submitted to the Panama Canal Authority.

7. "Panama Canal Memorial and Statues," NARA, RG 66, Box 140.

8. Ruth Schwartz Cowan, *More Work for Mother: The Ironies of Household Technology from the Open Hearth to the Microwave* (New York: Basic Books, 1985); Carroll Purcell, *The Machine in America: A Social History of Technology*, 2nd ed. (Baltimore: Johns Hopkins University Press, 2007); Shawn William Miller, *An Environmental History of Latin America* (Cambridge: Cambridge University Press, 2007). 有大量讨论对环境有负面作用的工程项目选址对种族人群影响的文献，对于这些文献的综述，参见 Merchant, "Shades of Darkness: Race and Environmental History," 380–394。

9. Sibert and Stevens, *The Construction*, 53.

10. *Canal Record* 4, no. 39 (May 21, 1913).

11. Katherine A. Zien, *Sovereign Acts: Performing Race, Space, and Belonging in Panama and the Canal Zone* (New Brunswick, NJ: Rutgers University Press, 2017), 41–53.

12. Ashley Carse, " 'Like a Work of Nature' : Revisiting the Panama Canal' s *Environmental History* of Gatun Lake," in Ashley Carse et al., "Panama Canal Forum: From the Conquest of Nature to the Construction of New Ecologies," *Environmental History* 21 (2016): 231–239.

13. This section builds heavily on Missal, *Seaway to the Future,* 55–163, and Green, *The Canal Builders,* 180–266.

14. Gail Bederman, *Manliness and Civilization: A Cultural History of Gender and Race in the United States, 1880–1917* (Chicago: University of Chicago Press, 1996).

15. Owen Wister, *The Virginian* (New York: Macmillan, 1902).

16. Cited by Missal, *Seaway to the Future,* 49.

17. Cited by Missal, *Seaway to the Future,* 41

18. Carol McMichael Reese and Thomas F. Reese, *The Panama Canal and Its Architectural Legacy* (Panama: Fundación Ciudad del Saber, 2012), 192.

19. "Panama Canal Memorial and Statues," NARA, RG 66, Box 140.

20. Amelia Denis De Icaza, *Hojas Secas* (León: Talleres Gráficos Robelo, 1927), 2.

21. Reese and Reese, *The Panama Canal,* 175–176.

22. Richard Guy Wilson, "Imperial Identity at the Panama Canal," *Modulus: The University of Virginia School of Architecture Review* (1980 / 1981): 28.

23. Wilson, "Imperial Identity at the Panama Canal," 23.

24. Robert H. Kargon and Arthur P. Molella, *Invented Edens: Techno-Cities of the Twentieth Century* (Cambridge, MA: MIT Press, 2008); Oliver Dinius and Angela Vergara, eds., *Company Towns in the Americas: Landscape, Power, and Working-Class Communities* (Athens: University of Georgia Press, 2011); Margaret Crawford, *Building the Workingman's Paradise: The*

Design of American Company Towns (London: Verso, 1995); Herbert and Mary Knapp, *Red, White, and Blue: The American Canal Zone in Panama* (San Diego: Harcourt Brace Jovanovich, 1984).

25. "Professional Experience," William Lyman Phillips Papers, Frances Loeb Library, Harvard University, Box 1, Folder B1.

26. "Notes," Phillips Papers, Box 1, Folder B8.

27. "Notes on Tropical Landscape," Phillips Papers, Box 1, Folder B4.

28. "Notes on Tropical Landscape."

29. Reese and Reese, *The Panama Canal,* 190.

30. William Lyman Phillips to Frederick Law Olmstead, March 29, 1914, cited in Reese and Reese, *The Panama Canal,* 199.

31. "Notes on Tropical Landscape."

32. George W. Goethals to George Catlin, April 15, 1913, NARA, RG 185, General Records, 1914–1934, Box 973, File 47-E- 12/42.

33. Resident Chaplain Loveridge to George W. Goethals, August 11, 1913, NARA, RG 185, General Records, 1914–1934, Box 973, File 47-E- 12/42.

34. *Annual Report of the Governor of the Panama Canal for the Fiscal Year Ended June 30, 1920* (Washington, DC: Government Publishing Office, 1920), 300.

35. William Lyman Phillips to R. E. Wood, January 16, 1914, NARA, RG 185, General Records, 1914–1934, Box 973, File 47-E- 12/42.

36. Goethals to Mr. Wells, December 11, 1913; Acting General Inspector to Acting Chief Sanitary Officer, January 14, 1914, NARA, RG 185, General Records, 1914–1934, Box 973, File 47-E- 12/42.

37. William Lyman Phillips to R. E. Wood, January 29, 1914; La Boca Townsite Committee to H. F. Hodges, February 16, 1914, NARA, RG 185, General Records, 1914–1934, Box 973, File 47-E- 12/42.

38. Rodgers, *Atlantic Crossings;* Greene, *The Canal Builders,* 180–225.

39. Escobar, *Encountering Development,* 52.

40. Engineer of Terminal Construction to George W. Goethals, October 16, 1914, NARA, RG 185, General Records, 1914–1934, Box 973, File 47-E- 12/42.

41. George W. Goethals to Charles F. Mason, W. R. Grove, and G. M. Wells, October 17, 1914, NARA, RG 185, General Records, 1914–1934, Box 973, File 47-E- 12/42.

42. "Report of Committee on Appearance of Town and Interests of the Residents of La Boca," October 24, 1914, NARA, RG 185, General Records, 1914–1934, Box 973, File 47-E- 12/42.

43. "Report of Committee on Appearance of Town and Interests of the Residents of La Boca."

44. George W. Goethals to P. M. Ashburn, November 2, 1914, NARA, RG 185, General Records, 1914–1934, Box 973, File 47-E- 12/42.

45. Greene, *The Canal Builders,* 267–302.

46. "Placards to be posted at La Boca," November 16, 1914, NARA, RG 185, General Records, 1914–1934, Box 973, File 47-E- 12/42.

47. District Quartermaster to Acting Chief Quartermaster, June 2, 1916; Chief Quartermaster to District Quartermaster, September 27, 1916, NARA, RG 185, General Records, 1914–1934, Box 973, File 47-E- 12/42.

48. "Policing around Panama Canal Quarters at La Boca," October 10, 1914, NARA, RG 185, General Records, 1914–1934, Box 973, File 47-E- 12/42.

49. Petition to George W. Goethals, April 20, 1915, NARA, RG 185, General Records, 1914–1934, Box 973, File 47-E- 12/52.

50. "Sanitary Conditions at La Boca," August 14, 1916, NARA, RG 185, General Records, 1914–1934, Box 973, File 47-E- 12/52.

51. District Quartermaster to Major Grove, January 25, 1916, NARA, RG 185, General Records, 1914–1934, Box 973, File 47-E- 12/52.

52. "Sanitary Conditions at La Boca."

53. "Building of New Negro Town, Paraiso," June 1, 1915, NARA, RG 185,

General Records 1914–34, Box 974, File 47-E- 12/76.

54. "Building of New Negro Town, Paraiso."

55. Paraiso Committee to Panama Canal Governor, July 2, 1915, NARA, RG 185, General Records 1914–34, Box 974, File 47-E- 12/76.

56. Conniff, *Black Labor on a White Canal*, 24–74; Herbert and Mary Knapp, *Red, White, and Blue Paradise*.

57. Greene, *The Canal Builders*, 180–225.

58. Eduardo Tejeira Davis, "El Chorrillo: Su Historia y su Arquitectura"; Raul Gonzalez Guzman, "Escrutinio Histórico sobre el desarrollo urbano del arrabal santanero con especial referencia al sector del El Chorrillo"; and Alvaro Uribe, "Cuál Chorrillo?," *Cuadernos Nacionales* 5 (1990): 23–49.

59. Cited by Missal, *Seaway to the Future*, 43.

60. Eduardo Tejeira Davis, *La Arquitectura del Canal de Panamá, Colonialismo, Sincretismo y Adaptación al Tropico* (San Jose: Instituto de Arquitectura Tropical, n.d.); Peter A. Szok, *"La Ultima Gaviota": Liberalism and Nostalgia in Early Twentieth-Century Panamá* (Westport, CT: Greenwood Press, 2001), 65–90; Adrienne Samos, ed., *Panamá Cosmopolita: La Exposición de 1916 y su legado* (Panama: Biblioteca 500, 2017).

61. Michael Donaghue, *Borderland on the Isthmus: Race, Culture, and the Struggle for the Canal Zone* (Durham, NC: Duke University Press, 2014).

后 记

1. 这一部分的论述受到了 *Imperial Debris: On Ruins and Ruination*, ed. Ann Stoler (Durham, NC: Duke University Press, 2013) 的启发。

2. Rodolfo Sanmaniego, "Estudio Regional del Corregimiento de Nuevo Emperador" (BA thesis, Universidad de Panamá, 1994), 54; Edilia Camargo, "De Maquenque a Carabalí por Emperador," *Lotería* (1999): 107– 120; Carlos E. Rodriguez, "Modern Urban Infrastructure in Panama City during

the Panama Canal Zone Era: The Bridge of the Americas" (unpublished paper written for an MA in Urban Planning at CCNY-CUNY, March 2013).

3.　"Memorandum to Governor," October 16, 1914, NARA, RG 185, Alpha Files, Box 132, Folder 47-E / New Gorgona, Part 2.

4.　Michael Donoghue, *Borderland on the Isthmus: Race, Culture, and the Struggle for the Canal Zone* (Durham, NC: Duke University Press, 2014).

5.　Stepan, *Picturing Tropical Nature*, 85–119.

6.　Miller, *Our Jungle Diplomacy*, 29–31.

7.　Arnold, *The Tropics and the Traveling Gaze;* Timothy Brook and Gregory Blue, eds., *China and Historical Capitalism: Genealogies of Sinological Knowl edge* (Cambridge: Cambridge University Press, 1999); Mary Louise Pratt, *Imperial Eyes: Travel Writing and Transculturation* (New York: Routledge, 1992); Said, *Orientalism;* Sanders, *Vanguard of the Atlantic World.*

8.　Arnulf Becker Lorca, *Mestizo International Law: A Global Intellectual History, 1842–1933* (Cambridge: Cambridge University Press, 2014), 25.

9.　Ahiska, "Occidentalism," 354.